## “十四五”高等职业教育城市轨道交通运营管理专业系列教材

# 编审委员会

“十四五”高等职业教育城市轨道交通运营管理专业系列教材

# 城市轨道交通服务礼仪

杨　艳　涂晓燕◎主　编
陈蓓蓓　张静静◎副主编
荚　巍◎主　审

CHENGSHI GUIDAO JIAOTONG FUWU LIYI

中国铁道出版社有限公司
CHINA RAILWAY PUBLISHING HOUSE CO., LTD.

## 内 容 简 介

本书面向城市轨道交通服务员岗位，依据国家职业技能标准《城市轨道交通服务员（2021 年版）》、《城市轨道交通客运服务规范》的要求，对接城市轨道交通客运服务工作内容编写，是江苏省在线精品课程“服务礼仪”的配套教材、校企合作开发活页式教材。全书分 7 个项目，包括服务礼仪认知、职业形象塑造、车站客运服务、列车乘务服务、特殊乘客服务、乘客事务处理、乘客投诉接待，共 19 个任务。本书以工作过程为主线安排学习内容，以工作任务单形式呈现学习成果，以综合素养为目标设计任务评分表，以学生为中心开展职业素养培育，着力提升城市轨道交通服务人员的礼仪素养和服务质量。

本书适合作为职业院校城市轨道交通运营管理专业及相关专业的教材，也可作为城市轨道交通从业人员的培训教材和参考书。

**图书在版编目（CIP）数据**

城市轨道交通服务礼仪 / 杨艳，涂晓燕主编. 北京 ：中国铁道出版社有限公司，2025. 6. --（“十四五”高等职业教育城市轨道交通运营管理专业系列教材）. -- ISBN 978-7-113-31875-8

Ⅰ. F530. 9

中国国家版本馆 CIP 数据核字第 2025CA0924 号

**书　　名：城市轨道交通服务礼仪**
**作　　者：**杨　艳　涂晓燕

**策　　划：**李中宝　　　**编辑部电话：**（010）83527746
**责任编辑：**李中宝　许　璐
**封面设计：**刘　颖
**责任校对：**安海燕
**责任印制：**赵星辰

**出版发行：**中国铁道出版社有限公司（100054，北京市西城区右安门西街 8 号）
**网　　址：**https://www.tdpress.com/51eds
**印　　刷：**天津嘉恒印务有限公司
**版　　次：**2025 年 6 月第 1 版　2025 年 6 月第 1 次印刷
**开　　本：**787 mm×1 092 mm　1/16　**印张：**10.5　**字数：**309 千
**书　　号：**ISBN 978-7-113-31875-8
**定　　价：**55.00 元

# 前　言

城市轨道交通以大容量、集约高效、节能环保的特点，成为城市综合交通运输体系的重要组成部分，对城市发展起着支撑和引领作用，也是展示城市形象和服务水平的重要窗口。因此，提升城市轨道交通服务人员的礼仪素养和服务质量，对于构建和谐交通环境、提升乘客出行体验具有重要意义。本书面向城市轨道交通服务员岗位，依据国家职业技能标准《城市轨道交通服务员（2021年版）》、《城市轨道交通客运服务规范》（GB/T 22486—2022）的要求，对接城市轨道交通客运服务工作内容，设计了服务礼仪认知、职业形象塑造、车站客运服务、列车乘务服务、特殊乘客服务、乘客事务处理、乘客投诉接待等七个项目。

本书遵循职业教育“工学结合”理念编写活页式教材，以“任务引入—任务描述—任务分组—任务计划—任务实施—任务评价—相关知识点—巩固与练习”的顺序构建工作活页，以企业岗位典型工作任务、工作过程的知识与技能培养作为教材主体内容。

全书主要特点如下：

（1）采用活页式设计，便于随时更新和补充内容，确保教学资料与城市轨道交通服务的最新发展保持同步。

（2）教材内容深植课程思政元素，锤炼安全第一、严守规章的职业品质，涵养敬业奉献、乘客至上的职业精神。

（3）以工作过程为主线安排学习内容，注重理论与实践相结合，每一个学习单元的工作任务都来自企业真实工作案例。

（4）以工作任务单为形式呈现学习成果，设定任务目标，从引导问题、小提示、小案例、相关知识点的练与学中，循序渐进地完成任务。

（5）以综合素养为目标设计任务评分表，从工作态度、工作过程、工作成效等方面全方位评价学生的综合素养与技能水平。

（6）以学生为中心开展有目的的学习，让学生带着问题学习、带着思考训练，突出学生自学的主动性和教学活动的互动性。

（7）“服务礼仪”是江苏省“十四五”首批在线精品课程，已在学银在线开放平台上线，微课视频、动画、课件、案例、习题等素材丰富；每学期开课，可供读者在线学习。

本书由南京铁道职业技术学院杨艳、涂晓燕任主编，南京铁道职业技术学院陈蓓蓓、南京地铁运营有限责任公司张静静任副主编，南京地铁运营有限责任公司芙巍主审。具体编写分工如下：涂晓燕编写项目一、项目二；杨艳编写项目三、项目四、项目五；陈蓓蓓编写项目六、项目七；张静静参与编写全书工作任务案例。

本书的编写采用校企合作方式，得到了南京地铁运营有限责任公司董晋萍、李栋等人的大力支持和帮助。

由于编者水平有限，书中不足与疏漏之处在所难免，恳请广大读者批评指正。

编　者

2024 年 12 月

# 目 录

# 资源索引目录

# 素养案例目录

续上表

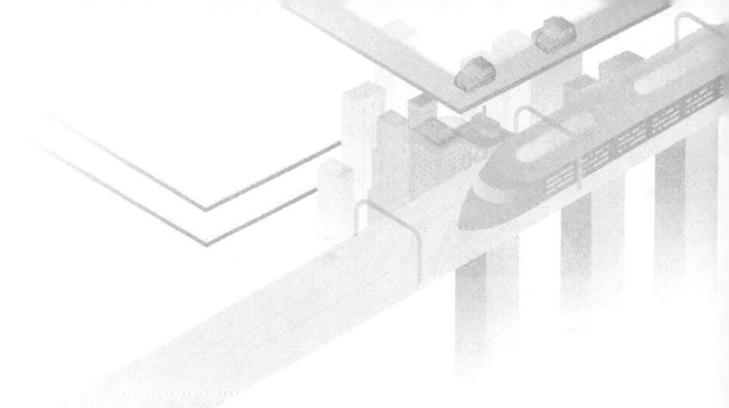

# 项目一 服务礼仪认知

## 知识结构

- 服务礼仪认知
  - 城市轨道交通客运服务认知
    - 城市轨道交通服务要求
      - 城市轨道交通客运服务特征
      - 城市轨道交通客运服务规范
    - 城市轨道交通服务内容
      - 城市轨道交通客运服务的类别
      - 城市轨道交通客运服务的内容
  - 城市轨道交通服务礼仪认知
    - 城市轨道交通服务礼仪运用
      - 城市轨道交通服务礼仪的特征与原则
      - 城市轨道交通提倡的职业意识
    - 客运服务人员礼仪素养训练
      - 城市轨道交通客运服务标准
      - 客运服务人员礼仪素养要求

城市轨道交通客运服务是指在轨道交通系统内，轨道交通运营企业为保障乘客安全、便捷、舒适乘车而直接开展的服务工作。城市轨道交通客运服务的概念体现了对乘客出行质量的关注和为乘客提供优质服务的追求。它不仅是交通运输系统的一部分，也是城市公共服务的重要组成部分，为城市居民和游客提供安全文明的出行方式。

城市轨道交通客运服务在很大程度上是无形的和抽象的。客运服务是地铁企业与乘客互动的过程，是为乘客提供利益保证的活动，服务领域需要不断开拓和创新，使得被服务者感到满足和愉悦。

城市轨道交通客运服务内容主要包括：出行综合服务、设备运行保障、环境卫生维护、特殊乘客服务。本项目主要介绍城市轨道交通客运服务特征与要求、城市轨道交通服务员职业特征、服务礼仪应用原则、客运服务意识、服务人员礼仪素养等方面的内容，由两个学习任务构成，包括：城市轨道交通客运服务认知、城市轨道交通服务礼仪认知等。

通过本项目的学习，使学生能够深入理解文明服务的内涵，树立品牌服务理念，培养礼貌待客的职业意识和职业礼仪素养，具体能够达到以下学习目标：

- 素养目标：端正从事客运服务的工作态度，做好吃苦耐劳的就业准备。
- 知识目标：理解客运服务的特征、内容；熟悉客运服务工作要求与规范；掌握礼仪在客运工作岗位的运用技巧。
- 技能目标：熟悉城市轨道交通客运服务员职业技能标准；能运用礼仪妥善处理乘客事务。

# 任务一 城市轨道交通客运服务认知

## 任务引入

### “小煜流星轮”服务保障乘客无忧出行

“小煜流星轮”工作室是上海地铁首创“走出窗口、主动服务”的特色服务品牌。它的得名来自于工作室的创建者——虹桥火车站地铁站站长高煜。早在2011年，高煜站长在日常工作中发现，一趟火车到站，换乘地铁的人流就会陡增，平均30 s就要解答一个疑问。如何快速为有需求的乘客解答疑惑呢？服务面积大，客流又如此密集，单靠设立固定的服务台帮助乘客答疑释惑，收效甚微。高煜想到可以使用上海世博会期间类似的电动平衡车提高服务速度。于是她成为踩上“流星轮”穿梭于站厅的第一人，这也是上海地铁首次在地铁站内使用代步工具服务乘客，速度快、站得高。这一服务举措将地铁窗口服务效率提升30%、服务响应速度提升50%、乘客满意度高达98%以上。

2024年，虹桥火车站地铁站进站口的4台触摸智能机，助力“小煜流星轮”的服务朝无感化方向推进。触摸智能机为乘客提供了便捷的信息查询服务，如果乘客需要“人工服务”，可以点击屏幕上方的标签“小煜站长热线”，仅4 s就可以得到工作人员的语音帮助。为乘客顺利出行服务的初心，让“小煜流星轮”工作室凭借智慧科技与人工服务的完美结合在创新服务道路上越行越远。

## 任务描述

从城市轨道交通运输企业的角度而言，客运服务是企业凭借运输设备设施及员工向乘客提供的保障乘客安全出行的一系列组织活动过程。中华人民共和国交通运输部公布《城市轨道交通运营管理规定》第十九条：运营单位应当按照有关标准为乘客提供安全、可靠、便捷、高效、经济的服务，保证服务质量。提升城市轨道交通客运服务质量需要从改善基础服务设施、提升服务人员素质以及优化运营管理方案等多方面努力，最大限度地满足乘客的出行需求并为其创造价值，从而促进城市轨道交通的可持续发展。

城市轨道交通服务认知学习情境教学设计见表1-1-1。

表1-1-1　城市轨道交通服务认知学习情境教学设计

| 序号 | 子任务情境 | 子任务描述 |
|---|---|---|
| 1 | 城市轨道交通服务要求 | 熟悉城市轨道交通客运服务的特征，明确城市轨道交通客运服务的基本要求 |
| 2 | 城市轨道交通服务内容 | 熟悉城市轨道交通客运服务的类别与内容，理解城市轨道交通服务员职业特征、服务质量要素 |

通过任务训练，学生能够熟悉城市轨道交通客运服务的基本要求与服务内容，明确“以人民为中心”的服务目标，树立“乘客至上”的服务理念，理解城市轨道交通服务员的岗位特征与城市轨道交通服务质量要素。

## 任务分组

城市轨道交通服务认知任务训练分组与分工安排见表 1-1-2。

**表 1-1-2　学生任务分配表**

| 班　　级 | | 组　　号 | | 指导老师 | |
|---|---|---|---|---|---|
| 组　　长 | | 学　　号 | | 小组人数 | |
| 组　　员 | | | | | |
| 任务名称 | | | | | |
| 任务分工 | | | | | |
| 备注说明 | | | | | |

## 任务计划

1. 阅读工作任务书，填写任务分配表，进行城市轨道交通服务工作准备。

2. 收集《城市轨道交通运营管理规定》《城市轨道交通客运服务规范》《城市轨道交通客运组织与服务管理办法》《1+X 城市轨道交通站务职业技能标准》《城市轨道交通站务员职业技能鉴定标准》中有关城市轨道交通服务工作标准的知识。

3. 结合任务书明确城市轨道交通客运服务的基本要求与工作内容。

## 任务实施

### 一、城市轨道交通服务要求

城市轨道交通服务要求任务单见表 1-1-3。

**表 1-1-3　城市轨道交通服务要求任务单**

| 任务编号 | 1-1-1 | 任务名称 | 城市轨道交通服务要求 | | |
|---|---|---|---|---|---|
| 班　　级 | | 组　　号 | | 姓　　名 | |
| 任务目标 | 素养目标 | 1. 培养地铁客运文明服务的职业意识。<br>2. 培养公共交通服务的社会责任意识 | | | |
| | 知识目标 | 1. 熟悉城市轨道交通客运服务特征。<br>2. 熟悉城市轨道交通客运服务规范 | | | |
| | 技能目标 | 1. 掌握城市轨道交通客运服务基本要求。<br>2. 熟悉城市轨道交通客运服务理念宗旨 | | | |
| 任务内容<br>中国城市轨道交通协会信息显示，截至 2024 年底，31 个省（自治区、直辖市）和新疆生产建设兵团共有 58 个城市开通运营城市轨道交通线路 361 条，运营里程超 1.2 万 km。我国地铁全面配备站台门，大量应用基于通信的列车自动控制系统（communication based train control system，CBTC）、自动驾驶、智能运营等先进技术，无论技术、环境、服务和安全，都已经成为国际标杆。独立路权使地铁不受地面交通干扰，先进的信号系统和行车组织手段，可以最大程度保证列车正点运行。相比公路交通而言，乘客候车环境、乘车体验感更好，由于列车运行平稳，不易发生“晕车”事件。相比“无处不在”的公交站点，城市轨道交通线路站点少，间距长，乘客需要长距离步行或采用其他交通方式与地铁车站衔接。 | | | | | |

小组讨论分析：与其他公共交通方式相比，城市轨道交通具有哪些优缺点，并完成下表：

| 项　目 | 服务优越性 | 服务局限性 |
|---|---|---|
| 城市轨道交通与城市公交相比较 | | |
| 城市轨道交通与城市有轨电车相比较 | | |

小提示

城市轨道交通与城市公交都是城市主要客运体系，但在服务功能方面存在着区别：

（1）运输区域不同。城市轨道交通线路大部分是在地下或高架，避开了与其他交通线路的交叉，同时也减少了其运营受天气的影响。

（2）运输能力不同。城市轨道交通单次列车的运载能力是单次公交车的近十倍。很多地铁线路单个车站日均乘客乘降数量都在几万人以上。

（3）安全性不同。城市轨道交通具有独立的路权，安全性及稳定性更高，时效性也是吸引乘客出行时选择它的主要因素之一。

（4）舒适性不同。城市轨道交通相比较公交运输，能够提供更舒适的乘车环境，包括车厢设施、乘降服务、网络、温度、卫生条件等，大大提升了乘客乘车的体验感。

引导问题 1：城市轨道交通客运服务具有______________、______________、服务的综合性及服务的层次性四个特征。

引导问题 2：《城市轨道交通客运组织与服务管理办法》明确规定：城市轨道交通客运组织与服务工作坚持______________，遵循安全第一、乘客为先、需求导向、持续改进的原则。

文本

城市轨道交通客运组织与服务管理办法

小提示

《城市轨道交通客运服务规范》（GB/T 22486—2022）规定城市轨道交通企业对乘客提供服务时应具备以下基本要求：

（1）提供安全、准时、便利、舒适和持续改进的服务。

（2）提供符合服务规范的服务设施、候车环境和乘车环境。

（3）提供规范、有效、及时的信息。

（4）在非正常运营情况下为乘客提供必要的安全信息和指导信息。

（5）向残障等特殊乘客提供相应的服务。

（6）为乘客提供的公益或商业服务应以方便乘客、提高服务质量为目标，保证客运服务质量不受影响。

引导问题 3：自动售检票、乘客信息系统等设施设备应实现系统互联互通、兼容共享，车辆宜实现兼容共享。设施设备宜采用推广节能、互联网及______________等新技术以及易于维护、更新等的技术和措施。

引导问题 4：在地铁车站站台、站厅、出入口、疏散通道、区间、列车车厢及其他客运场所应设置安全标志。站台和车厢的紧急停车装置、车站和车厢的消防报警装置旁边应设置明显的______________、使用说明和警示。

引导问题 5：地铁车站内信息显示设施应设置在站台、站厅等乘客______________的位置。

引导问题 6：车站宜配置自助信息查询设备，自助信息查询设备应性能可靠、操作简单、______________、状态完好。

引导问题 7：车站醒目位置应张贴本站首末班车时间、周边公交换乘信息、无障碍设施指引、车站疏散示意图，以及禁止、限制携带物品目录等。出入口、站内指示和导向标志应______________。

引导问题 8：车站和列车内配备的优先座椅和轮椅摆放位等应设置醒目、清晰的无障碍设施的______________。

拓展训练

在你居住的城市选择一条地铁线路，走访沿线车站，观察各车站的乘车服务区域，在哪些区域设置了公告栏，公布了哪些乘客服务信息，是否符合《城市轨道交通客运服务规范》（GB/T 22486—2022）的要求，并详细记录。

小案例

### 南京地铁 3 号线打造服务品牌线路

南京地铁 3 号线自 2015 年投入运营以来，已为南京市民服务近十年时间。根植服务基因，始终秉持“更快、更好、更安全、更舒适”的服务宗旨。以保障乘客出行更便利为导向，从细心、贴心、舒心、顺心、暖心“五心”服务出发，不断提升服务质量与乘客满意度。细心——采取动态调整行车组织、发放便民服务卡等便民服务措施；贴心——推出优化站台张贴物、信鸽服务（如图 1-1-1 所示）、彩虹便民条（如图 1-1-2 所示）等服务行动；舒心——加强卫生清洁保障乘车环境；顺心——协同治理出入口秩序保障便捷乘车；暖心——完善无障碍服务设施与内容关爱特殊乘客。

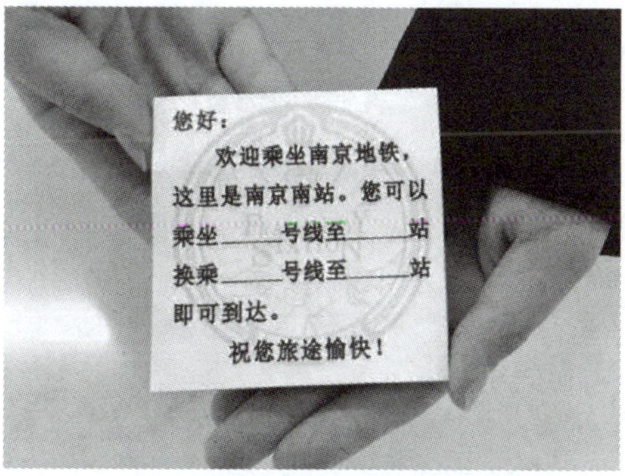


图 1-1-1　南京地铁信鸽服务

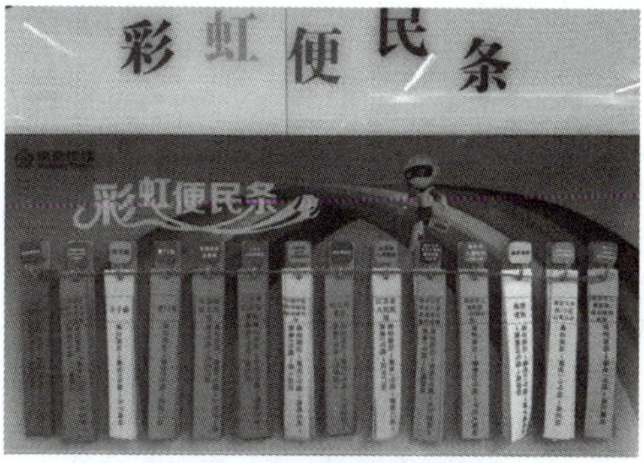


图 1-1-2　南京地铁彩虹便民条

2024 年 3 月，南京地铁 3 号线车厢内，一张温暖的小纸条成为众多乘客关注的焦点。一位老人手提大行李包，一边看着地铁的站台指示灯，一边对照着手中的纸条，纸条上详细标注了换乘路线，为老人指明了前往目的地的方向。这张小纸片，正是南京南站党员责任区推出的“信鸽服务”。这项特色服务是现场的工作人员在了解乘客的问询需求后，通过小纸条的方式记录下来，以便乘客在多次换乘时使用，为乘客提供更便利的出行服务，确保乘客能够顺利到达目的地。自 2018 年起，“信鸽服务”历经六年时间，已成功帮助近两万名用户，备受社会各界赞誉，广受好评。

**拓展思维**

南京地铁的运营使命是：关注公众出行——分析乘客出行需求，掌握乘客出行规律；践行人文服务——针对乘客出行需求，提供安全、便捷、人性化的地铁运输服务；引领幸福生活——在满足乘客基本出行需求的基础上，推行“人文地铁”服务品牌促进与乘客温馨互动，让乘客体验到生活的美好与幸福。

谈一谈你对南京地铁运营使命的理解。

## 二、城市轨道交通服务内容

城市轨道交通服务内容任务单见表 1-1-4。

表 1-1-4　城市轨道交通服务内容任务单

| 任务编号 | 1-1-2 | 任务名称 | 城市轨道交通服务内容 | | |
|---|---|---|---|---|---|
| 班　级 | | 组　号 | | 姓　名 | |
| 任务目标 | 素养目标 | 1. 培养展示良好礼仪风范的职业习惯。<br>2. 锻炼乐于助人能力，发扬为民服务精神 | | | |
| | 知识目标 | 1. 明确城市轨道交通客运服务的类别。<br>2. 熟悉城市轨道交通客运服务的内容 | | | |
| | 技能目标 | 1. 遵守城市轨道交通客运服务规范。<br>2. 增强创新服务意识，提高服务工作水平 | | | |

**任务内容**

**武汉地铁提升便民服务质量**

7 月中旬，进入三伏天，武汉各地铁车站定制出“防暑清凉包”，包内设有藿香正气液、人丹、十滴水、风油精、清凉油、蚊不叮等防暑降温物资，为有需求的乘客送上一份凉爽，营造出舒适、清凉的出行环境。为更好地服务乘客，1 号线全线 32 座车站把原来放置于车控室的“防暑清凉包”转移至客服中心，缩短取用距离，节省乘客时间，确保乘客帮扶工作得到快速响应。截至 2024 年底，武汉地铁已推出站内标志整改、安检流线设置、延长客服中心扫码允许支付时间等便民服务措施 100 余项，许多市民乘客关切的“急难愁盼”问题和诉求得到解决，地铁运营服务功能越来越完善，客运服务质量越来越有温度。

小组搜集服务案例，分析地铁企业可以在哪些方面改进服务内容与方法，并完成下表。

| 类　型 | 服务内容 | 服务方法 |
| --- | --- | --- |
| 设备服务 | | |
| 人员服务 | | |

小提示

城市轨道交通客运服务分类：

1. 客运设备服务

客运设备服务体现了企业的安全管理水平和科技先进程度。影响车站客运设备服务质量的因素包括：

（1）线路规模；

（2）车辆系统先进性；

（3）信号系统匹配程度；

（4）客运设备的稳定性和有效性；

（5）市民出行习惯和当地物价水平；

（6）轨道交通与其他公共交通换乘的便利性等。

2. 客运人员服务

地铁车站客运人员服务主要包括：客运组织、问询引导服务、购票服务、检票服务、应急服务等。客运人员服务的水平也会因服务对象的特征、服务环境、事件类别的不同受到一定影响。

引导问题 1：城市轨道交通客运服务是为使用城市轨道交通出行的乘客提供的服务，它是轨道交通企业为满足乘客出行需求，凭借设施设备与行为活动向乘客提供安全、准时、便捷、舒适、文明服务的工作过程。根据提供服务主体的不同，城市轨道交通客运服务可以分为设备服务与人员服务；根据服务的内容的不同，城市轨道交通客运服务可以分为________和增值服务。

引导问题 2：城市轨道交通客运服务的内容包括________、设备运行保障、环境卫生维护、特殊乘客服务等四项内容。

引导问题 3：城市轨道交通服务员是指从事城市轨道交通车站安全、行车、机电设备运行等工作的人员。包含但不限于________和________两个工种。

引导问题 4：城市轨道交通服务员的职业特征包括：具有较强的逻辑思维、分析判断能力；具有较强的空间感和形体感知觉；良好的________；心理素质好；情绪控制能力良好；有较好的语言（普通话）和文字表达、理解能力；听力、视力及辨色力良好；肢体灵活，动作协调性好，反应能力良好。

引导问题 5：城市轨道交通服务质量的高低可以通过评价乘客对轨道交通客运服务的________得知。

引导问题 6：城市轨道交通服务质量的评价包括________、服务保障能力评价及运营服务关键指标评价三个部分。乘客满意度评价的内容包括乘车环境舒适度、工作人员的服务态度、乘车的便捷性与安全性、票价合理性、信息化服务水平等方面。服务保障能力评价的内容包括自助售票机运行稳定性、进出站设施设备使用可靠性、工作人员服务规范性、信息栏内容与导向标识准确性、广播系统与信息系统功能性、通风照明系统运行稳定性、车站和车厢内的环境卫生整洁度、车站卫生间使用状况等方面。运营服务关键指标主要包括列车运行可靠性、客运设施（自动充值售票机、进出站闸机、自动扶梯、电梯、乘客信息系统等）运行可靠性、乘客投诉接待与回复等方面的具体指标。

小案例

**覆盖 30 个车站！广州地铁推出行李寄存柜**

为了方便广大市民和游客“轻装上阵”出行更便捷。广州地铁于 2024 年 8 月首次在地铁、城际选定的 30 个车站推出智能寄存试点，为乘客提供行李寄存服务。在充分考虑车站空间和安全出行的基础上，广州地铁重点选取靠近商圈、景点和交通枢纽的站点推出智能寄存试点。选定的每个站基本设置一个寄存柜（图 1-1-3），共有 354 个寄存格供乘客使用。寄存柜均设置在站内非付费区，乘客经过安检在进站前，或乘坐地铁出站后均可寄存行李。

图 1-1-3　广州地铁车站站厅内的行李寄存柜

寄存柜分大、中、小不同规格，采用分时计费，使用时间段为 6:00~22:00，不可长期存放或过夜存放。每个柜子正面都张贴了“禁止寄存违禁物品目录”“寄包温馨提示”等说明指引，提醒乘客注意存放安全。如遇紧急情况，乘客可根据相应的寄存服务方拨打 24 h 人工客服电话反馈，也可通过车站现场寻求帮助。

## 任务评价

城市轨道交通服务认知训练任务完成后，需对每个小组的任务完成情况进行评价。任务评分表见表 1-1-5。

表 1-1-5　城市轨道交通服务认知任务训练评分表

| 序号 | 评价内容 | | 评价标准 | 分值 | 评分记录 | | |
|---|---|---|---|---|---|---|---|
| | | | | | 学生自评 | 组间互评 | 教师评分 |
| 1 | 工作态度（20%） | | 无故迟到、早退、旷课现象 | 5 | | | |
| | | | 能认真完成组内分工的个人任务 | 5 | | | |
| | | | 发挥团队组织协调作用，主动协助组员 | 5 | | | |
| | | | 能体现耐心工作、主动服务的职业意识 | 5 | | | |
| 2 | 工作过程（60%） | 城市轨道交通服务要求 | 识记城市轨道交通客运服务特征 | 10 | | | |
| | | | *识记城市轨道交通客运服务流程 | 10 | | | |
| | | | *识记城市轨道交通客运服务要求 | 10 | | | |
| | | 城市轨道交通服务内容 | 识记城市轨道交通客运服务分类 | 10 | | | |
| | | | 识记城市轨道交通客运服务内容 | 10 | | | |
| | | | *能够提出优化客运服务的措施 | 10 | | | |
| 3 | 工作成果（20%） | 学习方法 | 按时、准确填写工作任务书 | 5 | | | |
| | | 参与程度 | 团队熟练配合完成工作任务 | 5 | | | |
| | | 思维状态 | 能够主动发现问题、分析问题、解决问题 | 5 | | | |
| | | 能力延展 | 服务工作体现创新之处 | 5 | | | |
| 小　计 | | | | 100 | | | |

| 综合评价 | 学生自评（20%） | 组间互评（30%） | 教师评分（50%） | 综合得分 |
|---|---|---|---|---|
| | | | | |

注：*为城市轨道交通站务员职业技能鉴定考核标准内容，后同。

## 相关知识点

### 知识点 1：城市轨道交通客运服务的特征

（1）服务的时效性。乘客乘车所购买的车票是消费出行服务的凭证，车票有票价、发售时间、发售地、目的站等信息。通常超出车票有效期时间界限的行程服务是无效的。

（2）服务的安全性。安全是城市轨道交通运输永恒的服务宗旨，也是轨道交通客运服务的重要内容。安全、准时地到达目的地是乘客享有客运服务的基本需求。

（3）服务的综合性。城市轨道交通客运服务从乘客购票开始，经历车站安检、候车、进站上车等环节，到抵达并离开目的地车站结束。客运服务内容是上述系列服务过程构成的综合性产品。同时，城市轨道交通客运服务是车站与列车的设备、环境及服务人员共同构成的整体。

（4）服务的层次性。客运服务是一个满足乘客需求的过程，乘客的乘车体验需求是有层次区分的。安全、准时是所有乘客对客运服务的基本需求，便利、舒适是乘客对客运服务的享受需求；乘客个性差异决定了其对客运服务还具有个性化的需求。

## 知识点2：城市轨道交通客运服务的内容

（1）出行综合服务。主要指乘客搭乘轨道交通工具出行过程中需要的各项服务，包括：行车服务、票务服务、导乘服务、换乘服务、信息服务、应急服务以及寻品寻人服务、乘客建议与投诉受理等。出行综合服务是客运服务最基本的内容。

（2）设备运行保障。主要指车站与列车设施设备的正常使用，如自动售票机、自动检票机、自动扶梯、电梯、站台屏蔽门、照明、空调、广播系统等。车站与列车设施设备正常运行是轨道交通运营为乘客提供优质服务的重要保障。

（3）环境卫生维护。主要指为乘客提供适宜的候车、乘车环境，包括候车、乘车环境应整洁卫生，与乘客接触的服务设施应干净卫生并定期消毒，做好车站与列车车厢环境卫生防疫措施及公共卫生事件防控。

（4）特殊乘客服务。主要指为特殊乘客群体提供的针对性服务，如为老年人、孕妇、带儿童的乘客提供必要的乘车帮助和便利措施，为行动不便的乘客、残障乘客提供无障碍设施、优先服务、爱心接力服务等。

## 知识点3：城市轨道交通服务质量要素

（1）服务设施。服务设施是城市轨道交通服务质量的基础要素，包括车站出入口、步行梯、通道、站台、站厅、废物箱、乘客输送设施（如自动扶梯、电梯、轮椅升降机）、屏蔽门、无障碍服务设施、照明设施、乘客座椅、公共卫生间等。这些设施应设计合理、运行良好，以确保乘客的出行安全、便捷和舒适。

（2）标准化作业。标准化作业是城市轨道交通服务质量的核心要素，包括运营作业、乘客服务、安全管理、维修作业、服务承诺等方面的具体流程、规范和标准。标准化作业可以提高服务效率、减少人为错误、消除安全隐患、改善乘客体验，从而提升整体服务质量。

（3）列车运行。列车运行状态直接影响乘客的出行体验，包括列车行驶的平稳性、到站后车门的适时开关、列车运行故障的应对措施以及列车准点率和运行图兑现率的满足程度等。列车应保持良好的运行状态，以确保乘客乘车的安全、准时和舒适。

（4）站点环境。适宜的候车和乘车环境是乘客感知服务质量的重要方面。城市轨道交通应保持车站、列车的空气清新、环境整洁，及时清除尘土、污迹、垃圾等，避免异味。同时，噪声限值应符合国家标准规定，以确保乘客的舒适感。

（5）品牌形象。品牌形象是提升城市轨道交通服务质量的关键要素。城市轨道交通运营的品牌形象构成包括品牌名称与标志、服务理念与承诺、员工形象与行为、形象宣传与传播。通过深入了解乘客需求、强化服务意识、优化乘车环境、推广智慧服务以及加强品牌传播等策略，可以塑造和提升服务品牌形象，赢得更多乘客的信任和支持。

（6）人性化服务。人性化服务在城市轨道交通客运服务中可以体现在很多方面，例如，便于换乘的车站布局设计、车厢人体工程学座椅设计、方便乘客阅读操作的信息指引系统与设备、无障碍设施与特殊乘客服务、宣传城市文化的人文环境等多个方面。人性化服务不仅是提升乘客体验的关键，也是城市轨道交通文明服务的重要标志。

## 巩固与练习

一、填空题

1. 根据服务内容的分类，城市轨道交通客运服务可以分为______和______。

2. 城市轨道交通企业应为乘客提供安全、准时、______、舒适、文明和持续改进的服务。

3. 出行综合服务是城市轨道交通客运服务的最基本内容，主要包括：行车服务、票务服务、______服务、换乘服务、______服务、应急服务以及寻品寻人服务、乘客建议与投诉受理等。

4. 特殊乘客服务主要包括：为特殊乘客群体提供的针对性服务，为行动不便的乘客、残障乘客提供______、优先服务、爱心接力服务等。

5. 城市轨道交通服务质量要素主要包括服务设施、标准化作业、列车运行、站点环境、品牌形象及______。

二、思考题

1. 城市轨道交通客运服务的特征是什么？

2. 城市轨道交通客运服务的基本要求有哪些？

3. 城市轨道交通客运服务的内容包括哪些？

# 任务二 城市轨道交通服务礼仪认知

## 任务引入

### 全国技术能手陈子钰

全国技术能手陈子钰，是武汉地铁年轻的值班站长之一，也是武汉地铁青年党员榜样。她所在的中山公园站，客流强度排名武汉地铁线网前五。工作中，她创新组织开展“党员五颗星、闪耀在一线”活动，设置聚力能量星、先锋模范星、硬核技能星、温暖服务星、闪耀学习星，在班组里营造争星、创新、比星的浓厚氛围。在服务工作中陈子钰一直用高度的责任感服务每一位乘客。拾获乘客失物，她急乘客之所急，不放过可能联系上失主的任何办法；遇上聋哑人乘客，她耐心对待，用纸和笔一步步了解乘客需求，帮助其解决问题；看到不太熟悉路，在站厅标识图前徘徊许久的乘客，她总会主动上前递上一句“您好，有什么能帮您的吗？”。每次当班，陈子钰口袋里总会装着几颗糖果和几块饼干，能够快速服务低血糖乘客或换取进站小朋友手中的气球，成为地铁里的“糖果小姐姐”。她帮助过的乘客，写满一个意见本，她服务乘客的善心，带动了一个集体，她用行动书写“知你心忧、懂你所求”的服务理念。

## 任务描述

城市轨道交通服务礼仪是指客运服务人员在服务岗位应遵守的行为准则和规范，体现着企业的服务水平和质量，属于职业道德的范畴。城市轨道交通服务礼仪是城市轨道交通优质服务的重要组成部分，不仅有利于员工提高个人的内在修养，还可以提升城市轨道交通运营企业的品牌形象。我国的城市轨道交通运营企业对于客运服务人员工作语言姿态、仪容仪表和设备操作制定有相应的规范。这些礼仪规范体现了企业的服务理念和服务追求。

城市轨道交通服务礼仪认知学习情境教学设计见表 1-2-1。

**表 1-2-1　城市轨道交通服务礼仪认知学习情境教学设计**

| 序号 | 子任务情境 | 子任务描述 |
|---|---|---|
| 1 | 城市轨道交通服务礼仪运用 | 熟悉城市轨道交通服务礼仪的特征，掌握客运服务礼仪的原则，培养乘客至上的服务意识 |
| 2 | 客运服务人员礼仪素养训练 | 熟悉城市轨道交通服务人员基本礼仪要求，掌握客运服务人员礼仪素养要求，锻炼"以服务为宗旨，待乘客如亲人"的职业精神 |

通过任务训练，使学生熟悉城市轨道交通服务礼仪的特征与原则，明确城市轨道交通客运服务提倡的服务意识，掌握客运服务人员礼仪素养要求。

## 任务分组

城市轨道交通服务礼仪认知任务训练分组与分工安排见表 1-2-2。

**表 1-2-2　学生任务分配表**

| 班　级 | | 组　号 | | 指导老师 | |
|---|---|---|---|---|---|
| 组　长 | | 学　号 | | 小组人数 | |
| 组　员 | | | | | |
| 任务名称 | | | | | |
| 任务分工 | | | | | |
| 备注说明 | | | | | |

## 任务计划

1. 阅读工作任务书，填写任务分配表，进行城市轨道交通服务工作准备。

2. 收集《城市轨道交通运营管理规定》《城市轨道交通客运服务规范》《城市轨道交通客运组织与服务管理办法》《1+X 城市轨道交通站务职业技能标准》《城市轨道交通站务员职业技能鉴定标准》中有关城市轨道交通服务人员礼仪素养的知识。

3. 结合任务书分析城市轨道交通服务人员提倡的服务意识。

## 任务实施

### 一、城市轨道交通服务礼仪运用

城市轨道交通服务礼仪运用任务单见表 1-2-3。

**表 1-2-3　城市轨道交通服务礼仪运用任务单**

| 任务编号 | 1-2-1 | 任务名称 | 城市轨道交通服务礼仪运用 | | |
|---|---|---|---|---|---|
| 班　级 | | 组　号 | | 姓　名 | |
| 任务目标 | 素养目标 | 1. 培养文明礼貌的服务意识，树立职业自信。<br>2. 端正"安全第一，乘客至上"的服务意识 | | | |
| | 知识目标 | 1. 熟悉城市轨道交通服务礼仪的特征与原则。<br>2. 理解城市轨道交通提倡的服务意识 | | | |
| | 技能目标 | 1. 发挥文明礼仪的实践作用。<br>2. 自觉运用服务礼仪规范 | | | |

视　频

服务礼仪认知

**任务内容**

3 月 15 日，一位七十多岁的老年女乘客乘坐地铁，到了××车站发现未带乘车卡，向车站工作人员询问到目的站的票价，要求帮助她买票。该工作人员引导乘客看票价表并告知票价为四元，老人表示票价有些贵，不愿购票，想走边门。工作人员耐心向老人解释边门启用是有严格规定的，并建议帮老人打电话让家里人送乘车卡过来。同时安排老人找了位置坐下等候，老人的家人随后送来乘车卡，问题得到圆满解决，老人和家人向工作人员表示感谢。

请扫描二维码，观看教学视频。

小组分配角色，模拟上述案例的事件发生过程，依据地铁边门与闸门人工服务规范，进行服务情景训练，并填写以下表格中的服务礼仪内容：

| 项　目 | 服务礼仪要点 | 服务礼仪禁忌 |
|---|---|---|
| 边门通行 | | |
| 闸门通行 | | |

**小提示**

车站边门启用条件：

(1) 付费区内有大量乘客积压，车站已采取客流疏散措施，例如，引导乘客前往出站客流较小的通道出闸、调整双向闸机模式、单程票边门回收放行、安排人员持本站进出卡在出站闸机处引导等，但付费区内客流无明显降低趋势。

(2) 车站出站闸机处客流长时间积压，所有出站闸机处排队出闸人数达到可控范围上限。

(3) 车站预见可能发生影响人身安全、行车安全或设备安全的事件。

(4) 值班站长及以上人员可根据现场实际情况组织边门放行。

引导问题 1：服务礼仪是礼仪在服务行业的应用，是指服务人员应具备的基本素质和应遵守的行为规范。服务礼仪主要体现在服务人员在服务过程中用以向服务对象表达尊重的____________形式。

引导问题 2：城市轨道交通服务礼仪是指城市轨道交通客运服务人员在服务岗位应遵守的行为准则和规范，具有规范性、对象性、____________的特征。

引导问题 3：城市轨道交通服务礼仪应用的原则包括：尊重的原则、____________、____________、____________。

**小提示**

服务礼仪的特征：

(1) 规范性。规范性体现在客运服务严格的作业流程与标准上，同时也是客运服务人员专业能力的展现。

(2) 对象性。对象性是指服务过程中针对不同乘客群体的特点和需求，提供个性化的服务。

(3) 技巧性。技巧性表现在服务人员灵活运用各种服务方法来提升服务质量、运用恰当的沟通方式与乘客建立良好的互动关系等方面。

服务礼仪的应用原则：

(1) 尊重的原则。在城市轨道交通客运服务过程中，要将对乘客的重视、恭敬、友好放在第一位，这是礼仪应用的重点与核心。

(2) 宽容的原则。客运服务人员在服务过程中，既要严于律己，又要宽以待人。

(3) 适度的原则。要求应用礼仪时，为了保证取得成效，必须注意技巧，合乎规范，特别要注意做到把握分寸，恰当得体。

(4) 从俗的原则。客运服务人员在服务工作中，对本国或各国的礼仪文化、礼仪风俗以及宗教禁忌要有全面、准确的了解，避免出现差错。

引导问题 4：____________的服务意识要求城市工作人员在服务过程中，要将对客人的重视、恭敬、友好放在第一位。

引导问题 5：在城市轨道交通服务行业中，服务意识就是尊重乘客、礼待乘客的意识，表现为____________、____________和职业态度。

小案例

**厦门地铁 1 号线打造服务品牌线路**

厦门地铁坚持“精于细节，创造感动”的服务理念，贯彻“安全、准点、便捷、有爱”的服务宗旨，聚焦“基础服务、特色服务、社会责任、品牌传播”四个维度，通过服务质量评估、服务品牌塑造和服务事件管理，持续提升优质服务能力与服务质量。

面对乘客的不同需求，厦门地铁针对性推出包括爱心预约、行李寄存、风雨无忧等 12 项服务举措，共收到各类乘客表扬 5 000 余件。厦门地铁“爱心预约”服务由“爱心一对一”举措升级而来，乘客可通过厦门地铁 App 或服务热线进行预约，车站按乘客预约路线提供专人的接送乘车服务，保障行动不便或需专属接送服务的特殊乘客无忧出行。为便利来厦游客解放双手出游，厦门地铁先后在集美学村等邻近交通枢纽及景区的 8 个站点推出行李寄存服务，其中 7 个站采取“自助行李寄存柜”方式，行李寄存更加便捷。为方便雨天出行，厦门地铁全线各站配备了一次性雨衣，供有需要的乘客随时免费取用，同时推出了“爱心共享雨伞”服务，乘客扫码即可免费借用，7 天内在任意站点均可便捷归还。厦门地铁为准妈妈们配备了专属的通行证，凭此证便可在安检时使用“准妈妈温馨通道”，同时车站也将根据“准妈妈”乘客的具体需求，在安检、进站、排队候车、上下车等方面提供爱心帮助。

从乘客需求出发，厦门地铁持续配置更加全面和完善的便民服务设施设备，提升乘客出行体验。一是全线车站及列车无障碍设施全覆盖，全线车站洗手间全覆盖，确保特殊需求乘客的出行便利。二是全线车站主要出入口与公交站点、共享单车停放点紧密衔接，实现无缝换乘；厦门北站设置了免安检通道，提高通行效率。三是集美软件园、园博苑等站周边配套开发 TOD（transit-oriented development，以公共交通为导向的开发），无缝对接商业和生活服务，满足乘客多样化需求。此外，全线车站自动扶梯、垂直电梯、自动体外除颤器（AED）设备、无障碍渡板全覆盖，确保乘客便捷出行；线网乘客信息系统完备，提供及时准确的出行信息；文灶站为地铁与 BRT（bus rapid transit，快速公交系统）、普通公交换乘的车站，设有智慧信息屏，为乘客提供更加智能化的换乘接驳信息服务。

不断完善个性化、信息化、智能化的服务功能：一是厦门地铁支持现金、数字人民币、易通卡、支付宝、微信等多种支付方式购票乘车，同时在厦门市交通运输局的大力支持下实现“一码多乘”功能，乘客使用厦门地铁 App 乘车码即可在地铁、BRT、公交、轮渡之间自由通行，极大提升出行便捷性；二是全线列车配备智能动态地图，实时显示换乘通道方向、各站预计到站时间等信息，同时设置“冷暖车厢”，提供个性化的空调分区温控服务；三是车站 PIS（passenger information system，乘客信息导引系统）预告列车拥挤度信息，帮助乘客提前规划乘坐车厢，提高乘车舒适度。

拓展思维

阅读上述案例后，你对地铁企业特色服务有哪些新的认识？特色服务的起点是乘客出行需求，终点是乘客体验满意。谈一谈你对这句话的理解。

## 二、客运服务人员礼仪素养训练

客运服务人员礼仪素养训练任务单见表 1-2-4。

**表 1-2-4　客运服务人员礼仪素养训练任务单**

| 任务编号 | 1-2-2 | 任务名称 | 客运服务基本要求 | | |
|---|---|---|---|---|---|
| 班　级 | | 组　号 | | 姓　名 | |
| 任务目标 | 素养目标 | 1. 养成主动热情的服务态度，提升服务质量。<br>2. 培养展示良好礼仪风范的职业习惯 | | | |
| | 知识目标 | 1. 熟悉城市轨道交通客运服务标准。<br>2. 掌握客运服务人员礼仪素养要求 | | | |
| | 技能目标 | 1. 严格执行客运岗位服务标准。<br>2. 自觉运用客运服务礼仪规范 | | | |

任务内容

**福州地铁“小茉莉”服务队**

为全面提高乘客满意度，更好地提升服务质量，2019 年起，福州地铁创建“茉莉”服务品牌，通过成立小茉莉服务队（图 1-2-1）、实施茉莉服务举措、打造茉莉服务标兵、创造特色品牌活动等方式，以“内修品格，外展活力，省内领先，对标全国”为方向，让每位乘客感受到品牌的关怀，体现“贴心服务，温馨一路”的服务理念。他们传承市花精神，用微笑和真诚，为乘客提供优质的服务。利用乘客关系管理系统收集和分析乘客数据，了解乘客的出行习惯、偏好和行为模式，从而提供更为全面化的服务。通过对乘客出行数据的分析，优化列车的运行时间表，减少等待时间，为乘客提供更加便捷的出行体验。通过社交媒体平台、移动应用、客服热线等渠道，与乘客保持积极的交流，及时响应乘客的咨询和诉求。在25个运营大客流、换乘关键节点、站点设置免费饮水点，满足户外劳动者及来往乘客的饮水需求。全线网车站均配备便民雨伞、充电宝、应急服务箱等应急物品，为有临时需求的乘客提供帮助。这支队伍自成立以来，收到乘客来信、来电表扬1 200余次，受到了市民朋友的广泛认可和频频点赞。处理乘客遇到的突发事件，及时巡视报修设备，劝导不文明乘车现象等工作也是一名“小茉莉”必备的技能，他们为市民带去特色的暖心服务，成为一道道流动的风景线。

**图 1-2-1　福州地铁小茉莉服务队员**

视　频

服务礼仪素养

请扫描二维码，观看教学视频。

小组开展调查，乘坐所在城市地铁，观察地铁企业开展的便民服务、特色服务项目，体验地铁服务文化，并完成以下表格中的内容：

| 序号 | 线路名 | 便 民 服 务 | 特 色 服 务 |
| --- | --- | --- | --- |
| 1 | | | |
| 2 | | | |

**引导问题1：** 城市轨道交通运营企业应制定客运服务标准或乘客服务标准，并为乘客提供符合规范的服务设施、候车环境和乘车环境。客运服务标准一般包括：服务工作通用标准、＿＿＿＿＿＿＿＿＿＿、乘客事务处理标准、特殊服务规范、服务设施管理、服务环境管理、安全应急管理等方面的内容。

**引导问题2：** 城市轨道交通客运服务工作通用标准包括：仪表着装标准、行为举止标准、服务语言标准、服务态度标准、＿＿＿＿＿＿＿＿＿＿等内容。

**小提示**

城市轨道交通服务人员基本礼仪要求：

(1) 自觉遵守《城市轨道交通运营管理办法》《城市轨道交通管理条例》等法律法规的有关规定。

(2) 进入设备区及在车站、列车作业期间，客运人员必须佩戴工号牌或胸卡；不得在乘客服务区喧哗、饮食、躺卧。

(3) 着制服时，应注意仪表整洁，制服无污渍，不得赤膊、赤脚或穿拖鞋；上下班途中，如穿着制服，须按标准着装，注意仪态，举止文明。

(4) 不在岗位上聊天、说笑、追逐打闹或做与工作无关的事，如看报、看书、吃东西、私自会客、用电话聊天等。

(5) 工作时应尽力为乘客创造舒适的服务区环境，注意保持工作区整洁有序，并尽量减少服务设备设施维修对乘客产生的影响。

(6) 员工乘车时要注意文明礼让，主动让座给有需要的乘客，不得与乘客争抢座位。

(7) 乘车、候车过程中主动维持乘客候车、乘车秩序；回答乘客咨询时，要耐心有礼、面带微笑；不得不理睬，不得边走边回答，也不得以摇头、点头等方式回应乘客。

(8) 采用解释、诱导、委婉的语言，尽量站在乘客的角度提醒，如从乘车安全、乘客利益的角度出发，严禁对乘客有大声呵斥、推、拉、扯、拽、不文明手势等行为。

（9）维护公司利益，主动制止破坏车站、列车秩序，损害公司利益的行为。

（10）发生列车故障、突发事件时应主动维持秩序，对乘客进行引导。

引导问题 3：城市轨道交通服务人员的礼仪素养主要包括：整洁的仪容仪表、________、________、亲和的微笑、诚恳的态度及稳定的情绪。

**小提示**

城市轨道交通服务人员的礼仪素养包括：

（1）整洁的仪容仪表。整洁的仪容仪表是服务人员职业素养的直接体现。服务人员应保持个人卫生，穿着整洁的工作制服，确保制服无污渍、无破损，并佩戴好工牌或工作标识。整洁的仪容仪表不仅让乘客感到舒适和尊重，还能提升轨道交通企业的专业形象。

（2）优雅的行为举止。优雅的行为举止是服务人员内在素质的外在表现。服务人员应保持良好的站姿、坐姿和走姿，避免随意晃动、倚靠或懒散的行为。在与乘客交流时，应保持礼貌的姿态，如点头微笑、轻轻鞠躬等，以展现尊重和友好。

（3）得体的语言交流。得体的语言交流是服务人员与乘客建立良好关系的关键。服务人员应使用文明、礼貌的语言，避免使用粗俗、生硬或带有攻击性的言辞。在与乘客交流时，应保持耐心和热情，倾听乘客的需求和意见，并给予积极的回应和解决方案。

（4）亲和的微笑。亲和的微笑是服务人员与乘客建立情感联系的重要方式。服务人员应时刻保持微笑，以展现友好和热情。微笑能够缓解紧张气氛，让乘客感到舒适和放松，从而提升乘车体验。

（5）诚恳的态度。诚恳的态度是服务人员赢得乘客信任的基础。服务人员应以真诚、诚实的态度对待每一位乘客，尊重他们的需求和意见。在处理乘客问题时，应表现出积极、负责的态度，尽力为乘客提供帮助和解决方案。

（6）稳定的情绪。稳定的情绪是服务人员应对各种挑战和压力的关键。在客流量大、情况复杂或遇到突发事件时，服务人员应保持冷静和理智，避免情绪失控或过度反应。稳定的情绪有助于服务人员更好地应对问题，保护乘客的安全和利益。

**拓展思维**

城市轨道交通服务人员不正确的服务态度常见的有：不热情的态度、不耐烦的态度、不主动的态度、不负责的态度、不尊重的态度、不友善的态度、不公平的态度等。请分析：这些不正确的服务态度有哪些不良影响？

## 任务评价

城市轨道交通服务礼仪运用训练任务完成后，需对每个小组的任务完成情况进行评价。任务评分表见表 1-2-5。

**表 1-2-5　城市轨道交通服务礼仪运用任务训练评分表**

<table>
<tr><th rowspan="2">序号</th><th colspan="2" rowspan="2">评价内容</th><th rowspan="2">评价标准</th><th rowspan="2">分值</th><th colspan="3">评分记录</th></tr>
<tr><th>学生自评</th><th>组间互评</th><th>教师评分</th></tr>
<tr><td rowspan="4">1</td><td colspan="2" rowspan="4">工作态度（20%）</td><td>无无故迟到、早退、旷课现象</td><td>5</td><td></td><td></td><td></td></tr>
<tr><td>能认真完成组内分工的个人任务</td><td>5</td><td></td><td></td><td></td></tr>
<tr><td>发挥团队组织协调作用，主动协助组员</td><td>5</td><td></td><td></td><td></td></tr>
<tr><td>能体现耐心工作、主动服务的职业意识</td><td>5</td><td></td><td></td><td></td></tr>
<tr><td rowspan="6">2</td><td rowspan="6">工作过程（60%）</td><td rowspan="3">客运服务礼仪运用</td><td>识记客运服务礼仪的特征</td><td>10</td><td></td><td></td><td></td></tr>
<tr><td>识记客运服务礼仪的应用原则</td><td>10</td><td></td><td></td><td></td></tr>
<tr><td>*识记城市轨道交通提倡的服务意识</td><td>10</td><td></td><td></td><td></td></tr>
<tr><td rowspan="3">客运服务礼仪素养</td><td>*识记客运服务人员的礼仪要求</td><td>10</td><td></td><td></td><td></td></tr>
<tr><td>识记客运服务人员的礼仪素养</td><td>10</td><td></td><td></td><td></td></tr>
<tr><td>识记城市轨道交通服务态度总体要求</td><td>10</td><td></td><td></td><td></td></tr>
<tr><td rowspan="4">3</td><td rowspan="4">工作成果（20%）</td><td>学习方法</td><td>按时、准确地填写工作任务书</td><td>5</td><td></td><td></td><td></td></tr>
<tr><td>参与程度</td><td>团队熟练配合完成工作任务</td><td>5</td><td></td><td></td><td></td></tr>
<tr><td>思维状态</td><td>能够主动发现问题、分析问题、解决问题</td><td>5</td><td></td><td></td><td></td></tr>
<tr><td>能力延展</td><td>服务工作体现创新之处</td><td>5</td><td></td><td></td><td></td></tr>
<tr><td colspan="4">小　计</td><td>100</td><td></td><td></td><td></td></tr>
</table>

<table>
<tr><td rowspan="2">综合评价</td><td>学生自评（20%）</td><td>组间互评（30%）</td><td>教师评分（50%）</td><td>综合得分</td></tr>
<tr><td></td><td></td><td></td><td></td></tr>
</table>

## 相关知识点

### 知识点 1：服务礼仪的作用

城市轨道交通服务礼仪的作用具体表现在三个方面：

（1）礼仪规范展示企业服务形象。服务人员洁雅的仪表、统一的着装、舒心的问候、礼貌的仪态会给乘客留下直接而深刻的印象。良好的服务礼仪是乘客认识运营、感受企业服务的第一印象。

（2）礼仪规范传达企业优质服务。服务人员的礼仪素养能在乘车环境感受之外，带给乘客舒心美好的乘车体验，能够在满足乘客安全出行的基本需求之外，带给乘客身份认同、尊重关爱的心理满足。

（3）礼仪规范反映企业管理水平。为乘客提供安全、准时、便捷、舒适的服务是轨道交通企业客运服务的宗旨。这就要求企业不断加强对客运服务人员服务礼仪技能与素养的培训，从而保障客运服务的质量。

### 知识点 2：服务意识的内涵

服务意识是指企业全体员工在与一切企业利益相关的人或企业的交往中所体现的为其提供热情、周到、主动的服务的欲望和意识。即自觉主动做好服务工作的一种观念和愿望，它发自服务人员的内心。在服务行业中，服务意识就是尊重乘客的意识、礼待乘客的意识，表现为职业道德、职业精神、职业态度。

（1）职业道德是指在一定职业活动中应遵循的、体现一定职业特征的、调整一定职业关系的职业行为准则和规范，包括爱岗敬业、诚实守信、办事公道、服务群众、奉献社会、素质修养。职业道德是一种职业规范，受社会普遍的认可，它承载着企业文化和凝聚力，影响深远。

（2）职业精神是与人们的职业活动紧密联系的具有职业特征的精神与操守，是从事某种职业就该具有的特殊精神、能力和自觉。例如，城市轨道交通工作人员具有吃苦耐劳、严谨细致、踏实认真、甘于奉献的职业精神。

（3）职业态度是指个人对所从事职业的看法及在行为举止方面反映的倾向。一般情况下，态度的选择与确立，与个人对职业的价值认识，即职业观与情感维系程度有关，是构成职业行为倾向的稳定的心理因素。肯定的、积极的职业态度能促进人们去钻研技术，掌握技能，提高职业活动的忍耐力和工作效率。

### 知识点 3：服务意识欠缺可能带来的影响

（1）缺乏主动性。服务的表现形式不是物质形态的，所以不能要求乘客主动向你索取，否则会使服务质量大打折扣。缺乏服务意识的人员多表现为没有主动为他人着想的概念，没有主动和乘客交流的意愿，所以很难提供乘客需要的服务。

（2）服务态度生硬。服务行业都有自身的服务标准和规范，对于各项服务内容做了详细的界定，例如着装、动作、语言等。缺乏服务意识的人员在执行这些标准、规范时大多会机械地执行，不分场合对象地生搬硬套，会让被服务对象感觉生硬，服务质量下降。

（3）引起乘客投诉。服务的特性之一是差异性，因不同的服务对象、不同的环境、不同的时间都会带来不同的服务效果。如果服务人员缺乏服务意识，不能准确地判断乘客的愿望和需求，很容易做出影响服务质量乃至引发乘客不满的行为，终导致乘客的投诉。

### 知识点 4：城市轨道交通提倡的服务意识

（1）为人民服务意识。轨道交通具有公共服务性质，“为人民服务”和“安全第一，乘客至上”的职业意识，既是新时代轨道交通企业的价值体现，也是客运服务人员责任担当的体现。

（2）品牌服务意识。城市轨道交通企业积极把创新的服务形式具体化、标准化、规范化，从而增强企业的品牌竞争实力。

（3）细节服务意识。轨道交通客运服务岗位的作业全流程的每一个环节，都有严格的规范要求与服务质量标准，这既是运输安全的必要保障，也是优质服务的必然要求。

（4）主动服务意识。客运服务人员主动关心乘客，学会察言观色，主动与乘客沟通，通过乘客的言行举止来发现乘客的潜在需求，更好地实现创新服务与优质服务。

### 知识点 5：城市轨道交通服务态度总体要求

（1）在执行仪容仪表标准、服务基础用语标准、服务基础动作标准的基础上，还应在服务过程中显示：文明、礼貌、主动、及时、热情、关怀、周到、诚恳、担当的态度。

（2）在处理乘客事务时，应以换位思考和充分理解的态度，本着公平、公正、合理的原则，采取易地、易人、易性、易时的方式，最终获取乘客的满意。

（3）在劝阻和处理乘客违规或有悖公德的事务时，应态度谦逊、得理让人，不得讲斗气、噎人、训斥、顶撞、过头及不在理的话。

（4）处理乘客事务，应在录音和录像范围内进行，保持客服中心录音和录像设备开启状态，便于事后依据录像和录音并对照相应的规范识别服务态度优劣。

## 巩固与练习

### 一、填空题

1. 服务礼仪是礼仪在服务行业的应用，是指服务人员应具备的基本素质和应遵守的________________。

2. 服务礼仪的特征包括：规范性、________________、技巧性。

3. 服务礼仪的应用原则包括：尊重原则、________________、适度原则及从俗原则。

4. 在城市轨道交通服务行业中，服务意识就是尊重乘客、礼待乘客的意识，表现为职业道德、职业精神和________________。

5. 城市轨道交通服务人员的礼仪素养包括：整洁的仪容仪表、得体的行为举止、礼貌的语言交流、亲和的微笑、诚恳的态度和________________。

文本

项目一答案

### 二、思考题

1. 客运服务意识欠缺可能带来哪些影响？

2. 城市轨道交通提倡的服务意识有哪些？

3. 城市轨道交通服务人员的基本礼仪要求有哪些？

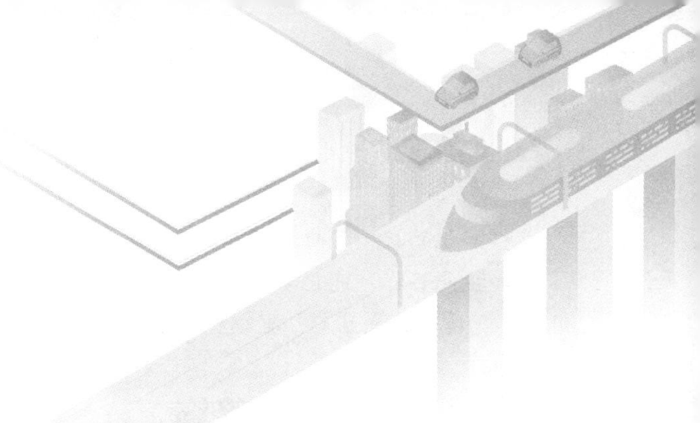

# 项目二

# 职业形象塑造

## 知识结构

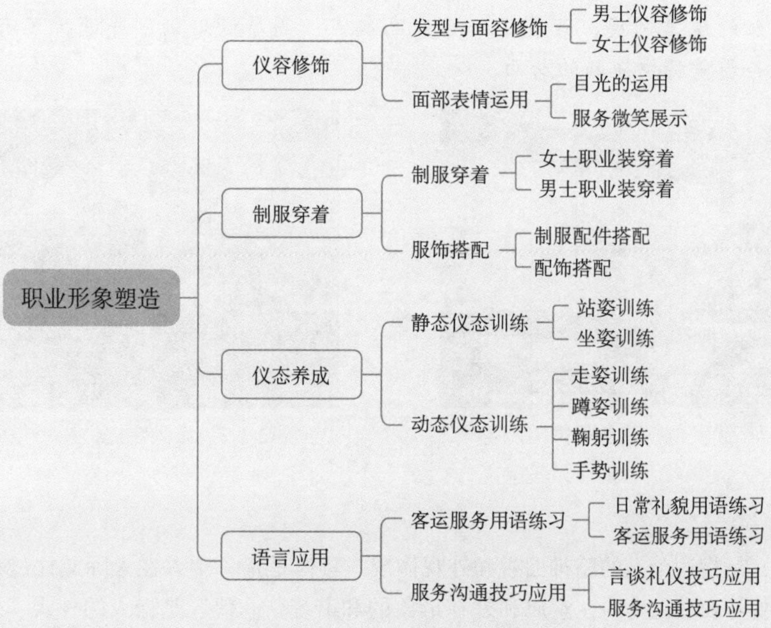


城市轨道交通客运服务人员具备良好的职业形象，不仅能体现企业的管理水平和服务水平，同时还可以展现广大地铁员工爱岗敬业的良好精神风貌。城市轨道交通客运服务以乘客为中心，关注乘客需求，为其提供安全、快捷、便利、舒适的出行体验。客运服务人员通过亲和的微笑、洁雅的仪表、得体的仪态、舒心的语言、端正的态度为乘客提供热情周到、耐心专业的服务，树立地铁优质服务形象，能够提高乘客的满意度和忠诚度，提升地铁企业的品牌形象。

本项目主要介绍城市轨道客运交通客运人员在工作中应展现的标准职业形象，由 4 个学习任务构成，包括仪容修饰、制服穿着、仪态养成、语言应用。通过本项目的学习，学生能够掌握城市轨道交通客运工作人员日常礼仪、专业礼仪及服务礼仪，以便为乘客提供更优质的服务，为城市地铁打造更良好的品牌形象。具体能够达到以下学习目标：

- 素养目标：运用“第一印象”心理效应的正向影响作用；塑造积极热情的服务意识。

- 知识目标：了解地铁客运服务人员的形象系统；掌握地铁客运服务人员的形象规范。
- 技能目标：能化职业淡妆；能规范着制服；能运用得体目光和微笑；能使用规范服务用语；能展示标准站姿、坐姿、鞠躬、手势等。

# 任务一 仪容修饰

## 任务引入

### 武汉地铁“微笑服务”树品牌形象

2018 年 3 月，武汉地铁“微笑服务”被交通运输部授予“中国运输领袖品牌”荣誉称号，在全省范围内一枝独秀。多年来，“微笑服务”陪伴在武汉地铁乘客身边（图 2-1-1、图 2-1-2），但服务无止境、无终点，该公司未来将把“微笑服务”进行到底，并将根据乘客个性化需求推出相应服务，让“微笑服务”不仅仅是一个品牌，更成为一种服务文化。自从“微笑服务”启动以来，不仅从安检到保洁，目光主要聚焦武汉地铁运营公司员工群体，并据此制定了详细的规章制度，开展了一系列高起点、高质量培训，并进行了有针对性的检查，形成了服务质量稳步提高的局面。

图 2-1-1　武汉地铁站务员微笑服务

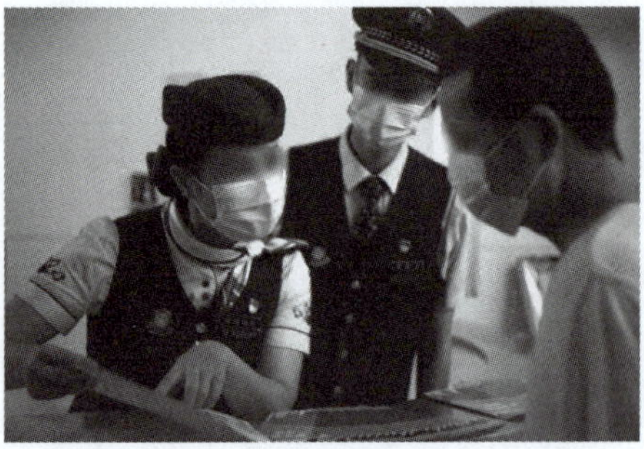

图 2-1-2　为乘客提供线路指引服务

## 任务描述

仪容仪表，是指一个人的精神面貌和外观体现。具体是指一个人在人际交往过程中向他人所展示出来的外貌与表现，是内在素质和外在形象的和谐统一。仪容是指人的外观、外貌。在职场中，人们应按照一定的规则，对自己的仪容进行必要的整理、修饰和维护。城市轨道交通客运服务人员的仪容规范主要包括面部、发型、表情等方面的修饰与运用。城市轨道交通服务水平直接影响着一个城市的文明形象。城市轨道交通客运服务人员的形象就是展示城市文明形象的窗口。城市轨道交通企业对客运服务人员的仪表形象有明确的规范要求，应当在工作中严格遵守。

仪容修饰运用学习情境教学设计见表 2-1-1。

表 2-1-1　仪容修饰运用学习情境教学设计

| 序号 | 子任务情境 | 子任务描述 |
|---|---|---|
| 1 | 发型与面容修饰 | 熟悉城市轨道交通企业员工发型、面容的规范要求，能够在岗位工作中保持发型、面部、手部的整洁美观，女生练习化淡妆 |
| 2 | 面部表情运用 | 熟悉目光与视线的运用方法，练习展露微笑表情的要点，能够在对乘客服务时做到以目光与微笑展露亲和力 |

通过任务训练，学生能够掌握地铁车站客运工作人员专业形象塑造与仪容仪表修饰规范操作，达到城市轨道交通服务员国家职业技能标准中，城市轨道交通站务员（五级/四级/三级）部分技能要求。

## 任务分组

仪容仪表修饰运用任务训练分组与分工安排见表 2-1-2。

表 2-1-2　学生任务分配表

| | | | | | |
|---|---|---|---|---|---|
| 班　　级 | | 组　　号 | | 指导老师 | |
| 组　　长 | | 学　　号 | | 小组人数 | |
| 组　　员 | | | | | |
| 任务名称 | | | | | |
| 任务分工 | | | | | |
| 备注说明 | | | | | |

## 任务计划

1. 阅读工作任务书，填写任务分配表，进行仪容修饰训练准备。

2. 收集《城市轨道交通运营管理规定》《城市轨道交通客运服务规范》《城市轨道交通客运组织与服务管理办法》《1+X 城市轨道交通站务职业技能标准》《城市轨道交通站务员职业技能鉴定标准》中有关工作人员职业形象的规定内容。

3. 结合任务书分析仪容修饰、面部表情运用的难点和常见问题。

## 任务实施

### 一、发型与面容修饰

发型与面容修饰运用任务单见表 2-1-3。

表 2-1-3　发型与面容修饰运用任务单

| | | | | | |
|---|---|---|---|---|---|
| 任务编号 | 2-1-1 | 任务名称 | 发型与面容修饰 | | |
| 班　　级 | | 组　　号 | | 姓　　名 | |
| 任务目标 | 素养目标 | 1. 展现服务岗位良好的职业面貌。<br>2. 展示城市轨道交通行业的文明风范 | | | |
| | 知识目标 | 1. 熟悉发型的规范要求。<br>2. 熟悉化妆流程与技巧 | | | |
| | 技能目标 | 1. 发型符合城市轨道交通服务标准要求。<br>2. 练习化日常生活妆/工作妆 | | | |

任务内容

**杭州地铁运营公司徐萍萍服务队**

2023 年 10 月 1 日国庆节当天，杭州市民中心地铁站进出客流都超过 6 万人次。车站通过一系列积极有效的应对措施，圆满完成了大客流疏导。不少乘客会在部分亚运会重点车站看到妆容得体的工作人员（图 2-1-3、图 2-1-4），他们来自运营公司徐萍萍服务队，亚运会期间每日上午 9 时，他们都会在重点车站引导乘客有序刷卡出闸，帮助乘客有序乘车，为乘客答疑解惑，在地铁站内形成了一道亮丽的风景线，更是城市美好形象的一次生动展示。

图 2-1-3　工作人员引导乘客进站

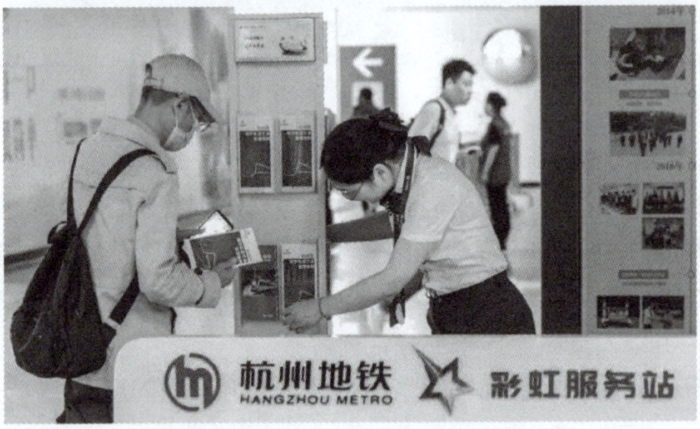


图 2-1-4　工作人员解答乘客咨询

视 频

仪容修饰

请扫描二维码，观看教学视频。

小组分配城市轨道交通站务员、值班员等角色，模拟工作人员岗前准备任务，并填写下面表格中的仪容礼仪内容：

| 序　号 | 项　目 | 仪 容 规 范 | 常 见 错 误 |
| --- | --- | --- | --- |
| 1 | 男士仪容规范 | | |
| 2 | 女士仪容规范 | | |

引导问题 1：形成完整印象的三大要素是____________________________________。

**小提示**

美国心理学家奥伯特·麦拉比安认为，人际交往中印象的形成由三大要素决定：55% 取决于外表，包括个人面貌、穿着、打扮等；38% 取决于表现，包括肢体动作、面部表情和语调语气等；还有 7% 是语言，即交谈的内容。

引导问题 2：仪容修饰最重要的一条规则是：________________。

引导问题 3：仪表美是静态美与动态美的相得益彰，是________________和外在形象的和谐统一。

引导问题 4：地铁客运工作中男士发式要求____________________________________。

小提示

男性客运服务人员发式要求（图 2-1-5）：

男性发型应简单朴素、稳重大方，要修剪得体、轮廓分明，不剃光头、烫发和剪板寸头。头发应梳理整齐，可以使用发胶、摩丝等定型。通常男士不宜留长发，合适的头发长度应该是前不覆额、侧不遮耳、后不及领。头发两侧鬓角不得长于耳垂底部，面部不留胡须。头发应保持黑色或自然棕黄色，不得使用假发套。平日工作生活中要保持头发整洁，勤于梳洗，不要给人油光发亮、头屑四散的感觉。

引导问题 5：地铁客运工作中女士发式要求________________________________________。

小提示

女性客运服务人员发式要求（图 2-1-6）：

女性发不过肩，刘海长不遮眉，短发不短于 7 cm。不披肩散发，不留怪异的新潮发型。头发过肩的女员工着制服时，需把头发挽于统一发放的发网内，发网花与后侧帽子边沿相贴合；刘海应保持在眉毛上方，两侧头发捋到耳后。头发要梳理整齐，适用发胶、摩丝定型，不得有蓬乱的感觉。头发应保持黑色或自然棕黄色，不得使用假发套，发夹、发箍、头花应为无饰物黑色。

图 2-1-5 男性客运服务人员发型

图 2-1-6 女性客运服务人员发型

引导问题 6：地铁客运工作中女士补妆应在______________进行。

引导问题 7：地铁客运工作人员化职业妆规范要求：____________________________________。

小提示

女性客运人员化妆要求：

女员工可以化淡妆，不得浓妆艳抹，工作中还应注意及时补妆，补妆应在洗手间或更衣室进行。

（1）唇线的颜色应与口红颜色一致，不得使用珠光色口红和不健康色的口红。

（2）眉毛的颜色应接近头发颜色，应修剪秀丽、整齐，眉笔应使用黑色、深棕色。

（3）使用眼影，颜色应与制服颜色一致。

（4）画眼线时，颜色应使用黑色、深棕色。

（5）香水以清香、淡雅型香水为限，不可过香、过浓。可喷口香剂保持口气清新。

## 二、面部表情运用

面部表情运用任务单见表 2-1-4。

表 2-1-4 面部表情运用任务单

| 任务编号 | 2-1-2 | 任务名称 | 面部表情运用 | | |
|---|---|---|---|---|---|
| 班　级 | | 组　号 | | 姓　名 | |
| 任务目标 | 素养目标 | 1. 具有新时代地铁客运服务人员良好的礼仪素养。<br>2. 展示城市轨道交通行业的文明风范 | | | |
| | 知识目标 | 1. 熟悉目光与视线的运用方法。<br>2. 掌握展露微笑的方法与技巧 | | | |
| | 技能目标 | 1. 运用得体的目光和表情。<br>2. 运用微笑表达善意 | | | |

任务内容

### 杭港地铁“五心服务队”

2023年9月杭州亚运会期间，杭港地铁“五心服务队”组建了一支特殊服务队——亚运服务队（图2-1-7），用贴心、安心、用心、顺心、舒心的服务精神，向世界传递杭州的温暖（图2-1-8）。亚运服务队成员平均年龄为22岁，不仅会英语还会手语，既要有较强的责任感，又要有十足的亲和力。00后何颖就是其中一员，她一小时内就需要重复回答上百次乘客的问题。当她第一次用手语向特殊乘客进行回应的时候，对方先是一愣，随即眼里出现了光，点头微笑示意，笑容带着惊喜和感动。何颖希望通过她和队友的付出，让所有乘客能感受到杭州的温暖与包容。

图 2-1-7　杭港地铁“亚运服务队”

图 2-1-8　杭港地铁贴心驿站

小组分配角色，模拟城市轨道交通客运服务工作人员向乘客解答线路换乘服务场景，并填写下面表格中的面部礼仪内容：

| 序　号 | 项　目 | 动 作 要 求 | 常 见 错 误 |
|---|---|---|---|
| 1 | 目光 | | |
| 2 | 微笑 | | |

引导问题1：在日常工作和人际交往中，与他人的目光交流应注意：____________、目光视角和凝视时间。

引导问题2：目光的凝视区域一般划分为三种：____________________________。

**小提示**

目光视域是指人们目光所及之范围。我们将目光集中在所要观察的目标上，注视的目光显示出我们的认真。当目光注视某一较小范围超过 5 s，称为凝视；当目光长时间固定于某一焦点，称为盯视。在日常工作和人际交往中，与他人的目光交流应注意：凝视区域、目光视角和凝视时间。目光的运用应该“散点柔视”，要让目光像瀑布一样均匀洒落，而不宜出现盯视、眯视、斜视、扫视等。

目光的凝视区域是指人的目光所落的位置。根据交往对象和交往场合的不同，目光凝视区域也不同，一般划分为以下三种情况（图 2-1-9）：

（1）公务凝视区域：以两眼为底线，额中为顶角形成的正三角区。这种凝视会显得严肃认真，对方也会觉得你有诚意，容易把握住谈话的主动权和控制权。

（2）社交凝视区域：两眼为上线、下巴为顶角所形成的倒三角区。这种凝视能给人一种平等、轻松感，从而创造出一种良好的社交气氛。

（3）亲密凝视区域：双眼到胸部之间方形区域。这是亲人、恋人、家庭成员之间使用的一种凝视，往往带着亲昵爱恋的感情色彩，所以非亲密关系的人不应使用这种凝视，以免引起误解。

图 2-1-9 目光凝视区域

引导问题 3：目光视角可以分为三种：________________。

**小提示**

目光运用技巧要求我们注意目光注视的角度。视角可以分为三种：

（1）平视。观察物与眼睛平齐时，视线水平送出，即为平视。与人交谈时应当尽量做到平视对方。在服务工作中，平视是一种常规要求。平视表现出双方地位的平等，使服务人员可以不卑不亢地投入工作。

（2）仰视。抬起头朝上看容易表现出敬仰、高度重视的态度。低着头朝上看往往表现得羞涩、胆怯、谦虚、低调。服务中，仰视并不多用。只有当本人所处位置较对方低，必要时须抬头向上仰视对方。

（3）俯视。俯视他人往往带有自高自大、傲慢不屑的意味，服务中应该避免这种注视。如果对方的位置低于自己的眼睛，例如乘客坐着，服务员站着时，应当轻微俯身，尽量减小俯视的视角差。

引导问题 4：在服务过程中，服务人员的面部表情可以给乘客最直接的感觉和情绪体验。当表情与语言、行为一致时，就会________（拉近/疏远）服务人员与乘客间的距离。

引导问题 5：人们面部情态主要是通过目光和____________流露出来的。

引导问题 6：城市轨道交通客运服务提倡微笑服务，微笑是____________的表示。

**小提示**

微笑是一种健康的、文明的、令人愉悦的举止，它是无声的语言，是人际交往的润滑剂，是自信、友好、善意的表示。日常生活中，笑容有很多种：大笑、微笑、偷笑、冷笑、嘲笑、怪笑、狞笑、狂笑等。每一种笑容都传达出不同的心理，并产生不同的感受。只有微笑，给人以平静、柔和、亲切、善意、信任之感，也成为交往中通行的礼貌举止。由于微笑可以迅速带来融洽的沟通氛围，它已成为一种基本的服务岗位礼仪规范。

**拓展训练**

按照下面的微笑动作要领，练习微信表情，每天 10 min。

微笑是指嘴角上扬的浅笑，往往笑不露齿。但是，在服务接待工作中，尤其是女性服务员，露出牙齿的笑容看上去更加甜美、亲切（图 2-1-10）。不论露齿与否，微笑都应面含笑意，内心真诚。

微笑时，先要放松自己的面部肌肉，然后让自己的嘴角两端平均地向上翘起，使嘴唇呈现弧形。平时可以多进行微笑练习。练习时，可以站在镜子前，按照上述微笑的方法反复动作。每次微笑后，保持几秒钟的定型，对比寻找出自己感觉最美的微笑。之后重复多次这一微笑动作。闭上眼睛，继续重复刚才的动作，感觉面部肌肉的位置。当最美的微笑动作熟练成自然后，你就可以随时、轻松地呈现自己美丽的微笑了。

图 2-1-10 亲切的微笑

## 任务评价

仪容仪表修饰训练任务完成后，需对每个小组的任务完成情况进行评价。任务评分表见表 2-1-5。

表 2-1-5 仪容仪表修饰任务训练评分表

<table>
<tr><th rowspan="2">序号</th><th colspan="2" rowspan="2">评价内容</th><th rowspan="2">评价标准</th><th rowspan="2">分值</th><th colspan="3">评分记录</th></tr>
<tr><th>学生自评</th><th>组间互评</th><th>教师评分</th></tr>
<tr><td rowspan="4">1</td><td colspan="2" rowspan="4">工作态度（20%）</td><td>无无故迟到、早退、旷课现象</td><td>5</td><td></td><td></td><td></td></tr>
<tr><td>能认真完成组内分工的个人任务</td><td>5</td><td></td><td></td><td></td></tr>
<tr><td>发挥团队组织协调作用，主动协助组员</td><td>5</td><td></td><td></td><td></td></tr>
<tr><td>能体现耐心工作、主动服务的职业意识</td><td>5</td><td></td><td></td><td></td></tr>
<tr><td rowspan="6">2</td><td rowspan="6">工作过程（60%）</td><td rowspan="3">仪容仪表</td><td>＊职业发型符合地铁岗位规定</td><td>10</td><td></td><td></td><td></td></tr>
<tr><td>＊工作淡妆符合地铁岗位规定</td><td>10</td><td></td><td></td><td></td></tr>
<tr><td>手部与指甲符合岗位形象要求</td><td>10</td><td></td><td></td><td></td></tr>
<tr><td rowspan="3">面部表情</td><td>待客目光表现亲和力</td><td>10</td><td></td><td></td><td></td></tr>
<tr><td>采用公务凝视区域注视乘客</td><td>10</td><td></td><td></td><td></td></tr>
<tr><td>与乘客打招呼微笑自然得体</td><td>10</td><td></td><td></td><td></td></tr>
<tr><td rowspan="4">3</td><td rowspan="4">工作成果（20%）</td><td>学习方法</td><td>按时、准确地填写工作任务书</td><td>5</td><td></td><td></td><td></td></tr>
<tr><td>参与程度</td><td>团队熟练配合完成工作任务</td><td>5</td><td></td><td></td><td></td></tr>
<tr><td>思维状态</td><td>能够主动发现问题、分析问题、解决问题</td><td>5</td><td></td><td></td><td></td></tr>
<tr><td>能力延展</td><td>服务工作体现创新之处</td><td>5</td><td></td><td></td><td></td></tr>
<tr><td colspan="4">小　计</td><td>100</td><td></td><td></td><td></td></tr>
<tr><td colspan="2" rowspan="2">综合评价</td><td>学生自评（20%）</td><td>组间互评（30%）</td><td colspan="2">教师评分（50%）</td><td colspan="2">综合得分</td></tr>
<tr><td></td><td></td><td colspan="2"></td><td colspan="2"></td></tr>
</table>

## 相关知识点

### 知识点 1：城市轨道交通客运服务人员化妆的原则

（1）美化。化妆，意在使人变得更加美丽，因此在化妆时要注意适度矫正、修饰得法，使人化妆后避短藏拙。在化妆时不要自行其是、任意发挥、寻求新奇，有意无意将自己老化、丑化、怪异化。

（2）自然。通常，化妆既要求美化、生动、具有生命力，更要求真实、自然。化妆的最高境界是“妆成有却无”，即没有人工美化的痕迹，好似天然如此的美丽。不可浓妆艳抹，香气逼人。

（3）得法。化妆虽讲究个性化，却也需要遵循一定的章法。例如，工作时化妆宜淡；社交时化妆可以稍浓；香水不宜涂在衣服上和容易出汗的地方；口红与指甲油最好同为一色；等等。

（4）和谐。高水平的化妆，强调的是装扮的整体效果。通过化妆实现妆面协调、全身协调、场合协调、身份协调，以体现和谐之美。例如，妆面色彩的选择应综合考虑肤色、发色，妆面造型风格也要与服装风格相统一。

### 知识点 2：城市轨道交通客运服务人员面部与手部要求

（1）注意个人卫生，面部、双手保持清洁，面部、颈部及着制服时身体其他外露部分不得有纹身。

（2）头发每天保持干净，有光泽，无头皮屑。

（3）女员工可化淡妆，不得浓妆艳抹，也不得使用颜色夸张和气味浓烈的化妆品，男员工不得留大鬓角和任何形式的胡须。

（4）员工不得佩戴墨镜等有色眼镜，不得佩戴乳白色、黄色、红色等夸张色彩的彩色边框及无镜片眼镜框，不得佩戴与本人瞳色反差较大的美瞳。

（5）双手要保持清洁，指甲修剪整齐美观，指甲缝内无污物，不得留长指甲。女员工可涂透明色指甲油，但不得有脱落现象。涂色指甲长度不超过手指尖 3 mm，不涂色指甲不超过 2 mm，手指甲长度应保持一致。不得使用醒目艳丽的指甲油、工艺甲片或指甲饰品。

（6）班前和班中休息时不得吃异味食物、不得饮酒吸烟，保持身体和口腔清洁无异味。

## 巩固与练习

### 一、填空题

1. 地铁客运工作人员的发型要求刘海以不遮盖____________为宜。

2. 如果你想在谈话中表现自己严肃认真理性的态度，应注视对方的____________。

3. 地铁客运工作人员的头发应保持____________色。

4. 地铁客运工作人员在工作岗位时不得佩戴墨镜等有色眼镜，不得佩戴与本人瞳色反差较大的____________。

5. 地铁客运工作人员指甲修剪整齐美观，指甲缝内无污物，不得留长指甲，不得使用醒目艳丽的指甲油、工艺甲片或____________。

### 二、思考题

1. 轨道交通客运人员在哪些工作场合不宜微笑？为什么？

2. 地铁客运男性工作人员的发型要求是什么？

3. 地铁客运工作中女性工作人员的化妆要求是什么？

# 任务二 制服穿着

## 任务引入

### 浙江幸福轨道公司制服换新

2022 年 6 月 13 日，浙江幸福轨道公司全体员工换上新制服，展现新形象。此次更换的新制服经过公司层层筛选、试装、修改，最终呈现。全套服装简约大方又不失设计感，衬衣选用浅浅的蓝色，领口的小“V”领设计，搭配蓝绿色条纹丝巾（图 2-2-1），端庄典雅又不失清新，彰显东方古典韵味之美。

考虑到一线员工穿着的舒适性与便利性，新工装的面料也进行了全新改进，衬衫含棉量高达 100%，夏裤内衬升级宾霸里布 100% 铜氨丝，工号牌采用不锈钢材质，耐磨、防腐蚀、经久耐用，配饰定制了公司统一 logo，皮鞋选款也本着员工舒适度和公司形象角度出发，选用橡胶大底，皮面光滑隐形花纹款式，既耐穿又美观。

图 2-2-1　浙江温州轨道交通 S1 线员工新制服

## 任务描述

制服是指职业人士工作时穿着的一种能标明其职业特性的专用服装。城市轨道交通企业习惯将员工职装称为“制服”。对于职场人士，着装以无声的语言显示着自己的身份、职业、性格、涵养及其心理状态。对于服务人员，其穿着打扮通常决定着留给服务对象的第一印象。因此，城市轨道交通企业应高度重视制服穿着的规范要求，同时严格按照岗位工作的实际需要进行穿戴。制服配饰礼仪要求服务人员饰品佩戴有方，做到服饰搭配得当、以少为佳。

制服穿着礼仪运用学习情境教学设计见表 2-2-1。

表 2-2-1　制服穿着礼仪运用学习情境教学设计

| 序号 | 子任务情境 | 子任务描述 |
| --- | --- | --- |
| 1 | 制服着装 | 熟悉制服穿着基本规范，能够规范穿着城市轨道交通企业制服 |
| 2 | 服饰搭配 | 熟悉制服配饰基本规范，掌握制服配件搭配规范 |

通过任务训练，学生能够领会地铁车站客服工作人员的制服着装与服饰搭配规范，并且能够规范穿着企业制服，达到城市轨道交通服务员国家职业技能标准中，城市轨道交通站务员（五级/四级/三级）部分技能要求。

## 任务分组

制服穿着礼仪运用任务训练分组与分工安排见表 2-2-2。

表 2-2-2　学生任务分配表

| 班　级 | | 组　号 | | 指导老师 | |
| --- | --- | --- | --- | --- | --- |
| 组　长 | | 学　号 | | 小组人数 | |
| 组　员 | | | | | |
| 任务名称 | | | | | |
| 任务分工 | | | | | |
| 备注说明 | | | | | |

## 任务计划

1. 阅读工作任务书，填写任务分配表，进行制服穿着训练准备。

2. 收集《城市轨道交通运营管理规定》《城市轨道交通客运服务规范》《城市轨道交通客运组织与服务管理办法》《1+X 城市轨道交通站务职业技能标准》《城市轨道交通站务员职业技

能鉴定标准》中有关工作人员制服穿着规范的内容。

3. 结合任务书分析制服着装、制服配饰搭配的难点和常见问题。

## 任务实施

### 一、制服穿着

制服穿着任务单见表 2-2-3。

**表 2-2-3　制服穿着任务单**

| 任务编号 | 2-2-1 | 任务名称 | 制服穿着 | | |
| --- | --- | --- | --- | --- | --- |
| 班　　级 | | 组　　号 | | 姓　　名 | |
| 任务目标 | 素养目标 | 1. 树立场合意识，以着装规范言行。<br>2. 树立职业身份意识，以制服展示职业风采 | | | |
| | 知识目标 | 1. 熟悉制服的样式及穿着基本规范。<br>2. 掌握地铁企业男性/女性制服穿着规范 | | | |
| | 技能目标 | 1. 能够规范穿着制服。<br>2. 能够在工作场合以制服展示企业形象 | | | |

**任务内容**

某天早班时间，一位地铁运营公司经理经过地铁车站站厅服务台，他看见客服中心的女售票员正在与乘客沟通车票问题，售票员热情礼貌的服务吸引了经理的关注。他走上前近距离观察片刻，欣慰之余正准备夸赞时，意外地发现这位年轻的女售票员身上穿着地铁制服套装，脚上却穿了一双露着脚趾的黑皮鞋。经理顿时表扬的情绪没了，还平添了几分不满。

请扫描二维码，观看教学视频。

视　频

制服穿着

小组讨论：为什么这位经理对售票员的穿着感到不满？问题出在哪里？完成话题讨论并填写下面表格中制服穿着规范的内容。

| 序　号 | 项　目 | 着 装 规 范 | 着 装 禁 忌 |
| --- | --- | --- | --- |
| 1 | 男士制服穿着 | | |
| 2 | 女士制服穿着 | | |

引导问题 1：得体的服饰穿着强调区分场合，办公场合要求______________；社交场合要求时尚个性；休闲场合要求舒适自然。

引导问题 2：制服穿着的 TPO 原则分别代表：______________、______________、______________。

**小提示**

着装的 TPO 原则：

TPO 是三个英文单词的缩写，它们分别代表时间（time）、地点（place）和目的（objective），即人们的着装应该与穿着服装的时间、地点及出席活动的目的相协调。

（1）时间。从时间上讲，一年有春、夏、秋、冬四季的交替，一天有 24 h 变化。显而易见，在不同的时间里，着装的类别、式样、造型也应有所变化。

（2）地点。从地点上讲，置身在室内或室外，驻足于闹市或乡村，停留在国内或国外，身处于单位或家中，在这些变化不同的地点，着装的款式理当有所不同，切不可以不变应万变。

（3）目的。从目的上讲，人们的着装往往体现着其一定的意愿。即自己对着装留给他人的印象如何，是有一定预期的。因此，着装应适应自己扮演的社会角色，着制服尤其应当体现职业的文明形象。

引导问题 3：制服的作用包括：______________、______________、______________和宣传作用。

引导问题 4：制服穿着四忌包括：__________________________________________。

**小提示**

地铁服务人员穿着制服的作用：

（1）标识作用。标识作用是制服的基本作用。地铁员工的制服具有本企业独一无二的标志（图 2-2-2），把本企业着装者与其他行业、其他单位人员区分开来。

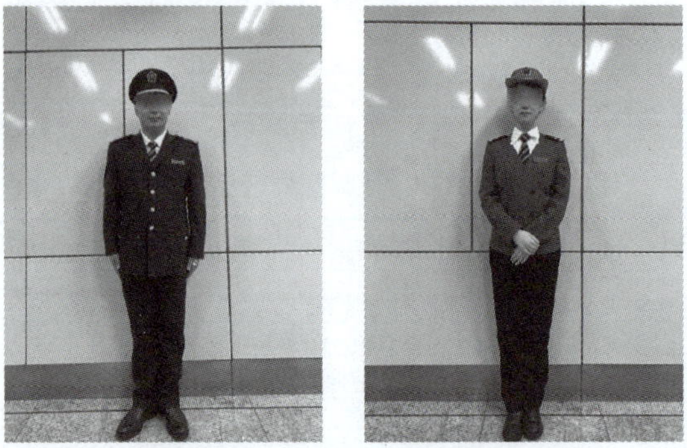

图 2-2-2　南京地铁员工制服

（2）激励作用。身穿制服，使着装者内心形成一种良好的特殊感、责任感和荣誉感。若身着制服同时佩戴标明其姓名、职称、部门的标牌，更能发挥鞭策作用，促进地铁服务人员自我约束。

（3）保护作用。制服都会根据所处行业特点，设计可以保护身体的必备防护功能。工作中按规定穿着，能减少身体受伤害的风险。身着制服还可以增加权威感，有助于维护工作人员的自尊。

（4）宣传作用。身着制服的地铁员工，是宣传本单位形象的最佳广告。地铁员工穿着制服时要求干净整齐，外观完好，忌脏、忌乱、忌破、忌皱，影响地铁正面形象。

引导问题 5：地铁企业员工穿着制服时，西服上衣纽扣的扣法规范是__________________________________。

**小提示**

双排扣的西装，不论是什么场合，一般都要将扣子全扣上；单排扣的西装，坐下后，可以解开扣子。一般场合下：

（1）单排一粒扣西装，可扣可不扣；

（2）单排两粒扣的西装，扣上面一粒纽扣；

（3）单排三粒扣的西装，应该只扣中间一粒或上面两粒；

（4）穿着制服时，应将所有扣子全部扣好。

引导问题 6：正式场合穿着西装在色彩上要求以少为宜，全身的颜色不应多于____________种。

**小提示**

西服套装穿着的 3 个“三”原则包括：

（1）三色原则：在正式场合穿着西服套装时，全身服装的颜色不应超过 3 种，但很接近的色彩可视为同一种颜色；

（2）三一定律：男士穿着西服套装时，皮鞋、皮带、公文包的颜色一致会更加和谐；

（3）三大禁忌：在正式场合穿着西服套装时，不能出现的三个错误，包括袖口上的商标没有拆、穿着夹克打领带、鞋袜搭配出现问题。

引导问题 7：穿西装必须穿长袖衬衫，衬衫下摆一定要均匀地塞在长裤内。衬衫的衣领应高于西装衣领________cm 左右；袖长要长于西装上衣袖子________cm 左右。

**小提示**

男士在正规场合穿西装套装时，全身的颜色不应多于三种，包括西装、衬衣、领带、鞋子、袜子在内，全身颜色应限制在三种之内。当然，同色系而色差有所变化是可以的。西装的选择必须以合体为第一标准，并以此来考虑款式、造型。合体的西装尺寸应该是：

（1）上衣：站立时，颈部至鞋跟的 1/2 处。衬衫的衣领应高于西装衣领 1.5 cm 左右。

（2）袖长：至手腕处。衬衫的袖长应比西装上衣袖子长出 1~1.5 cm，这样可以用白色衬衫衬托出西装的美观，显得更活泼有生气。

（3）裤长：站立时，前片裤脚刚刚碰到皮鞋鞋面为宜。女性穿裤装时，裤长应能遮住高跟皮鞋的一半鞋跟。

（4）衣腰围：扣上上衣第一粒纽扣，纽扣和衬衫之间刚好有可以放入一个拳头的宽度为宜。

（5）裤腰围：系好扣子、拉上拉链后，可以插入一个手掌。

（6）臀围：裤带内不装入任何东西，符合身体尺寸。可以做下蹲动作或抬腿动作，动作自如则为合适。

**拓展训练**

选择某个城市的地铁企业员工制服为例，观察其与自己学校配发的制服有哪些相同与不同之处。再根据下文知识点 3“城市轨道交通客运服务人员制服规范”的具体要求，练习规范穿着制服。

## 二、服饰搭配

服饰搭配任务单见表 2-2-4。

**表 2-2-4　服饰搭配任务单**

| 任务编号 | 2-2-2 | 任务名称 | 服饰搭配 | | |
|---|---|---|---|---|---|
| 班　　级 | | 组　　号 | | 姓　　名 | |
| 任务目标 | 素养目标 | 1. 树立窗口意识，以服饰美提升职业气质。<br>2. 树立服务意识，以和谐穿搭展示新时代员工风采 | | | |
| | 知识目标 | 1. 熟悉地铁制服配饰的标准与要求。<br>2. 掌握领带、丝巾的常用系法 | | | |
| | 技能目标 | 1. 能够规范穿戴制服配件。<br>2. 能够规范佩戴装饰品 | | | |

**任务内容**

某轨道交通企业经理受邀参加当地某学校举办的研讨会。当学校接待人员见到企业经理时不禁面面相觑。这位 40 多岁的男士身穿一套运动装，还戴着金戒指和项链。研讨会现场，这名经理发现与会人员大多穿着西服套装，自己也感到非常尴尬。

请扫描二维码，观看教学视频。

视　频

服饰搭配

小组讨论：为什么工作人员对企业经理的穿着打扮面面相觑？问题出在哪里？请完成话题讨论并填写下面表格中制服配饰规范的内容。

| 序　号 | 项　目 | 搭 配 规 范 | 搭 配 禁 忌 |
|---|---|---|---|
| 1 | 工牌 | | |
| 2 | 领带 | | |
| 3 | 丝巾 | | |
| 4 | 饰品 | | |

**引导问题 1：** 员工工号牌应戴于____________胸口袋上方正中，下边沿距口袋 1 cm 处。

**引导问题 2：** 地铁员工穿着工作制服时应佩戴公司统一发放的皮带和领带，领带系好后的长度以最末端大箭头达到____________为宜。

**引导问题 3：** 领带夹一般夹在衬衫的第____________粒纽扣之间为宜。

**小提示**

客运服务员穿着套装制服时相配的配件有：帽子、工号牌、徽章、领带、丝巾等。工号牌应戴于左胸口袋上方正中，下边沿距口袋 1 cm 处（无口袋的戴于与上衣第二颗纽扣平行位置），包含单位、姓名、职务、工号等内容。臂章佩戴在上衣左袖肩下四指处。当佩系领带时要注意，衬衫的领扣一定要系好，如不系领带，则应把领扣解开。领带系好后的长度，以最末端大箭头到皮带扣为宜。领带夹一般夹在衬衫的第四、五粒纽扣之间为宜。

**引导问题 4：** 地铁客运服务人员饰品佩戴遵循的原则是________________________________________。

**引导问题 5：** 女员工佩戴耳钉的大小不超过____________ mm，不得有悬垂物。

**小提示**

地铁客运服务人员饰品佩戴遵循“以少为佳，同质同色”的原则，少至不戴，最多不要超过三件。配饰佩戴基本要求：

（1）穿着制服时不宜佩戴无固定性的饰品，如手镯、悬垂挂件、脚链等。

视 频

学系领带

（2）头上不得佩戴发箍和有颜色的发夹。

（3）耳钉的大小不超过黄豆粒或 3 mm，没有悬垂物。

（4）制服上不得佩戴任何饰物；只佩戴号码牌与职务标志。

（5）男女客运服务人员均可佩戴手表，但手表的款式、颜色应简单、不夸张，宽度宜为 2～3 cm，不得佩戴珠宝表、运动表、卡通表，不得系挂怀表。

**拓展训练**

请扫描二维码，观看教学视频。男生练习系领带，女生练习系丝巾。

## 任务评价

制服穿着规范训练任务完成后，需对每个小组的任务完成情况进行评价。任务评分表见表 2-2-5。

**表 2-2-5　制服穿着任务训练评分表**

<table>
<tr><th rowspan="2">序号</th><th rowspan="2" colspan="2">评价内容</th><th rowspan="2">评价标准</th><th rowspan="2">分值</th><th colspan="3">评分记录</th></tr>
<tr><th>学生自评</th><th>组间互评</th><th>教师评分</th></tr>
<tr><td rowspan="4">1</td><td rowspan="4" colspan="2">工作态度（20%）</td><td>无无故迟到、早退、旷课现象</td><td>5</td><td></td><td></td><td></td></tr>
<tr><td>能认真地完成组内分工的个人任务</td><td>5</td><td></td><td></td><td></td></tr>
<tr><td>发挥团队组织协调作用，主动协助组员</td><td>5</td><td></td><td></td><td></td></tr>
<tr><td>能体现耐心工作、主动服务的职业意识</td><td>5</td><td></td><td></td><td></td></tr>
<tr><td rowspan="6">2</td><td rowspan="6">工作过程（60%）</td><td rowspan="3">制服穿着</td><td>*规范穿着制服外套、衬衫</td><td>10</td><td></td><td></td><td></td></tr>
<tr><td>*纽扣规范、服装整洁</td><td>10</td><td></td><td></td><td></td></tr>
<tr><td>*规范穿着与制服相配的鞋袜</td><td>10</td><td></td><td></td><td></td></tr>
<tr><td rowspan="3">配饰佩戴</td><td>*工帽、工号牌佩戴标准</td><td>10</td><td></td><td></td><td></td></tr>
<tr><td>*领带/丝巾系法标准</td><td>10</td><td></td><td></td><td></td></tr>
<tr><td>*无饰品佩戴或规范佩戴饰品</td><td>10</td><td></td><td></td><td></td></tr>
<tr><td rowspan="4">3</td><td rowspan="4">工作成果（20%）</td><td>学习方法</td><td>按时、准确地填写工作任务书</td><td>5</td><td></td><td></td><td></td></tr>
<tr><td>参与程度</td><td>团队熟练配合完成工作任务</td><td>5</td><td></td><td></td><td></td></tr>
<tr><td>思维状态</td><td>能够主动发现问题、分析问题、解决问题</td><td>5</td><td></td><td></td><td></td></tr>
<tr><td>能力延展</td><td>服务工作体现创新之处</td><td>5</td><td></td><td></td><td></td></tr>
<tr><td colspan="4">小　计</td><td>100</td><td></td><td></td><td></td></tr>
<tr><td rowspan="2" colspan="2">综合评价</td><td>学生自评（20%）</td><td>组间互评（30%）</td><td colspan="2">教师评分（50%）</td><td colspan="2">综合得分</td></tr>
<tr><td></td><td></td><td colspan="2"></td><td colspan="2"></td></tr>
</table>

## 相关知识点

### 知识点 1：制服穿着规范

（1）区分场合。在职场中，不同的场合需要穿着不同的服装。办公场合要求正式严谨，社交场合要求时尚个性，休闲场合要求舒适自然。

（2）慎用色彩。色彩选择不当会给人留下不专业的印象。正式场合着装色彩以冷色、深色、单色为宜。忌鲜艳、忌杂乱。通行的“三色原则”要求着装者全身服装的颜色不宜超过三种。

（3）注意搭配。正式场合穿着套装为宜，上衣与下裤（或裙装）同质地同颜色。还应注意鞋袜、帽子、公文包及其他配饰之间与服装的搭配。通行的“三一定律”是指皮带、皮包、皮鞋能够同色搭配。

(4) 合身得体。选择剪裁精良、版型合适的服装，要穿着合体，既不宽松拖沓，也不紧身束缚，要能便于工作与行动。女士制服有“四忌”：忌紧身、忌暴露、忌透视、忌短小。

(5) 保持整洁。整洁是职场仪表着装的最基本要求，整洁的形象可以给人留下良好的第一印象。制服穿着有“四忌”：忌残破、忌污渍、忌褶皱、忌异味。因此要定期或及时换洗、熨烫、整理。

## 知识点 2：西服穿着规范

(1) 面料。纯毛料是最好的选择。用高档毛料制作的西装，具有轻、薄、软、挺的特点，最能体现西装平展、挺阔之美。

(2) 款式。西装套装分为两件套和三件套。两件套西装包括上衣和长裤。三件套西装包括上衣、长裤和背心。按照传统观点，三件套西装比两件套西装显得更为正式。

(3) 颜色。正装西装与休闲西装的颜色有很大差异。休闲西装的色彩多样，也不受上下装成套的约束。而正装西装的颜色必须显示庄重、严肃，以深色为宜，且上衣和下装的质地、颜色必须一致。深蓝、深灰、黑色是经典的西服套装颜色。

(4) 衬衫。与西服相配时应穿着长袖衬衫。以白色、浅色为宜，单色、无花纹为宜，规则的条纹、格纹衬衫亦可。领口要挺阔，衬衫领口应比西服领口高 1 cm 左右，领子不能翻在西服外。衬衫下摆应塞进西裤内。袖口不能挽起，必须扣上纽扣。如未系领带，应将衬衫第一颗纽扣解开。

(5) 领带。穿着西服套装必须系领带。领带宜选择真丝面料。工作场合宜佩戴深色斜条纹或素色、暗纹领带，以显示严谨稳重的风格。不可佩戴过于鲜艳花哨的领带。领带长度应自然垂到裤腰处，以领带末端到达皮带扣为宜。

(6) 鞋袜。皮鞋以黑色、棕色为主，越简洁越正式。袜子以深色为宜，应避免白色或艳色，长度以落座后不露出小腿为宜。

(7) 口袋。西服套装的口袋分明袋和暗袋两种。明袋中，只有左胸袋可以有胸襟花装饰，其余所有明袋都不宜装物品。

(8) 其他。新买的西装要拆除衣袖上的商标和下摆的辅助线。着西服套装一般不宜穿羊毛衫或毛衣；如果要穿，宜选择 V 字领型的羊毛衫，并将领带塞到羊毛衫内。

## 知识点 3：城市轨道交通客运服务人员制服规范

(1) 在工作时间、工作地点应按季节及公司规定统一整齐穿着工作制服，保持衣装整洁。参加上级组织的重大活动时须穿着统一的工作制服。

(2) 已下班，但仍穿着工作制服的员工，在工作场所内行为举止一律按上岗时的规定执行。穿着工作制服搭乘地铁时，须礼让乘客、站立乘车，注意仪态、举止文明。

(3) 其他专业人员（非车站员工）在地铁车站工作（维修、支援等）时应按规定统一整齐穿着相应的工作服。

(4) 当制服未配发齐全时，穿接近制服样式、颜色的便装；未配发任何制服的员工，应佩戴员工（培训）卡（挂牌）在胸前，并露于外套外。

(5) 女员工因怀孕或哺乳假期间，制服不能穿着时，必须统一佩戴员工卡（挂牌）在胸前。

(6) 制服不得混穿，不得缺扣、立领、挽袖挽裤；制服大衣、西装领口处须露出制服衬衫领，衬衫领口不得露出棉毛衫、毛衣等。

（7）穿着工作制服时，应按制服类型佩戴肩章。春秋及冬季制服佩戴硬肩章，夏季制服佩戴软肩章，并保持肩章平整清洁。员工未定岗时，不论在何岗位跟班实习，均不佩戴肩章。

（8）穿着工作制服且在维修作业区域、对客服务区域、车站公共区域时，应佩戴工帽。在办公区内，可不佩戴，但须将工帽放在恰当位置。

（9）工帽应佩戴端正，帽徽正对前方，保持帽檐水平状。

（10）穿着工作制服时应佩戴工号牌。工号牌戴在左胸前口袋上沿中部，保持清洁、端正。

（11）未配发工号牌或工号牌损坏、丢失时，应佩戴本人胸卡（员工卡）在胸前，并露于制服外，以便识别。

（12）不得同时佩戴工号牌与胸卡（员工卡）。

### 知识点 4：城市轨道交通客运服务人员鞋袜规范

（1）穿着工作制服时，应穿着公司统一发放的皮鞋，并保持光亮、整洁。未配发工作鞋时，应穿式样简单无装饰的黑色皮鞋。

（2）生产岗位女员工不得穿高跟鞋，不得穿露脚趾的鞋子。

（3）男员工：穿黑色或深色袜子，不可穿白色或浅色袜子。

（4）女员工：穿肉色无花纹丝袜子，冬季可穿深色袜子。

## 巩固与练习

### 一、填空题

1. 职业装是指职业人士工作时穿着的一种能标明其________的专用服装。

2. 正式场合着装的“三色规律”要求着装者全身服装的色彩不要超过________种，否则会显得杂乱无章。

3. 职业装穿着规范包括：区分场合、慎用色彩、注意搭配、合身得体及________。

4. 员工着制服时，工号牌应戴于________胸口袋上方正中。

5. 制服不得混穿，不得____________________；制服大衣、西装的领口处须露出制服衬衫领，衬衫领口不得露出棉毛衫、毛衣等。

6. 穿着工作制服时，应穿着公司统一发放的皮鞋。女员工不得穿________鞋，不得穿露脚趾的鞋子。

### 二、思考题

1. 地铁制服主要的作用是什么？

2. 地铁企业着装通用标准是什么？

3. 地铁员工佩戴饰品的规范要求有哪些？

# 任务三 仪态养成

## 任务引入

**杭州亚运会国际文明礼仪大赛**

2022 年 9 月 27 日，杭州亚组委在杭州举行新闻发布活动，宣布杭州第 19 届亚运会国际文明礼仪大赛正式启动。其中服务礼仪作品内容应包含中文自我介绍、文明礼仪形象展示，具体表现为站姿、微笑礼、握手礼、鞠躬礼、引领礼等。优秀参赛人员由杭州亚组委优先推荐为亚运会志愿者和礼仪工作人员。

## 任务描述

仪态是人们以内在素质为基础的长期生活习惯、性格、品质、文化、修养的自然流露。具体地说，仪态是指在行为过程中展示的姿态和风度，例如身体在站立、就座、行走时的样子以及各种手势和面部表情等。仪态作为一种无声的语言，往往比有声语言表达得更加真实、可靠。工作仪态不仅展示着服务人员的素养和职业规范，更体现了服务人员良好的工作态度和责任心。姿态不雅就是对乘客的不尊重，不当的举止还可能导致乘客的误解。因此，仪态的训练十分必要。

仪态养成学习情境教学设计见表 2-3-1。

**表 2-3-1　仪态养成学习情境教学设计**

| 序号 | 子任务情境 | 子任务描述 |
| --- | --- | --- |
| 1 | 静态仪态训练 | 掌握城市轨道交通客运工作人员站姿、坐姿的基本规则及操作要点，能够判断各种体态的对错 |
| 2 | 动态仪态训练 | 掌握行姿、蹲姿、端拿递送及手势动作的操作规范，并在客运服务工作中熟练运用 |

通过任务训练，学生能够掌握地铁车站客运服务人员静态仪态、动态仪态及服务手势运用规范，达到城市轨道交通服务员国家职业技能标准中，城市轨道交通站务员（五级/四级/三级）部分技能要求。

## 任务分组

仪态养成任务训练分组与分工安排见表 2-3-2。

**表 2-3-2　学生任务分配表**

| | | | | | |
| --- | --- | --- | --- | --- | --- |
| 班　级 | | 组　号 | | 指导老师 | |
| 组　长 | | 学　号 | | 小组人数 | |
| 组　员 | | | | | |
| 任务名称 | | | | | |
| 任务分工 | | | | | |
| 备注说明 | | | | | |

## 任务计划

1. 阅读工作任务书，填写任务分配表，进行仪态养成训练工作准备。

2. 收集《城市轨道交通运营管理规定》《城市轨道交通客运服务规范》《城市轨道交通客运组织与服务管理办法》《1+X 城市轨道交通站务职业技能标准》《城市轨道交通站务员职业技能鉴定标准》中有关工作人员仪态规范的内容。

3. 结合任务书分析静态仪态练习、动态仪态练习的难点和常见问题。

# 任务实施

## 一、静态仪态训练

静态仪态训练任务单见表 2-3-3。

**表 2-3-3　静态仪态训练任务单**

| 任务编号 | 2-3-1 | 任务名称 | 静态仪态训练 | | |
|---|---|---|---|---|---|
| 班　级 | | 组　号 | | 姓　名 | |
| 任务目标 | 素养目标 | 1. 领会仪态敬人的意义，展示良好职业风范。<br>2. 理解敬人与自律的辩证关系，强化职业道德 | | | |
| | 知识目标 | 1. 掌握标准站姿要领。<br>2. 掌握标准坐姿要领 | | | |
| | 技能目标 | 1. 乘客服务中展示标准站姿与坐姿。<br>2. 能够准确识别站姿与坐姿的正误 | | | |

视频

仪态训练

任务内容

**徐州地铁评选“服务之星”**

为全面提升一线员工的综合素质和服务水平，树立服务优良、安全舒适的地铁服务形象，徐州地铁运营公司组织开展 2023 年三季度“服务之星”评优活动。刘棋现为 1 号线子房山站值班站长。他形象好、业务强，入司以来，他积极参与新线建设，以热情端正的姿态服务乘客。作为一名共产党员，他时刻以身作则，并带头践行“以乘客为中心”的服务理念，诠释了政治过硬、业务过硬、责任过硬、作风过硬的新时代地铁人的形象。

请扫描二维码，观看教学视频：

跟学地铁车站礼仪操，并填写下面表格中静态仪态规范的内容：

| 序　号 | 项　目 | 动 作 标 准 | 动 作 禁 忌 |
|---|---|---|---|
| 1 | 站姿 | | |
| 2 | 坐姿 | | |

引导问题 1：仪态是以______________为基础的长期生活习惯、性格、品质、文化、修养的自然流露。

引导问题 2：地铁员工标准站姿的动作要领包括：________________________________________________________________________________________________________________。

引导问题 3：地铁员工标准坐姿的动作要领包括：________________________________________________________________________________________________________________。

引导问题 4：腹前握手式站姿要求：女士两腿两膝并拢，右手握左手______________部位；男士两脚______________，右手握左手背部位。

引导问题 5：在尊长面前，最好不要坐满椅面。坐好后占椅面的______________左右，最合乎礼节。

引导问题 6：入座后，小腿应尽量与地面保持垂直。男士可以双膝______________，不超过肩宽。

引导问题 7：入座后，小腿应尽量与地面保持垂直。女士必须双膝______________。可以“正襟危坐”，也可以双脚交叉，还可以前伸后屈。

引导问题 8：起身离座时，应该从椅子的______________侧离开。和“左入”一样，“左出”也是一种礼节。

引导问题 9：客运服务人员无论男性或女性，在服务乘客时须采用______________坐姿，在非对客服务的办公区域内可采用叠放式坐姿。

小提示

城市轨道交通客运服务人员在岗期间和身着工作制服时，均应执行服务基础动作标准，如站姿、坐姿，以维护、提升地铁服务形象，见表 2-3-4。

表 2-3-4　客服人员标准仪态运用

| 动作 | 基本要求 | 示范图例 | |
|---|---|---|---|
| 站姿 | 挺胸收腹，腰背挺直，双肩下沉，头正颈直，下颌微收，目光平视。<br>男员工：①肃立式站姿（图 2-3-1），双脚脚跟相靠，脚尖分开 45°，双臂自然下垂，贴于身体两侧；②腹前握手式站姿（图 2-3-2），双脚分开与肩同宽，双手相握置于腹前，右手握住左手腕 | <br>图 2-3-1　男士肃立式站姿 | <br>图 2-3-2　男士腹前握手式站姿 |
| | 女员工：①肃立式站姿（图 2-3-3），双脚脚跟相靠，脚尖分开呈“V”字，双臂自然下垂，贴于身体两侧；②腹前握手式站姿（图 2-3-4），两脚可成“V”字或“丁”字形，两手相叠，右手轻握左手手指部位，叠于腹前，四指并拢，拇指内收，左手四指不外露 | <br>图 2-3-3　女士肃立式站姿 | <br>图 2-3-4　女士腹前握手式站姿 |
| 坐姿 | 男员工：①标准式坐姿（图 2-3-5），双腿略分开，两膝距离不宜超过肩宽，大腿和上半身构成直角，上身保持正和直，两手自然放在双腿上；②叠放式坐姿（图 2-3-6），在标准式坐姿的基础上，将左腿抬起放在右腿上（或将右腿抬起放在左腿上），双手自然摆放于腿上，双腿尽量重叠，不要留出过大缝隙 | <br>图 2-3-5　男士标准式坐姿 | <br>图 2-3-6　男士叠放式坐姿 |
| | 女员工：①标准式坐姿（图 2-3-7），双腿双脚并拢，两膝靠紧，大腿和上半身构成直角，上身保持正和直。双手相握叠放在大腿上。②女士斜放式坐姿（图 2-3-8），双脚向右或向左斜放，双膝、脚踝并拢，小腿与地面呈 45°，双手五指并拢自然放在腿上。③女士叠放式坐姿。双腿相叠，小腿斜收，与地面成 45°，脚尖下绷 | <br>图 2-3-7　女士标准式坐姿 | <br>图 2-3-8　女士斜放式坐姿 |

请扫描二维码，观看教学视频。

视　频

女士坐姿示范

## 二、动态仪态训练

动态仪态训练任务单见表 2-3-5。

**表 2-3-5　动态仪态训练任务单**

<table>
<tr><td>任务编号</td><td>2-3-2</td><td>任务名称</td><td colspan="3">动态仪态训练</td></tr>
<tr><td>班　级</td><td></td><td>组　号</td><td></td><td>姓　名</td><td></td></tr>
<tr><td rowspan="3">任务目标</td><td>素养目标</td><td colspan="4">1. 领会仪态敬人的意义，展示良好职业风范。<br>2. 理解敬人与自律的辩证关系，强化职业道德</td></tr>
<tr><td>知识目标</td><td colspan="4">1. 掌握标准行姿、蹲姿的操作要领。<br>2. 掌握服务引导、递接物品、指示方位的手势要领</td></tr>
<tr><td>技能目标</td><td colspan="4">1. 乘客服务中展示标准行姿、蹲姿与手势。<br>2. 运用得体的仪态动作接待乘客</td></tr>
</table>

任务内容

**福州地铁礼仪操训练强化优质服务形象**

福州地铁运营分公司根据员工日常服务礼仪动作编排组合而成一套礼仪操。整套操共 8 节，包括站姿问候、蹲姿拾物、指引、行进、递接服务、帮助引导、道别等规范动作。整齐的着装、标准的动作、甜美的笑容，展示了福州地铁优秀的职业风貌（图 2-3-9）。公司员工还在不断增加赋能学习项目，如英语口语、手语交流和急救知识，这为全面提高乘客满意度，树立优质的品牌服务形象打下了坚实基础。

**图 2-3-9　福州地铁客运服务人员姿态形象**

小组分配角色，模拟地铁车站乘客引导、咨询解答等服务情景，并填写下面表格中动态仪态规范的内容：

| 序　号 | 项　目 | 动 作 标 准 | 动 作 禁 忌 |
|---|---|---|---|
| 1 | 行走 | | |
| 2 | 蹲姿 | | |
| 3 | 引导手势 | | |
| 4 | 鞠躬 | | |

引导问题 1：行走时，两臂以身体为中心前后自然摆动，前摆约________°，后摆约________°。

引导问题 2：标准走姿要求行走速度：男士 100～110 步/min，女士 110～120 步/min，每秒约走________步。

**小提示**

视 频

走姿示范

请扫描二维码，观看教学视频。

走姿的要求：

（1）上身挺直，头正挺胸，收腹立腰，重心稍前倾。

（2）双目向前平视，微收下颌，表情自然。

（3）双肩平稳，双臂前后自然摆动，摆幅以 15°～35°为宜，双肩不要过于僵硬。

（4）注意步位，女士两只脚的内侧落地时理想的行走线迹是一条直线。男士两只脚的内侧落地时理想的行走线迹是两条平行线。

（5）步幅适当，一般应该是前脚的脚跟与后脚的脚尖相距为一脚长，但因性别不同和身高不同会有一定的差异。步幅与服饰也有关，如女士穿裙装（特别是穿旗袍、西服裙、礼服时）和穿高跟鞋时步幅应小些，穿长裤时步幅可略大些。

引导问题 3：下蹲时左脚在前，右脚稍后（不重叠），两腿靠紧向下蹲，女士两腿________，男士两腿之间可有适当距离。

**小提示**

视 频

蹲姿示范

请扫描二维码，观看教学视频。

规范的蹲姿：

（1）高低式蹲姿。以捡拾物品为例，如果站在物品的左方，以右手捡拾物品（图 2-3-10）。下蹲时左脚在前，右脚稍后（不重叠），两腿靠紧向下蹲（男士两腿之间可有适当距离，女士两腿要靠紧）。左脚全脚着地，小腿基本垂直于地面，右脚脚跟提起，脚掌着地。右膝低于左膝，右膝内侧靠于左小腿内侧，形成左膝高右膝低的姿势。臀部向下，基本上以右腿支撑身体。捡拾物品时，应先走至物品侧面，下蹲，再从侧面拾起物体。不可从正面捡拾物体，拾物时不得臀部向上。

图 2-3-10　服务人员规范蹲姿

（2）交叉式蹲姿。仍以身体右侧捡拾物品为例。下蹲时，左脚在前，右脚后撤至左脚的左后方，双腿交叉下蹲。下蹲后，双腿交叉重叠，左小腿垂直于地面，全脚着地，右脚脚跟抬起，脚掌着地。双膝紧靠，合力支撑身体。注意：这种蹲姿仅为女士可用，且在日常服务工作场合中不常用。

引导问题 4：常见的鞠躬姿态有三种：点头礼，鞠躬________度；中礼表问候，鞠躬________度；敬礼表恭敬，鞠躬________度。

**小提示**

视 频

鞠躬示范

请扫描二维码，观看教学视频。

因幅度大小不同，鞠躬一般分为三种：

（1）点头礼——15°鞠躬。

（2）普通的鞠躬、中礼——30°鞠躬。

（3）恭敬的鞠躬、敬礼——45°鞠躬。

鞠躬行礼时，应该顺应不同的时间及场合来做。在己方单位遇见领导或前辈时，只需行点头礼；到对方的单位访谈时或接待初次前来的访客时，要行中礼或敬礼。

鞠躬礼应避免以下错误的姿态：只弯头的鞠躬；不看对方的鞠躬；头部左右晃动的鞠躬；双腿没有并齐的鞠躬；驼背式的鞠躬；可以看到后背的鞠躬。

引导问题 5：为乘客指示方位时，用手臂伸展与弯曲程度不同来表示位置的远近。应将手掌并拢，不可用________指示方向。

视 频

手势示范

引导问题 6：斜臂式手臂由上向下斜伸摆动至距身体 45° 处，手臂向下形成一斜线，适用于请人________________时。

**小提示**

请扫描二维码，观看教学视频。

客运服务过程中，工作人员常会用手势指示方位、引导方向或提醒注意，常用的标准手势主要有四种：直臂式、屈臂式、斜臂式、高位式。

指示方位的手势：

| 手势类型 | 动作要领 | 示范图片 |
|---|---|---|
| 直臂式 | 如图 2-3-11 所示，手臂向前抬到与肩同高的位置，前臂伸直。手掌自然伸直，五指并拢，手心斜向上方，手掌与地面呈 45°，指尖指向所要指示的方向。适用于指示物品与方位所在 |  图 2-3-11　直臂式手势 |
| 屈臂式（横摆式） | 如图 2-3-12 所示，手臂向身体外侧横向摆动，大臂与身体呈 15°，小臂与地面平行。手掌自然伸直，五指并拢，手心斜向上方，手掌与地面呈 45°，指尖指向引导或指示的方向。适用于迎送乘客、引路及近距离请人进门时指示方向 |  图 2-3-12　屈臂式手势 |
| 斜臂式 | 如图 2-3-13 所示，手臂由上向下斜伸摆动至距身体 45°处，手臂向下形成一斜线，手掌自然伸直，五指并拢，适用于请人入座时指示座位方向 |  图 2-3-13　斜臂式手势 |
| 高位式 | 如图 2-3-14 所示，手臂从身体外侧抬高，大臂与地面平行，大臂与小臂呈 120°。手掌自然伸直，五指并拢，手心斜向上方，适用于指向高处的位置 |  图 2-3-14　高位式手势 |

以上四种形式，都仅用一只手臂，另外一只手臂可垂在身体一侧、放于腹前或背于身后。

## 任务评价

仪态养成训练任务完成后，需对每个小组的任务完成情况进行评价。任务评分表见表 2-3-6。

**表 2-3-6　仪态养成任务训练评分表**

<table>
<tr><th rowspan="2">序号</th><th rowspan="2" colspan="2">评价内容</th><th rowspan="2" colspan="2">评价标准</th><th rowspan="2">分值</th><th colspan="3">评分记录</th></tr>
<tr><th>学生自评</th><th>组间互评</th><th>教师评分</th></tr>
<tr><td rowspan="4">1</td><td rowspan="4" colspan="2">工作态度（20%）</td><td colspan="2">无无故迟到、早退、旷课现象</td><td>5</td><td></td><td></td><td></td></tr>
<tr><td colspan="2">能认真完成组内分工的个人任务</td><td>5</td><td></td><td></td><td></td></tr>
<tr><td colspan="2">发挥团队组织协调作用，主动协助组员</td><td>5</td><td></td><td></td><td></td></tr>
<tr><td colspan="2">能体现耐心工作、主动服务的职业意识</td><td>5</td><td></td><td></td><td></td></tr>
<tr><td rowspan="10">2</td><td rowspan="10">工作过程（60%）</td><td rowspan="5">站姿</td><td colspan="2">*保持得体站立姿势，身体正直</td><td>5</td><td></td><td></td><td></td></tr>
<tr><td colspan="2">*头平目正，视线直视前方或乘客</td><td>5</td><td></td><td></td><td></td></tr>
<tr><td colspan="2">*两手体前单握或自然下垂放在身体两侧</td><td>5</td><td></td><td></td><td></td></tr>
<tr><td colspan="2">*两脚立正姿势正确，稍息姿势正确</td><td>5</td><td></td><td></td><td></td></tr>
<tr><td colspan="2">*不抱臂、不叉腰、不倚靠</td><td>5</td><td></td><td></td><td></td></tr>
<tr><td>坐姿</td><td colspan="2">*保持规范的坐姿</td><td>5</td><td></td><td></td><td></td></tr>
<tr><td rowspan="4">动态仪态</td><td colspan="2">*保持规范的走姿</td><td>10</td><td></td><td></td><td></td></tr>
<tr><td colspan="2">捡拾物品时蹲姿规范</td><td>5</td><td></td><td></td><td></td></tr>
<tr><td colspan="2">行鞠躬礼时姿态规范</td><td>5</td><td></td><td></td><td></td></tr>
<tr><td colspan="2">*与乘客沟通时运用规范的手势</td><td>10</td><td></td><td></td><td></td></tr>
<tr><td rowspan="4">3</td><td rowspan="4">工作成果（20%）</td><td>学习方法</td><td colspan="2">按时、准确地填写工作任务书</td><td>5</td><td></td><td></td><td></td></tr>
<tr><td>参与程度</td><td colspan="2">团队熟练配合完成工作任务</td><td>5</td><td></td><td></td><td></td></tr>
<tr><td>思维状态</td><td colspan="2">能够主动发现问题、分析问题、解决问题</td><td>5</td><td></td><td></td><td></td></tr>
<tr><td>能力延展</td><td colspan="2">服务工作体现创新之处</td><td>5</td><td></td><td></td><td></td></tr>
<tr><td colspan="5">小　计</td><td>100</td><td></td><td></td><td></td></tr>
<tr><td rowspan="2" colspan="2">综合评价</td><td colspan="2">学生自评（20%）</td><td>组间互评（30%）</td><td colspan="2">教师评分（50%）</td><td colspan="2">综合得分</td></tr>
<tr><td colspan="2"></td><td></td><td colspan="2"></td><td colspan="2"></td></tr>
</table>

## 相关知识点

### 知识点 1：城市轨道交通客运服务人员仪态规范

（1）客运服务人员站立、行走姿态要端正。不背手、叉腰、抱膀、插兜，不高声喧哗、嬉笑打闹、勾肩搭背，不在乘客面前吃食物、吸烟、剔牙齿，不做其他不文明、不礼貌、不雅观的动作。

（2）客运服务人员指示方位时应五指并拢，切忌用单个手指指示方位。

（3）与乘客交谈时，要与对方保持适当距离；站姿端正，可采取稍弯腰动作来调节体态高度，目光平视对方的眼睛，以示尊重和信任。

(4) 在乘客多的地方行走时应先打招呼，不与乘客抢道、并行，与乘客走对面应主动示意让路。

## 知识点 2：站姿的禁忌

不良站姿不仅会损害服务人员的形象，还可能对其健康产生负面影响。

(1) 含胸驼背。标准站姿让人看上去挺拔、自信，而含胸驼背的姿态则给人一种萎靡不振的感觉。应当避免扣肩含胸、颈部前伸、胸部凹陷、腹部凸出等不良体态。

(2) 身体歪斜。身体歪斜如偏头、斜肩、身歪、腿曲等，会导致身体重心偏移。常见的稍息步态站姿显得消极散漫、不在工作状态。

(3) 手位不当。双手抱在脑后或是胸前、用手托着下巴、肘部支在某处、单手或双手叉腰、将手插在衣服或裤子口袋里等，都是手位不当的表现。

(4) 脚位不当。脚位不当姿态包括双脚内八字、双脚外八字、两脚分得过大、两脚交叉而立、一只脚站立另一只脚踩踏在其他物体上等。女性服务人员还应注意不论呈现何种站姿，双腿和膝盖都应保持并拢，不可分腿站立。

(5) 趴伏倚靠。趴伏在桌台上、倚靠在墙壁旁或是借助外物支撑身体，都会显得无精打采、懒散迟钝、想要休息。

(6) 抖动摇摆。站立时要避免出现无意识的小动作，如腿脚抖动、身体摇摆，特别是在与人交谈时出现这类姿态会显得不够稳重严肃。

## 知识点 3：坐姿的禁忌

在别人面前落座时，一定要遵守“律己敬人”的基本规定，不要出现以下坐姿。

(1) 双腿分开过大。双腿如果分开过大，不论大腿分开还是小腿分开，都非常不雅。特别是身穿裙装的女士更不要忽略了这一点。

(2) 叠腿方式欠妥。在一些非正式场合或长时间久坐时可以适当变换坐姿，采用叠放式坐姿。但正确的方式，应当是两条大腿相叠，并且尽量贴紧。不能留过大空隙，更不能出现一条腿的脚踝架在另一条腿的膝盖上的“4”字形坐姿。

(3) 双腿直伸出去。既不雅观也妨碍别人。身前如果有桌子，双腿尽量不要伸到桌子外面。

(4) 将腿放在桌椅上。有人为图舒服，喜欢把腿架在高处，甚至抬到身前的桌子或椅子上，这样的行为是非常粗鲁的。把腿盘在座椅上也不妥。

(5) 抖腿。坐在别人面前，反反复复地抖动或摇晃自己的腿部，不仅会让人心烦意乱，而且也给人以极不安稳的印象。

(6) 脚尖指向他人。不管具体采用哪一种坐姿，都不要以本人的脚尖指向别人，因为这一做法是非常失礼的。

## 知识点 4：服务手势动作要领

(1) 指引手势。为乘客指引方位时，左手垂下，右手五指伸直并拢，用手臂弯曲的程度表示位置的远近；不得使用手指进行指引，不得以物代手进行指引，不得通过头部和颈部动作来进行指引，不得使用对讲机指引。

（2）递接手势。接乘客物品时应五指并拢，双臂夹紧不张开，身体略微前倾，自然地伸手递接；接乘客物品时，应主动向前，必要时起身而立，主动走近对方；递接物品均应使用双手，不方便时也应使用右手，不可使用左手；递送物品给乘客时，不得出现抛、扔和分次递送的动作，不得将递送的物品放置在乘客无法触及的位置。

（3）迎送手势。遇乘客时，应主动行礼示意；举右手，右手不高于耳尖，五指并拢掌心向前，拇指微微内扣，对乘客说“您好”表示服务开始；服务结束时，仍可以此手势送别乘客，对乘客说“再见”表示服务结束。

## 巩固与练习

### 一、填空题

1. 城市轨道交通客运服务人员在岗期间和身着工作制服时，均应执行服务基础动作标准。标准站姿包括肃立式站姿、________站姿。

2. 客运服务人员无论男性或女性，在服务乘客时须采用________坐姿。

3. 标准走姿要求行走时双肩平稳，双臂前后________，男士在行走时不要晃肩，女士行走时不要摆胯。

4. 客运服务人员指示方位时应五指并拢，切忌用________指示方位。

5. 接乘客物品时应五指________，双臂夹紧不张开，身体略微前倾，自然地将手伸开。

### 二、思考题

1. 作为客运工作人员行走在车站或车厢时，迎面遇到乘客或客人，你会如何做？

2. 行鞠躬礼时，应注意避免出现哪些姿态？

# 任务四　语言应用

## 任务引入

### 成都轨道示范小站正式亮相蓉城

2023年7月20日，成都大运会开幕前期，成都轨道全线网内50个大运会城市志愿服务小站（图2-4-1）正式运行。为高标准开展大运会城市志愿服务工作，成都轨道集团充分调动内部员工，积极联动社会力量，组建了一支300余人的“地铁蓝精灵”大运会城市志愿服务队。以小站为城市文明形象展示“窗口”，常态化开展大运惠民志愿服务活动。除针线包、纸杯、书写用品等基本便民服务用品，小站增配了《美景地图》《成都地铁双语服务手册》及翻译机等，便于市民乘客或外地游客更好出行。

为了提升小站青年志愿者双语服务的能力，小站配备了翻译机，能实现70余种语言的实时翻译，还邀请了高校教师等师资力量为城市志愿者授课。推动小站在动员宣传、氛围营造、赛事推广等方面发挥更大作用，号召社会各界形成支持、参与、服务、奉献大运会的强大合力，促进志愿服务精神由点点星光汇聚成炬，照耀文明成都的每一个角落。

图 2-4-1　成都地铁“蓝精灵”志愿服务小站

## 任务描述

语言是人们日常工作和社交生活中进行信息交流、情感沟通的主要方式。服务工作与语言表达是密不可分的，没有语言的服务是不完整的服务，因此，城市轨道交通服务人员文明语言的得体应用、语言表达的艺术水平，直接影响着乘客的出行体验，最终影响企业运输的服务质量。与乘客沟通是城市轨道交通客运服务的重要内容，与不同乘客在不同条件下的沟通技巧不仅是客运服务的技能，更是客运服务的礼仪体现。掌握正确的沟通技巧可以有效地提升城市轨道交通客运服务的水平。

语言应用学习情境教学设计见表 2-4-1。

表 2-4-1　语言应用学习情境教学设计

| 序号 | 子任务情境 | 子任务描述 |
| --- | --- | --- |
| 1 | 客运服务用语练习 | 熟悉城市轨道交通服务人员基本礼貌用语，学会使用敬语、谦语和委婉语。掌握对客服务中的“五声服务”“十字文明礼貌用语”，能在岗位工作中灵活运用礼貌用语原则 |
| 2 | 服务沟通技巧应用 | 熟悉服务沟通的类型与要素，学会服务沟通的基本方法与技巧。掌握城市轨道交通客运服务有效沟通的方法，能够得体运用语言、表情、姿态等要素实现有效沟通 |

通过任务训练，学生能够掌握地铁车站客运服务用语运用、服务沟通技巧应用操作规范，达到城市轨道交通服务员国家职业技能标准中，城市轨道交通站务员（五级/四级/三级）部分技能要求。

## 任务分组

语言应用任务训练分组与分工安排见表 2-4-2。

表 2-4-2　学生任务分配表

| | | | | | |
| --- | --- | --- | --- | --- | --- |
| 班　　级 | | 组　　号 | | 指导老师 | |
| 组　　长 | | 学　　号 | | 小组人数 | |
| 组　　员 | | | | | |
| 任务名称 | | | | | |
| 任务分工 | | | | | |
| 备注说明 | | | | | |

## 任务计划

1. 阅读工作任务书，填写任务分配表，进行服务语言礼仪训练工作准备。

2. 收集《城市轨道交通运营管理规定》《城市轨道交通客运服务规范》《城市轨道交通客运组织与服务管理办法》《1+X 城市轨道交通站务职业技能标准》《城市轨道交通站务员职业技能鉴定标准》中有关客运服务礼貌语言与沟通的规范要求。

3. 结合任务书分析客运服务用语运用的难点和常见问题。

## 任务实施

### 一、客运服务用语练习

客运服务用语练习运用任务单见表 2-4-3。

表 2-4-3　客运服务用语练习任务单

| 任务编号 | 2-4-1 | 任务名称 | 客运服务用语练习 | | |
|---|---|---|---|---|---|
| 班　　级 | | 组　　号 | | 姓　　名 | |
| 任务目标 | 素养目标 | 1. 树立尊者意识，并自觉应用在日常生活中。<br>2. 用语言的“美”传递敬人的态度 | | | |
| | 知识目标 | 1. 熟悉日常礼貌用语的使用规范。<br>2. 掌握服务岗位的语言礼仪规范 | | | |
| | 技能目标 | 1. 规范运用城市轨道交通工作岗位的服务语言。<br>2. 识别乘客特点，发挥语言礼仪优势 | | | |

任务内容

某日某站，地铁票亭售票员正在为付费区的乘客办理补票业务。此时，在非付费区一名女乘客因赶时间，不断催促售票员尽快为其更新一卡通，并用票卡不断敲打票亭窗口。售票员大声严厉地指着乘客说：“能不能不要再敲打玻璃，没看我正忙着吗？”随后，为该女乘客办理更新业务。该乘客对售票员的服务态度表示不满意，要求进行投诉。售票员没有意识到事件的严重性，对乘客说了一些气话，进一步激怒了该乘客。当值班站长经过现场时发现事情的严重性，急忙向乘客了解情况后并表示歉意。在值班站长的努力解释下，该乘客最后接受值班站长的道歉，乘车离去。

视频　服务用语

请扫描二维码，观看教学视频。

小组讨论，分析上述案例中售票员的语言失误之处与改进建议，并填写下面表格中城市轨道交通客运服务岗位的规范用语内容。

| 序　号 | 项　目 | 用 语 规 范 | 用 语 禁 忌 |
|---|---|---|---|
| 1 | 问候语 | | |
| 2 | 应答语 | | |
| 3 | 请托语 | | |
| 4 | 征询语 | | |

| 序　号 | 项　目 | 用 语 规 范 | 用 语 禁 忌 |
|---|---|---|---|
| 5 | 致谢语 | | |
| 6 | 致歉语 | | |
| 7 | 推托语 | | |
| 8 | 告别语 | | |

**引导问题 1**：十字文明礼貌用语是指：________________________。

**引导问题 2**：______________是一种语言回避现象，一些词语是不能随便说的，说出来就可能引起听话人的不快和反感。

**引导问题 3**：“五声”服务是指：________________________________________________。

**小提示**

服务人员在日常工作岗位多使用礼貌语言：

（1）基本礼貌用语十字：您好、请、谢谢、对不起、再见。

（2）客运服务岗位“五声”服务：乘客来时有迎客声；遇到乘客有称呼声；受人帮助有致谢声；麻烦乘客有道歉声；乘客离去有送客声。

（3）客运服务人员对客语言交流应当遵循“请字开路，谢谢压阵，对不起不离口”的规范原则。

（4）禁忌语是一种语言回避现象。客运服务过程中应有意回避禁忌语的使用。

**引导问题 4**：在客运服务工作中，可以用______________来称呼男性服务对象，用______________来称呼女性服务对象。

**小提示**

在正式的交往场合，称呼应当庄重、规范得体，以表示对称呼对象的尊重和友好。经常选用的称呼主要有以下几种。

（1）泛尊称。这种称呼几乎适合于各种社交场合。对男子一般称“先生”，对女子称“夫人”“小姐”“女士”。应该注意的是，在称呼女子时，要根据其婚姻状况，已婚女子称“夫人”，未婚女子称“小姐”，对不知婚姻状况和难以判断的，可以称之为“女士”。

（2）职务称。在公务活动中，可以对方的职务相称，如“部长”“经理”“处长”“校长”等。职务性称呼还可以同泛尊称、姓名、姓氏分别组合在一起使用，如“李部长先生”。

（3）职衔称。对交往对象拥有社会上备受尊重的学位、学术性职称、专业技术职称、军衔的，可以“博士”“教授”“律师”“法官”“将军”等相称。

（4）职业称。对不同行业的人士，以职业相称也是一种常见的称呼方式，如“老师”“教练”“警官”“医生”等。在这些职业称呼前面，还可以连同姓名、姓氏一起使用。

**引导问题 5**：客运服务“对不起”不离口，并非强调责任的划分，而是表达服务人员向乘客______________的态度。

**引导问题 6**：客运服务岗位礼貌用语的使用原则是________________________________________________。

**小提示**

服务岗位礼貌用语的使用原则：

（1）态度要诚恳亲切。很多时候，说话的神态、表情比语言本身更能表现你的想法和感情。例如，当你向别人表示祝贺时，如果嘴上说得十分动听，而表情却是冷冰冰的，那对方一定认为你只是在敷衍而已。所以，说话必须发自心声，才能使对方对你的说话产生表里一致的印象。

（2）用语要谦逊文雅。多用敬语、谦语和雅语，能体现出一个人的文化素养以及尊重他人的良好品德。服务岗位的工作人员应坚持使用“请、您好、谢谢、对不起、再见”等基本礼貌用语。平时还应多练习使用雅语，以促进与客沟通并提高服务水平。

（3）声音要大小适当。日常交谈时，无论是普通话、外语、方言，咬字要清晰，音量要适度，以对方听清楚为准，切忌大声说话；语调要平稳，尽量不用或少用语气词，使听者感觉平和自然。说话声音过快，给人以敷衍了事、催促应付之感；说话声音过慢，会让别人觉得工作能力不强，浪费彼此的时间。

（4）表达要清晰准确。服务人员在工作中应当使用普通话，口齿清晰，发音准确，无错字、别字。特别是面向服务对象的时候，服务人员的一言一行都会影响乘客的情绪和判断。在回答乘客的问题时，应当就自己所知道和了解的情况进行准确、简练的回答，不能意思含糊、模棱两可，更不能随意地给乘客承诺。

## 二、服务沟通技巧应用

服务沟通技巧应用任务单见表 2-4-4。

**表 2-4-4　服务沟通技巧应用任务单**

| 任务编号 | 2-4-2 | 任务名称 | 服务沟通技巧应用 | | |
|---|---|---|---|---|---|
| 班　　级 | | 组　　号 | | 姓　　名 | |
| 任务目标 | 素养目标 | 1. 具有新时代地铁客运服务人员端正的服务意识。<br>2. 具有新时代地铁客运服务人员良好的礼仪素养 | | | |
| | 知识目标 | 1. 掌握首问负责标准。<br>2. 熟悉客运服务的沟通技巧 | | | |
| | 技能目标 | 1. 能够使用规范的服务用语。<br>2. 能应用基本的服务沟通技巧 | | | |

**任务内容**

一日，某地铁终点站站务员在站台清客时，没有按《乘客服务工作标准》的要求进行清客，对乘客未使用文明用语，并使用手提广播大声呼喝。当有乘客向其问路时，站务员没有认真作答，而是态度恶劣地让乘客自己去看指示图。因站务员未能礼貌耐心解答乘客的问题，引起了乘客投诉。

视频　沟通技巧

请扫描二维码，观看教学视频。

小组分配角色，模拟地铁站台清客时服务礼貌语言运用场景，并将服务沟通技巧与语言禁忌内容填入以下表格。

| 序　号 | 项　目 | 沟 通 技 巧 | 语 言 禁 忌 |
|---|---|---|---|
| 1 | 接受问询时 | | |
| 2 | 处理违章时 | | |

**小提示**

城市轨道交通客运服务的首问负责标准：

（1）当乘客询问工作人员时，被询问的工作人员须负责到底，第一时间解决乘客的问题。

（2）在接受乘客询问时如遇自身无法解答的问题，应请求高岗位员工提供解答，如车站员工均无法解答，应留下乘客联系方式，告知三天内必复，在获得信息后电话告知乘客。

（3）在接受非企业原因造成的投诉或抱怨时，使用标准用语“感谢您对××地铁运营服务的关心与监督，我们马上进行记录并通过上级转到对应部门处理，您留下联系方式，后续会由对应部门给您答复。您也可直接拨打服务热线××××××反映情况，会由服务热线派单到对应的部门三天内给您回复处理。”

（4）首接工作人员不得让乘客自行询问其他人员，不得将问题推诿给其他工作人员解决，不得给乘客提供错误信息。

引导问题 1：城市轨道交通客运服务人员与乘客交流时，应当做到表情自然、态度和蔼、________________、举止得体、庄重大方。

引导问题 2：在回答乘客的问题或向乘客提供服务时，服务人员应注重清晰表达，避免产生________________。

**小提示**

地铁员工接受乘客问询的服务用语规范如下：

| 标准用语 | 服务禁忌语 |
| --- | --- |
| 1. 您好，请问有什么可以帮忙的? | 1. 不要问我，我不知道/不清楚。 |
| 2.（询问票卡信息）您好，请稍等。（车站员工根据机器分析结果，回答乘客） | 2. 你问我，我问谁啊? |
| 3.（兑零问题）请稍等，我马上给您兑换零钱。 | 3. 这种问题连三岁小孩都懂。 |
| 4.（询问办理充值业务的地点）您好，××、××、××车站能够办理充值业务，您可以根据自己的需要就近办理。 | 4. 不知道，你问其他人吧。 |
| 5.（询问地点、公交信息、首末班车时间等）根据乘客问题，做出相应回答。 | 5. 墙上贴的自己看。 |

引导问题 3：服务沟通的过程中，工作人员应使用规范的服务用语，同时要注意语言交流的________、体态、态度、内容等要素。

小提示

沟通的效果=55%的表情姿态+38%的声音+7%的内容。这一公式直接表明：在服务沟通的影响要素中，非语言交流对沟通效果的影响至关重要。

(1) 表情和姿态是非语言沟通中最为直观和有力的因素。它们能够传达丰富的情感和态度信息。面部表情，如眼神、微笑、皱眉或眨眼，可以迅速传达出说话者的情绪与态度。身体姿态，如站立、坐姿或手势，也能够反映说话者的自信和开放程度。

(2) 声音在沟通中占据了相当大的比重。这包括音量、音调、语速和语气等因素。音量的大小可以影响信息的传递距离和接收者的注意力；音调的高低和变化可以表达情感，如兴奋、平静或沮丧；语速关系到信息的清晰度和接收者的理解速度；语气则能够传达说话者的态度和情绪。

(3) 内容指我们实际说出来的话语或文字。尽管话语本身承载着信息，但在整体沟通效果中，它的比重相对较小。话语的准确性、逻辑性和清晰度当然很重要，但仅凭这些并不足以确保有效的沟通。

要提高沟通效果，我们不仅需要关注说话的内容，还需要注意自己的声音、表情和姿态等非言语因素。如果我们的话语与非言语信号不一致，接收者可能会感到困惑或产生不信任感。因此，在沟通时，我们应该尽量让自己的言语和非言语信号保持一致，以传达出清晰、准确和真实的信息。

引导问题 4：服务人员在处理自己与客人发生矛盾的过程中，要从保护客人的利益、维护________这个大局出发。

小提示

服务人员处理乘客事件的沟通技巧：

(1) 态度谦和（商量口气）。服务人员与乘客是服务和被服务的关系，因此服务员对乘客说话不能有“命令式”的口气，要用商量的口气引导乘客配合自己的工作。

(2) 委婉表达（留有余地）。服务人员在与乘客沟通中说话办事都要给乘客或自己留有余地，不能说绝对的话、办没有余地的事，不然会陷入被动的局面。

(3) 懂得赞美（注意自责）。服务人员在与乘客之间出现矛盾时，不要首先责备乘客，而要首先讲自己有什么不足之处，然后再向乘客解释问题，这样从感情上不会激化矛盾。

(4) 顾全大局（换位思考）。服务人员在处理自己与乘客发生矛盾的过程中，要从保护乘客的利益、维护企业信誉这个大局出发，宁可自己受点委屈，也要妥善处理好发生的问题。

引导问题 5：服务人员应善于运用________来增强沟通效果，如通过委婉含蓄的话劝说对方，令对方心理上感到被尊重。

小提示

优化语言的具体方法因人、因时、因地而异，主要方法如下：

(1) 委婉法。委婉法是一种既温和婉转又能清晰明确地表达思想的谈话艺术。它的显著特点是“言在此而意在彼”，能够诱导对方去领会你的话，去寻找那言外之意。从心理学的角度来看，委婉含蓄的话，不论是提出自己的看法还是劝说对方，都能比较适应对方心理上的自尊感，使对方容易赞同，接受你的说法。

(2) 幽默法。幽默法是在一定的语言条件下，通过语言反常组合来实现的。它所持的是温和与宽容的态度，幽默和语言礼仪在目的和功能上是一致的。说到笑，人们自然会想到幽默，而幽默又不仅仅在于博人一笑，它是一个人智慧的表现，它充满敏锐、机智、友善和诙谐。幽默是一种境界、一种能力、一种处世的态度。

(3) 模糊法。模糊法是运用不确定的或不精确的语气进行交际的办法。模糊性是语言的基本特征之一。在自然语言中，句子所使用的词大部分是模糊词，如汉语中的概数词上下、左右、前后、多少、多日、多次等，副词马上、非常、刚刚、永远、略微等。

(4) 暗示法。暗示法是一种信号化的刺激，表示“不公开地、隐蔽地给人以启示”。从社会心理学角度来看，暗示是在无对抗的条件下用含蓄、间接的方法对人的心理和行为产生影响。暗示法是通过语言、行为或其他符号把自己的意向传递给他人，并引起反应的方法。

## 任务评价

服务语言应用任务完成后，需对每个小组的任务完成情况进行评价。任务评分表见表 2-4-5。

表 2-4-5　服务语言应用任务训练评分表

| 序号 | 评价内容 | | 评价标准 | 分值 | 评分记录 | | |
|---|---|---|---|---|---|---|---|
| | | | | | 学生自评 | 组间互评 | 教师评分 |
| 1 | 工作态度（20%） | | 无无故迟到、早退、旷课现象 | 5 | | | |
| | | | 能认真完成组内分工的个人任务 | 5 | | | |
| | | | 发挥团队组织协调作用，主动协助组员 | 5 | | | |
| | | | 能体现耐心工作、主动服务的职业意识 | 5 | | | |
| 2 | 工作过程（60%） | 客运服务用语 | *普通话吐字清晰、发音标准 | 10 | | | |
| | | | *语气、声调符合服务用语环境 | 10 | | | |
| | | | *地铁站名中英双语互译正确 | 10 | | | |
| | | | *能够进行简单的英语会话 | 10 | | | |
| | | 服务沟通技巧 | 日常服务工作中礼貌语言规范运用 | 5 | | | |
| | | | 在岗位工作中灵活运用礼貌用语原则 | 5 | | | |
| | | | 综合运用语言、表情、姿态等沟通要素 | 5 | | | |
| | | | *能在处理乘客事务时沟通协调 | 5 | | | |
| 3 | 工作成果（20%） | 学习方法 | 按时、准确地填写工作任务书 | 5 | | | |
| | | 参与程度 | 团队熟练配合完成工作任务 | 5 | | | |
| | | 思维状态 | 能够主动发现问题、分析问题、解决问题 | 5 | | | |
| | | 能力延展 | 服务工作体现创新之处 | 5 | | | |
| 小　计 | | | | 100 | | | |

| 综合评价 | 学生自评（20%） | 组间互评（30%） | 教师评分（50%） | 综合得分 |
|---|---|---|---|---|
| | | | | |

## 相关知识点

### 知识点 1：城市轨道交通客运服务人员语言规范

（1）服务工作中，应使用普通话。如果乘客使用方言，工作人员可以用方言与乘客交流。不得使用带有地域性、攻击性、侮辱性、歧视性和好奇性的用语。

（2）服务用语应谦虚、敬人，使用十字文明用语，不得讲粗话、脏话、怪话和口头禅。

（3）服务用语的表达应简单明了、突出中心、清晰准确、通俗易懂，使对方容易明白和接受，尽量不使用模糊性语言。

（4）服务用语的使用应遵守各岗位特殊语言要求，例如，售票、兑零服务时应按规定使用文明用语唱票。

（5）使用服务用语与乘客对话应留有余地。不得说满话、过头话，不得说对乘客行为和品德的评价性话语，不得说对地铁设备状态的评价性话语。

## 知识点 2：城市轨道交通客运服务的不当用语方式

（1）声音使人感觉粗俗刺耳。声音太大或太小。声音慵懒倦怠。呼吸声音过大，使人感到局促不安和犹豫。鼻音过重。

（2）口齿不清，语速不当。语言含糊，令人难以理解。语速过慢，使人感觉烦闷；语速过快，使人思维无法跟上。

（3）语言平淡，气氛沉闷。使用过于专业的术语。使用责备的口吻甚至粗鲁的语言。

（4）不礼貌的举止。随意打断乘客的说话。表现出厌烦的情绪和神色。边走边讲或不断地看手表。手放到口袋里或双臂抱在胸前。

（5）谈论与工作无关的事情。与乘客嬉笑玩闹，对乘客评头论足。

## 知识点 3：城市轨道交通客运服务语言的类型

（1）问候语。服务人员在遇到乘客或开始服务时首先使用的语言，用以表达友好和欢迎。例如，“早上好，请问有什么可以帮助您？”“您好，请接受安检”。

（2）应答语。当乘客提出问题或请求时，服务人员需要用应答语来回应。这要求回答准确、及时且礼貌。例如，“好的，我马上为您查询”“对不起，这里不能吸烟”。面对乘客询问和要求，如不能满足也应少说或不说“不”，例如，“不知道”“不可能”“你不懂”“不关我的事”。而是应该向乘客委婉地解释说明，取得乘客的理解。

（3）请托语。服务人员需要乘客配合或协助时使用的语言，通常带有请求和礼貌的语气。例如“先生，请您在安全线内排队候车”“女士，请您稍等，下一列车 5 分钟后进站”。开口要有称呼语，不能不加称呼，也不能用“喂”来代替，更不能用一些不礼貌的称呼，如“老头”“戴眼镜的”等。使用敬辞，如“请”“请问”“麻烦您”“劳驾”等。在得到乘客的帮助与配合后应及时表示感谢。

（4）征询语。在服务过程中，服务人员向乘客询问时要使用礼貌用语。例如，“您是在哪一站上车的？”“女士，您的孩子身高多少呢？”

（5）致谢语。当乘客给予配合、帮助或赞赏时，服务人员应表示感谢，这有助于建立良好的服务氛围。例如“谢谢您的理解”“感谢您的支持”。

（6）致歉语。服务有失误可以说“对不起”“很抱歉”，没能满足乘客需求可以说“请谅解”“请原谅”，协调乘客事务可以说“打扰了”“让您久等了”，设备故障或列车延误时可以说“给您添麻烦了”“抱歉，我需要请示一下领导”。

（7）推托语。当服务人员无法满足乘客要求或立刻解决问题时，需要使用推托语来委婉地解释和拒绝。例如，“很遗憾，这项服务还不能在线上申请”“根据规定，我们不能为您提供这项服务”。

（8）告别语。服务讲究善始善终，与乘客分别或结束服务时，服务人员应使用告别语来表达感谢和送别之情。例如，“祝您旅途愉快，再见”“再见，欢迎您下次乘坐”“感谢您的建议，请您慢走”等。

### 知识点 4：城市轨道交通客运服务语言禁忌

（1）不礼貌的语言。对乘客没有称呼或使用不恰当的称呼，例如，“喂”“老头儿”“那个背包的”等。用命令的口吻与乘客说话，例如，“到后面排队去”“设备坏了，到旁边去”。带有侮辱性、歧视性的词汇，会严重伤害乘客的自尊心。

（2）不友好的语言。在回答乘客询问时使用不耐烦、生硬的语言，例如，“刚才不是跟你说了吗”“上面都写着呢，自己去看”。在乘客需要帮助时说出冷漠或带有敌意的话语，例如，“我们又不是慈善机构，不能帮你”“你跟我讲没有用，就是不行”“有能耐你去投诉，随便告哪都不怕”，这些语言会激怒乘客。

（3）不负责任的语言。否定乘客、推脱责任、不解决问题的话语，例如，“肯定是你自己弄错了”“我们一直这么做的”“谁和你说的，找谁去”“不是我管的，问别人去”，这些语言会让乘客感到无助和失望。在乘客提出合理要求或建议时，不给予积极的回应或感谢，而是表现出不屑或不满的态度，例如，“你的建议，我们执行不了”“这个问题解决不了”“公司规定就这样，我也没办法”。

## 巩固与练习

### 一、填空题

1. 城市轨道交通客运服务日常服务用语可分为：________语、应答语、请托语、征询语、致谢语、________语、推托语、告别语等。

2. 服务沟通的过程中，工作人员应使用规范的服务用语，同时要注意语言交流的表情、________、声音、内容等要素。

3. 地铁车站服务工作中，客运人员与乘客交流应使用________，如果乘客使用方言，工作人员可以用方言与乘客交流。

### 二、思考题

1. 客运服务岗位礼貌用语的使用原则有哪些？
2. 请解释城市轨道交通客运服务的首问负责标准。
3. 服务人员处理乘客事件应注意哪些语言技巧？
4. 服务人员优化服务语言的主要方法有哪些？
5. 请举例说明客运服务中有哪些不恰当的用语方式？

### 三、案例分析题

一天早上，一名男性乘客持一卡通无法出站，到客服中心询问。当班售检票员正在接听内线电话，不耐烦地说了句：“等会儿”。乘客比较着急，敲了敲窗口，售检票员才放下电话，分析车票为进站码未录入，便对乘客说：“你从哪个站进的，进站时没刷卡，用现金补一下吧”。乘客提出异议：“凭什么说我没刷卡，我倒问问你，不刷卡怎么进站”。售检票员态度生硬地回答：“我电脑上是尚未进站的记录，你就是要补票。”乘客很生气，向服务热线进行了投诉。

请思考：如果你是案例中的工作人员，会如何解决乘客的问题？案例中，售检票员与乘客的对话交流，有哪些可以改进的地方？

文本

项目二答案

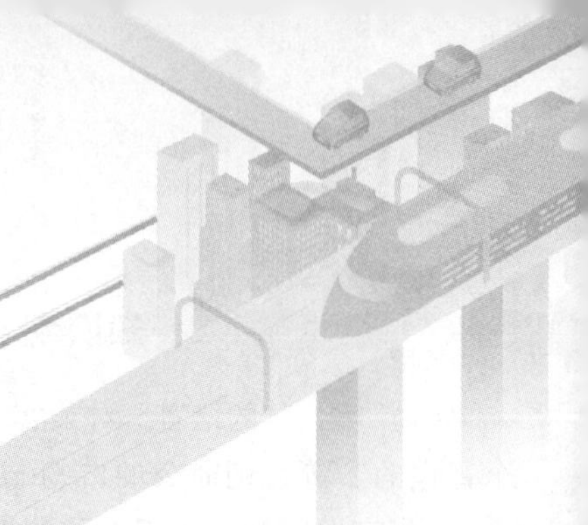

# 项目三 车站客运服务

## 知识结构

- 车站客运服务
  - 客服中心礼仪运用
    - 售票服务礼仪运用
      - 人工售票服务
      - 自助售票服务
      - 特殊票务处理
    - 问询服务礼仪运用
      - 常规问询服务
      - 乘客事务处理
    - 增值服务礼仪运用
      - 母婴室服务
      - 雨伞租借服务
      - 爱心接力服务
  - 站厅服务礼仪运用
    - 安检服务礼仪运用
      - 安检服务流程
      - 携带超长/重物品处理
      - 携带违禁品处理
      - 客流高峰处理
    - 检票服务礼仪运用
      - 检票服务流程
      - 刷卡异常处理
      - 携带大件行李进出站
      - 违规进出站处理
    - 巡视服务礼仪运用
      - 引导乘客购票
      - 帮助特殊乘客进出站
      - 维护站厅环境与秩序
  - 站台服务礼仪运用
    - 候车服务礼仪运用
      - 安全提醒服务
      - 异常情况处理
    - 乘降服务礼仪运用
      - 安全秩序维护
      - 协助上下车服务
  - 车站广播礼仪运用
    - 语音广播礼仪运用
      - 语音广播的项目与内容
      - 语音广播的礼仪规范
    - 人工广播礼仪运用
      - 人工广播的项目与内容
      - 人工广播的礼仪规范

车站是城市轨道交通服务的窗口，是乘客直接感受城市轨道交通服务水平的场所。乘客乘坐地铁所接受的服务主要是通过购票、安检、进站、候车、乘车、出站的一系列过程实现的。地铁公司践行安全、守时、便捷、舒适、文明的服务理念也在这个过程中得以体现。按照服务类别，城市轨道交通企业提供的服务可以分为客运设施服务和客运人员服务。客运设施服务很大程度上体现了地铁公司安全管理水平和科技先进性，而客运人员服务的水平则更多地体现了地铁公司的服务标准和服务理念。因此，车站提供的服务水平和质量，尤其是车站服务人员的服务水平直接影响着整个城市轨道交通的服务水准。

车站服务范围覆盖车站内乘客能够直接到达的地方，主要包括客服中心服务、站厅服务、站台服务、特殊乘客服务、事务处理服务、应急服务等。本项目主要介绍地铁车站常规服务的知识与操作技能，由4个学习任务构成，包括：客服中心礼仪运用、站厅服务礼仪运用、站台服务礼仪运用、车站广播礼仪运用等。通过本项目的学习，学生能够理解城市轨道交通客运工作热心为民服务的思想，体会规范作业与服务对保障地铁安全运营的作用，执行地铁车站站务岗位的作业标准，运用乘客服务礼仪技巧，充分展示车站客运服务人员的精神文明风貌和优秀企业形象。

具体能够达到以下学习目标：

- 素养目标：在城市轨道交通车站服务岗位上展示职业风范；在乘客服务过程中展现主动沟通意识与良好沟通技巧；具有团队意识与企业忠诚。
- 知识目标：明确地铁车站客运服务的主要内容；熟悉地铁车站客运服务岗位的工作内容；掌握岗位作业的礼仪原则与要求。
- 技能目标：在地铁车站客服中心、售票、安检、检票、候车服务等岗位作业过程中，执行服务礼仪规范；在岗位作业工作中运用礼仪原则处理对客服务问题。

## 任务一 客服中心礼仪运用

### 任务引入

9月1日上午8:00左右，一名地铁乘客来到花园路站1号进站口的票亭办理补票，票亭内一名穿地铁制服的男性工作人员正在值岗。面对乘客的问题咨询与补票要求，工作人员语气生硬、姿态傲慢，对乘客的提问不屑回答，反复问询后答复的声音很小。虽然为乘客办理了补票，但是乘客对该名员工的工作态度表示不满，向地铁公司投诉。

### 任务描述

乘客服务中心（简称客服中心）设在地铁车站站厅层付费区与非付费区之间，担负着售票、办卡、充值、办理补/退票、票卡异常处理以及问询引导、便民服务等功能，是车站的形象窗口，其服务水平直接影响整个车站的服务质量。

售票业务是城市轨道交通运营企业运营业务的一项基础且重要的内容。地铁售票服务分为人工售票服务与自动售票机服务两种类型，服务内容包括售票、售卡、充值、办理补/退票等业务。减少和取消人工售票业务，而采用自动售票机提供售票、充值、办理补/退票等业务已经成为智慧地铁服务的应用趋势。

问询引导服务的工作内容主要包括：为乘客提供导向服务、公布相关行车信息、票务政策、处理乘客投诉，以及解答乘客其他疑问。如果乘客感到身体不舒服或者需要帮助都可以在客服中心与服务人员沟通或者请求帮助。

客服中心还可以为乘客办理找零、领取发票、开列车延误证明等业务，为乘客免费提供针线包、打包绳、老花镜、一次性雨衣、雨伞（需要押金）等物品，为身体不适或受伤的乘客提供紧急救护、包扎等服务。

近年来，随着人工智能技术的发展，一些城市的地铁车站配备了智能客服中心（图 3-1-1）。它是集票卡处理、电子发票、语音问询、资讯查询为一体的综合智能化设备。乘客可以自助完成车票更新或补票、补付费、退票、硬币兑零、购买团体票/优惠票等处理工作，并支持支付宝、微信等电子支付和现金支付。乘客还可以自助查询线路、换乘、票价、车站布局、周边地标等相关出行资讯。一些智能客服中心设备还设计了高、低位两个服务台，更有利于轮椅乘客、小朋友等特殊群体使用。智能客服中心为乘客提供了更加便捷、高效的服务体验。

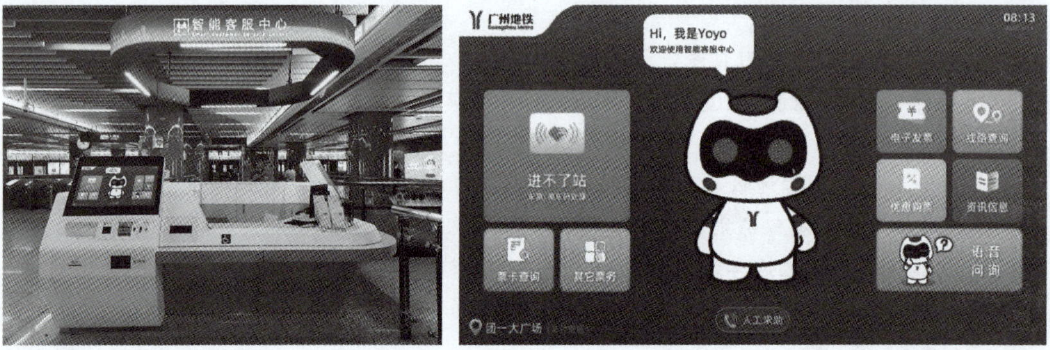


图 3-1-1　广州地铁智能客服中心

客服中心礼仪运用学习情境教学设计见表 3-1-1。

表 3-1-1　客服中心礼仪运用学习情境教学设计

| 序号 | 子任务情境 | 子任务描述 |
|---|---|---|
| 1 | 售票服务礼仪运用 | 了解人工售票、自助售票服务的内容，掌握服务流程及礼仪运用规范，能够在处理常见票务问题中体现礼貌服务 |
| 2 | 问询服务礼仪运用 | 熟悉问询服务的内容与职责，掌握问询服务的礼仪运用规范 |
| 3 | 增值服务礼仪运用 | 理解爱心便民服务的“以人为本”价值，熟悉增值服务的内容与类型，运用个性化服务的礼仪标准与技巧 |

通过任务训练，学生能够掌握地铁车站客服中心工作岗位对售票服务、问询服务、增值服务的规范操作，达到城市轨道交通服务员国家职业技能标准中，城市轨道交通站务员（五级/四级/三级）部分技能要求。

## 任务分组

客服中心礼仪运用任务训练分组与分工安排见表 3-1-2。

表 3-1-2　学生任务分配表

| | | | | | |
|---|---|---|---|---|---|
| 班　级 | | 组　号 | | 指导老师 | |
| 组　长 | | 学　号 | | 小组人数 | |
| 组　员 | | | | | |
| 任务名称 | | | | | |
| 任务分工 | | | | | |
| 备注说明 | | | | | |

## 任务计划

1. 阅读工作任务书，填写任务分配表，进行客服中心乘客服务工作准备。

2. 收集《城市轨道交通运营管理规定》《城市轨道交通客运服务规范》《城市轨道交通客运组织与服务管理办法》《1+X 城市轨道交通站务职业技能标准》《城市轨道交通站务员职业技能鉴定标准》中有关客服中心服务工作标准的知识。

3. 结合任务书分析售票服务、问询服务、增值服务工作中礼仪运用的难点和常见问题。

## 任务实施

### 一、售票服务礼仪运用

售票服务礼仪运用任务单见表 3-1-3。

表 3-1-3　售票服务礼仪运用任务单

<table>
<tr><td>任务编号</td><td>3-1-1</td><td>任务名称</td><td colspan="3">售票服务礼仪运用</td></tr>
<tr><td>班　级</td><td></td><td>组　号</td><td></td><td>姓　名</td><td></td></tr>
<tr><td rowspan="3">任务目标</td><td>素养目标</td><td colspan="4">1. 培养细心细致的工作作风，展示良好职业风范。<br>2. 培养逻辑思维与分析判断能力</td></tr>
<tr><td>知识目标</td><td colspan="4">1. 熟悉售票服务的内容与职责。<br>2. 明确人工、自助售票服务的礼仪规范。<br>3. 学会售票常见问题的处理方法</td></tr>
<tr><td>技能目标</td><td colspan="4">1. 售票服务中规范作业并得体展示礼仪。<br>2. 售票服务中体现主动耐心对客服务。<br>3. 运用礼仪原则处理售票服务中的常见问题</td></tr>
<tr><td colspan="6">任务内容<br>请扫描二维码，观看教学视频。<br>小组分配角色，模拟地铁车站乘客服务中心的旅游票/优惠票人工售票服务基本流程，并填写完成下面表格中的服务礼仪内容：<br>视　频<br>售票服务礼仪运用</td></tr>
</table>

| 步　骤 | 程　序 | 动作姿态 | 服务语言 | 服务禁忌 |
|---|---|---|---|---|
| 1 | | | | |
| 2 | | | | |
| 3 | | | | |
| 4 | | | | |
| 5 | | | | |

引导问题 1：售票、办卡、充值服务的基本流程包括：________________

________________

________________

________________

小提示

售票员出售车票、办卡、充值时应按“一问、二收、三唱、四操作、五交送”的程序，售票作业程序见表 3-1-4。

### 表 3-1-4　人工售票作业程序

| 步　骤 | 程　序 | 内　容 |
|---|---|---|
| 1 | 问 | 面带微笑迎接并询问乘客要前往的车站及购票数量/充值金额 |
| 2 | 收 | 收取乘客购票/办卡/充值的钱款 |
| 3 | 唱 | 讲出票款金额，重复乘客要求的购票张数、车票类型、充值金额，如未听清乘客的要求，应主动礼貌地询问 |
| 4 | 操作 | 正确、迅速地操作：<br>A. 检验钞票真伪，在半自动售票机上选择相应功能键，处理钞票。<br>B. 确认移动支付的金额，完成扣款或刷卡支付 |
| 5 | 交送 | 清楚说出找赎金额和车票张数，将车票和找赎的零钱一起礼貌地交给乘客。<br>礼貌与乘客告别“请您慢走” |

引导问题 2：售票、办卡、充值服务的礼仪要点包括：________________

________________

________________

________________

小提示

人工售票的工作礼仪要求包括：

（1）仪容整洁，精神饱满，举止大方，表情自然。

（2）佩戴职务标志。胸章（长方形职务标志）戴于左胸口袋上方正中，包含单位、姓名、职务、工号等内容。按规定应佩戴制帽的，在执行职务时戴上制帽。

（3）工作时，应精神饱满、思想集中，不与同事闲聊，业务娴熟，工作有序、高效。

（4）售票时，做到准确无误；对乘客表达不清楚的地方，要仔细询问明白，以免出错。在任何情况下，车票、收据与找零应同时交给乘客，并提醒乘客当面核对票据、点清钱款。

（5）仔细聆听乘客的询问，耐心听取乘客的建议；在乘客说话时，保持眼神接触，并且点头表示明白或给予适当回应。

（6）对于来到客服中心的乘客，应主动问好（图 3-1-2），耐心并有礼貌地向他们收集信息，了解乘客的需求，解决乘客遇到的问题，如未听清乘客的需求，必须有礼貌地说："对不起，麻烦您再讲一遍"。

图 3-1-2　工作人员以"招迎手势"向乘客问好

引导问题 3：乘客使用自动售票机购票或充值时，工作人员可以提供哪些服务？服务的礼仪要点包括：______

______

______

______

______

______

引导问题 4：售票服务中常会遇到哪些异常情况？举例说明在处理问题时该如何与乘客礼貌交流。______

______

______

______

______

______

## 二、问询服务礼仪运用

问询服务礼仪运用任务单见表 3-1-5。

表 3-1-5　问询服务礼仪运用任务单

| 任务编号 | 3-1-2 | 任务名称 | 问询服务礼仪运用 | | |
|---|---|---|---|---|---|
| 班　　级 | | 组　　号 | | 姓　　名 | |
| 任务目标 | 素养目标 | 1. 树立主动热情的服务意识，提升优质服务水平。<br>2. 培养灵活运用礼仪的意识，丰富职业情感 | | | |
| | 知识目标 | 1. 熟悉问询服务的内容与职责。<br>2. 明确问询服务的礼仪规范 | | | |
| | 技能目标 | 1. 有良好的语言和文字表达、理解能力。<br>2. 运用礼仪原则处理问询服务中的常见问题 | | | |

任务内容

请扫描二维码，观看教学视频。

小组分配角色，模拟地铁车站乘客服务中心问询服务的主要类型、基本流程与服务内容，并填写以下表格中服务礼仪的内容：

视　频

问询服务礼仪运用

| 序　号 | 类　型 | 动作姿态 | 服务语言 | 服务禁忌 |
|---|---|---|---|---|
| 1 | | | | |
| 2 | | | | |
| 3 | | | | |
| 4 | | | | |
| 5 | | | | |

**引导问题 1：** 地铁车站乘客问询的常见类型包括：购票咨询、________、________、________、其他服务咨询等。

**引导问题 2：** 地铁车站工作人员向乘客提供问询服务的礼仪要点包括：________________________________________________________________________________________________________________________________

**小提示**

问询引导服务的工作礼仪要求包括：

（1）仪容整洁、精神饱满、举止大方、表情自然。佩戴职务标志：胸章（长方形职务标志）戴于左胸口袋上方正中，包含单位、姓名、职务、工号等内容。

（2）为乘客服务时保持良好服务意识，言行举止要注意文明礼貌，主动热情地向有需要的乘客提供帮助，树立文明、热心、周到的服务形象。

（3）熟悉城市轨道交通相关情况，如车站布局、设施设备位置与使用方法、线路及车站周围情况等，以便更好地服务乘客。

（4）仔细聆听乘客的询问，耐心听取乘客的建议；在乘客说话时，保持眼神接触，并且点头表示明白或给予适当回应。

（5）看到乘客，应主动问好，耐心并有礼貌地向他们收集信息，了解乘客的需求，解决乘客遇到的问题，如未听清乘客的需求，必须有礼貌地说："对不起，麻烦您再讲一遍"。

（6）回答乘客问询不得不理睬，不得边走边回答，不得边工作边回答，也不得以摇头、点头等方式回答乘客，应站立或停下手中工作认真回答。如工作确实无法终止应请乘客稍等，并在工作后第一时间回答。对自己无法回答的询问，应请教同事，不得误导乘客、互相推诿。

（7）为乘客引路或指引时，应手掌倾斜、掌心向上、五指并拢，前臂自然上抬，指向所要指引的方位（图 3-1-3）。避免手指指引。

图 3-1-3　工作人员解答乘客问询

**小案例**

**郑州地铁黑科技　智能机器人对客服务**

郑州地铁 3 号线一期、4 号线开通运营引发热点不断。3 号线以"史迹经脉，商都记忆"为设计理念，将"商都"郑州的传统文化元素提炼并且应用到车站的建筑空间。4 号线则以"出彩中原、缤纷郑州"为设计理念，色彩以白灰作为空间的主色调，搭配纯净的蓝色。线路采用色彩构成、艺术点缀等多种表达形式。

地铁3号线设置了很多人性化的功能，例如，乘客在等候区域的大屏上，除了以往下一趟地铁到来的时间提醒，又增加了每节车厢内的拥挤情况，分别会显示舒适、比较拥挤、拥挤三个状态，让等待的乘客可以提前进行车厢选择。3号线的座椅也不一般，外表采用防滑设计，在冬季还可实现座椅加温，在寒冷的冬季，享受一股暖流。

4号线也有不少黑科技，在车站内设置了地铁智能机器人，协助工作人员为乘客提供问答咨询服务、位置导引服务、周边查询服务、购卡充值服务等，给乘客提供更加智能便捷的乘车体验。此外，4号线在全线车站采用鱼眼新型摄像机，可独立实现大范围360°无死角监控，好看又安全！

## 三、增值服务礼仪运用

增值服务礼仪运用任务单见表3-1-6。

表3-1-6　增值服务礼仪运用任务单

| 任务编号 | 3-1-3 | 任务名称 | 增值服务礼仪运用 | | |
|---|---|---|---|---|---|
| 班　级 | | 组　号 | | 姓　名 | |
| 任务目标 | 素养目标 | 1. 增强创新服务意识，提高服务工作水平。<br>2. 锻炼乐于助人能力，发扬为民服务精神 | | | |
| | 知识目标 | 1. 明确爱心便民服务的礼仪规范。<br>2. 理解增值服务的内容与礼仪规范 | | | |
| | 技能目标 | 1. 爱心便民服务中体现细节服务意识。<br>2. 运用礼仪规范满足乘客的个性化需求 | | | |

任务内容

视频

增值服务礼仪运用

请扫描二维码，观看教学视频。

小组分配角色，模拟地铁车站乘客服务中心增值服务的主要类型、基本流程与服务内容，并填写以下表格中服务礼仪的内容：

| 序　号 | 类　型 | 服务需求 | 动作姿态 | 服务语言 |
|---|---|---|---|---|
| 1 | | | | |
| 2 | | | | |
| 3 | | | | |
| 4 | | | | |
| 5 | | | | |

引导问题1：地铁车站乘客增值服务的内容常包括：__________、__________、__________、__________、__________等。

引导问题 2：具备条件的车站应设置无障碍卫生间（图 3-1-4）、婴儿护理台、儿童洗手盆等服务设施，宜开辟______________，设置______________、______________等便民服务设备。

图 3-1-4　地铁车站无障碍卫生间

引导问题 3：母婴室（图 3-1-5）需在醒目位置悬挂标识标牌（图 3-1-6），便于______________。当车站接到乘客电话或遇到现场需求时，需要立即响应，并及时帮助乘客开启母婴设施。

图 3-1-5　太原地铁开化寺街站母婴室

图 3-1-6　地铁车站母婴室标识

引导问题 4：南京地铁为乘客提供的雨伞租借服务，只须支付______________，无须支付______________且有租借期限。乘客须在借伞后______________日内归还完好无损的伞，逾期或损坏、丢失物品时，将不退还押金。

引导问题 5：如乘客有捡拾的物品需要交给车站时，站厅工作人员首先需要感谢乘客，并向行车值班员和值班站长进行汇报，填写______________。行车值班员原则上应在 15 min 内将拾遗物品具体信息登记在企业微信公众号“微服务——失物招领”模块，等待失主前来寻物。

案例

### 南京地铁“糖果车站”

南京地铁 1 号线珠江路站靠近南京市儿童医院，因此每日都有大量带着孩子看病的乘客在这里经过。一次偶然的机会，珠江路站的站务员将自己口袋里的糖果送给了一个哭闹不止的孩子，让孩子破涕为笑，家长感激道谢。之后在珠江路站内领到糖果的孩子越来越多，大家开心地称这里为糖果车站。2007 年 2 月糖果车站正式命名（图 3-1-7），成为南京地铁首个特色车站。从车站命名到车站装饰（图 3-1-8）、从派发糖果到提炼糖果精神、从单一活动到多元互动，糖果车站不断丰富着车站的服务内容与品牌文化，赢得了乘客的认可和赞誉，为南京地铁“人文地铁”服务品牌的打造起到了良好的助推作用。

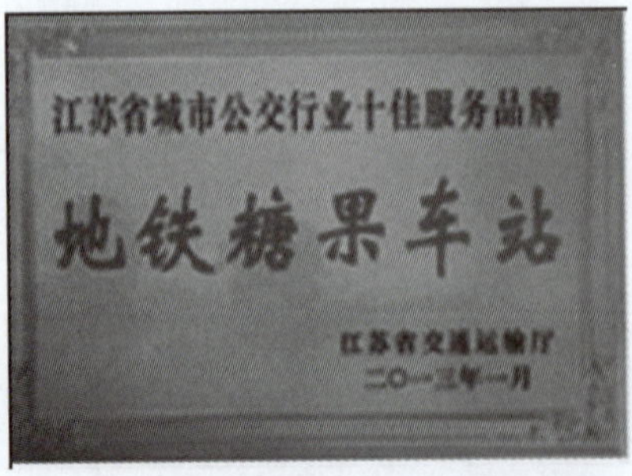


图 3-1-7　南京地铁珠江路糖果车站授牌

图 3-1-8　南京地铁糖果车站的站内装饰

引导问题 6：阅读南京地铁糖果车站服务案例，思考南京地铁“人文地铁”服务品牌的内涵是什么？________________________________________________________________________________________________________________________________________________

**拓展思维**

南京地铁自开通运营至今，一直致力于持续打造“人文地铁”服务品牌。“以人为本、以客为尊”体现着南京地铁“人文地铁”的服务理念，践行人文服务就是针对乘客出行需求，提供安全、便捷、人性化的地铁运输服务。在满足乘客基本出行需求的基础上，推行“人文地铁”品牌，促进与乘客温馨互动，让乘客体验到生活的美好与幸福。

城市轨道交通不仅具备客流运输的服务功能，同时也是城市形象、文化宣传的展示窗口。城市轨道交通服务人员应该树立主动服务、便民服务意识，勤钻研、多实践，开拓便民服务方式方法。这样不仅可以拓展城市轨道交通车站服务品牌创新思路，同时能够增强公共交通服务的社会责任意识，维护轨道交通企业优质服务形象。

**拓展训练**

在你居住的城市选择几条地铁线路，走访沿线车站，搭乘地铁列车，搜集你发现和感受到的增值服务项目。

## 任务评价

客服中心礼仪运用任务训练完成后，需对每个小组的任务完成情况进行评价。任务评分表见表 3-1-7。

**表 3-1-7　客服中心礼仪运用任务训练评分表**

| 序号 | 评价内容 | | | 评价标准 | 分值 | 评分记录 | | |
|---|---|---|---|---|---|---|---|---|
| | | | | | | 学生自评 | 组间互评 | 教师评分 |
| 1 | 工作态度（20%） | | | 无无故迟到、早退、旷课现象 | 5 | | | |
| | | | | 能认真完成组内分工的个人任务 | 5 | | | |
| | | | | 发挥团队组织协调作用，主动协助组员 | 5 | | | |
| | | | | 能体现耐心工作、主动服务的职业意识 | 5 | | | |
| 2 | 工作过程（60%） | 礼仪素养（20%） | | 着工作装、戴工作牌、淡妆上岗 | 5 | | | |
| | | | | 动作姿态遵守服务礼仪规范 | 5 | | | |
| | | | | 服务礼貌语言运用流畅、准确 | 5 | | | |
| | | | | 有关爱乘客、关注细节、礼貌待人的表现 | 5 | | | |
| | | 专业技能（40%） | 售票 | * 熟练执行售票流程，提供规范服务 | 8 | | | |
| | | | | * 能够礼貌处理票务异常情况 | 7 | | | |
| | | | 问询 | * 熟练解答乘客问询，提供规范服务 | 8 | | | |
| | | | | * 服务用语规范，符合岗位用语要求 | 7 | | | |
| | | | 增值 | 熟练提供增值服务并完成工作任务 | 5 | | | |
| | | | | 灵活分析情况，迅速准确地采取行动 | 5 | | | |
| 3 | 工作成果（20%） | 学习方法 | | 按时、准确填写工作任务书 | 5 | | | |
| | | 参与程度 | | 团队熟练配合完成工作任务 | 5 | | | |
| | | 思维状态 | | 能够主动发现问题、分析问题、解决问题 | 5 | | | |
| | | 能力延展 | | 服务工作体现创新之处 | 5 | | | |
| 小　计 | | | | | 100 | | | |

| 综合评价 | 学生自评（20%） | 组间互评（30%） | 教师评分（50%） | 综合得分 |
|---|---|---|---|---|
| | | | | |

## 相关知识点

### 知识点 1：人工售票服务礼仪规范

#### 1. 仪表形象

（1）上岗前，做好仪容仪表的自我检查，仪容整洁、表情自然。符合《城市轨道交通客运服务规范》的要求。

（2）佩戴职务标志。胸章（长方形职务标志）戴于左胸口袋上方正中，包含单位、姓名、职务、工号等内容。

（3）工作时，应精神饱满、思想集中，不与同事闲聊；业务娴熟，工作有序、高效；售票时，要主动热情、面带笑容；语言言简意赅、清楚准确。

#### 2. 礼貌语言

（1）乘客需要兑换硬币时，要清晰唱票：“收您××元”“找您××元。”硬币应垒成柱状交给乘客，不得散放，不得有丢、抛等动作。

（2）对乘客表达不清楚的地方，要有礼貌地说：“对不起，麻烦您再讲一遍”，以免出错。

（3）乘客的单程票过期时，解释：“××，单程票只能当天并在购票站乘坐地铁使用；您的车票已经过期，按规定这张车票需回收，如果您需要搭乘地铁，请您重新购买一张票。”

（4）乘客询问购票方法时，回答：“如果您需要买单程票，请准备零钱或在此兑换零钱，然后到自动售票机处购买。”

#### 3. 工作礼仪

（1）售票员出售车票、办卡、充值时应按“一问、二收、三唱、四操作、五交送”的程序。

（2）售票时，做到准确无误；在任何情况下，票卡、收据与找零应同时交给乘客，并提醒乘客当面核对票据、点清钱款。

（3）当收到残币时，服务人员要委婉地拒绝乘客并跟乘客解释清楚原因。

（4）当票亭前的队伍较长，乘客等待较久，表现出不耐烦时，服务人员要适当安抚乘客的情绪。

### 知识点 2：自助售票服务礼仪规范

自动售票机设置在地铁车站站厅的非付费区，用于乘客购买单程票或者为储值卡充值。保障自动售票机设备正常运作是地铁车站票务服务的重要职责之一，设备工作与人员服务相互补充与配合，是以人为本服务理念的体现。

#### 1. 指导乘客自助购票的礼仪规范

（1）站厅服务人员在指引服务时，应注意与乘客保持适当距离，使用正确的引导手势按照购票步骤进行指导。

（2）要吐字清楚、语速适中、语言清晰、礼貌用语。

（3）指导第一次操作自动售票机的乘客时，常用的服务语言有：“乘客您好！售票机只接收 1 元硬币与 5 元、10 元的纸币，你需要提前准备好零钱”“您可以到旁边的客服中心换取零钱”“请问您要去哪个站？”“您好，可能纸币有点旧，机器无法识别，您可以换一张纸币试试”。

（4）乘客购票成功后，服务人员要提醒乘客在出票口拿走车票及找回的零钱，要妥善保管好车票，出站时车票要进行回收。

（5）指导乘客操作自动售票机购票时，要有耐心，特别要注意的是，应当尽量让乘客自己操作，注意避免直接接触乘客的财物，以免发生不必要的纠纷。

### 2. 自动售票机故障时的工作礼仪

（1）当乘客使用自动售票设备遇到卡币或卡票，向服务人员寻求帮助时，服务人员应先安抚乘客情绪，可以说“请您不必着急，让我检查一下设备”。

（2）检查设备状态，如设备显示正常，再检查一下出票口是否有遗留钱币或车票。如果以上情况都没有，则通知检修人员打开设备维修门进行查看。

（3）如发现设备卡币或卡票，则立即向乘客致歉，“对不起，设备出现故障，我会马上为您处理”或者“对不起，我们立即为您重新发售车票”。

（4）如无卡币，则向乘客解释“对不起，经我们检查，目前机器没有出现故障，按照规定，我们不能为您办理，请您谅解和合作”。

### 3. 疏导乘客购票时的工作礼仪

（1）当发现自动售票机前排队购票或充值的乘客过多时，站厅应增开人工售票窗口服务，工作人员应积极疏导乘客购票。

（2）疏导时，工作人员要面带微笑，礼貌地对乘客说：“大家好，现在排队购票的乘客较多，请大家有序排队购票。”

（3）疏导完毕后，工作人员要对乘客表示感谢，可以说“谢谢大家的配合！”

## 知识点3：售票服务常见问题处理工作礼仪

（1）当找不开零钱时，应礼貌地询问乘客：“请问您有零钱吗？”或者说：“对不起，我这里的零钱刚好不够，请您稍等，好吗？”不要直接建议乘客去另外的入口处买票或充值。

（2）收到残币或假币时，应礼貌地拒绝收取，并向乘客解释原因说：“先生/女士，对不起，您给我的纸币有些问题，请您换一张钞票，好吗？”一般情况下不告诉乘客是假钞，只要求乘客更换。如果提醒无效，应向乘客解释原因：“不好意思，您给我的纸币不能被设备识别，麻烦您换一张，谢谢合作。”如果乘客拒绝更换纸币干扰到正常服务可以报告值班站长或请求公安协助。如遇到数量较多的假币，应立即报告值班站长或请求公安出面处理。

（3）收到乘客一张过期纪念票：“您好，很抱歉，您的这张纪念票已过期，只能留作纪念不能再乘车；假如您需要搭乘地铁，请重新购买一张车票。”

（4）单程票非本站购买：“对不起，由于单程票只能在购买站乘坐地铁，所以您这张车票不能在本站使用。”

（5）当客服中心付费区、非付费区均有人时，工作人员应优先处理付费区内乘客，并要礼貌地让非付费区内乘客稍等，对非付费区乘客解释：“对不起，请您稍等。”

（6）发现有乘客插队时，应用礼貌语言加坚定的语气告知：“麻烦您先排队，我们会尽快为您服务的。”

## 知识点4：问询引导服务的类型与礼仪

### 1. 购票咨询

（1）乘客问在哪购票时，应礼貌地回答：“如果您需要买单程票，请到自动售票机处购票；如果您没有零钱，请先在客服中心兑零，然后到自动售票机处购买；如果您需要买储值票，可在客服中心窗口购买。”

（2）乘客询问地铁××站的票价：“您好，您到××站的票价为×元。”

（3）乘客询问储值票能否多人同时使用：“先生，对不起，储值票（一卡通）只能1个人使用，不能多人同时使用。”

（4）当乘客询问小孩是否有半票：“女士，您好，按照地铁规定，如果小孩没有超过1.3 m，一位成年人可以免费携带2名小孩乘坐地铁。”

### 2. 方位咨询

（1）乘客询问公交站接驳地点时，以标准服务姿态与手势礼貌回答，必要时可画指示图。

（2）乘客询问洗手间方位时，礼貌回答，并以标准服务手势指引方位。

（3）车站员工应给予主动、热情的指引，不能欺骗或敷衍乘客。

（4）为了提高业务水平，车站员工熟悉地铁站连接的各大建筑物、商场、学校、医院等场所，以及采取的换乘方式。

### 3. 寻人、寻物的求助咨询

（1）礼貌安抚乘客情绪，树立“想乘客之所想，急乘客之所急，帮乘客之所需”的主动服务意识。如在本站，应加强本站的广播宣传。

（2）快速查询，请乘客描述失散人员或遗失物品的车站、时间、行车方向、车厢编号及人/物特征，站务员及时记录乘客的找人、找物信息，立即向行调汇报，请行调将此信息通报各站，发动各站进行寻找。如有捡拾此物品，则告知乘客取物地点。

（3）如暂时未查到此物品，应向乘客致歉，礼貌提醒乘客做失物登记，并请乘客留下地址、联系电话，以便联系。

### 4. 特殊乘客服务咨询

（1）为怀孕的女士提供“孕妈妈优享贴”，方便工作人员与乘客识别，安检人员看到后免手检仪探测，站务人员看到后主动提供帮助，同时倡导其他乘客主动让座。

（2）为行动不便的乘客提供协助购票、安检、上下车、乘坐无障碍电梯等服务，特殊情况下可为乘客提供轮椅服务，确保特殊乘客出行无忧。

（3）为身体不适或受伤的乘客提供紧急救护、包扎等服务。

### 5. 其他服务咨询

为乘客办理领取发票、开列车延误证明等业务，为乘客免费提供针线包、打包绳、老花镜、一次性雨衣、雨伞（需要押金）等物品。

## 知识点5：增值服务的内容与礼仪

以南京地铁为例，其秉承“人文地铁”宗旨，传递人文关怀，推出了如母婴室、雨伞借用、爱心接力、乘客拾遗物品处理等增值服务。

### 1. 母婴室服务

（1）母婴设施的基本配置要求配备哺乳专用座椅、茶几、婴儿整理台、垃圾桶等必要的基本设备，以方便乘客使用。

（2）须在醒目位置悬挂标识标牌，便于乘客识别和使用。

（3）当车站接到乘客电话或现场需求时，需要在1 min内响应，并及时帮助乘客开启母婴设施。

（4）乘客使用前，应告知乘客：室内物品均为公物，需爱惜使用，不得带出或擅自移动，如有损坏应照价赔偿。

（5）车站工作人员要定期巡视母婴室，发现母婴室内易耗品不足时，应及时补充。

（6）车站每日安排保洁人员进行打扫，并根据当前防疫要求对母婴室进行消毒，定期对内部设施如护理台、布垫等进行清洁。

### 2. 雨伞租借服务

（1）雨伞借用是地铁公司为乘客提供的只需支付押金无须租金且有租借期限的雨伞的服务。

（2）雨伞借用采取通借通还；乘客须在借伞后 7 日内归还完好无损的伞，逾期或损坏、丢失物品时，将不退还押金。

（3）乘客到票亭借伞时，票亭人员应使用标准服务用语。

（4）乘客的借伞、还伞均可在“雨伞租借小程序”上操作，工作人员应耐心细致地指导乘客操作小程序。

### 3. 爱心接力服务

（1）车站需保证爱心专线电话在运营时间内均有人员接听，做到“随时有需求，随时有响应”。

（2）车站接爱心服务需求电话后，须迅速记录乘客需求及所在位置。第一时间呼叫车站人员尽快到场提供帮助。对于乘坐轮椅的乘客，车站需提前准备好助残连接板。

（3）车站工作人员协助乘客送上列车，对于乘坐轮椅的乘客，原则上可在列车无障碍设施定位标识处上车。

（4）待完成爱心接力后的 24 h 内，与乘客联系进行回访，做到“件件有着落，事事有回音”。

### 4. 乘客拾遗物品处理

（1）工作人员须在监控下接收乘客上交的遗失物品，并规范用语“谢谢您的热心，我们会尽快寻找失主或移交公安机关”。

（2）工作人员向行车值班员和值班站长进行汇报，填写《拾遗物品登记单》。

（3）行车值班员在《拾遗物品登记簿》上写清楚物品的名称、数量、详细特征以及拾获的时间、地点、拾获人姓名，贵重物品（如珠宝、首饰、手机、手提电脑、照相机等）需拍照登记。

（4）行车值班员将拾遗物品具体信息登记在企业微信公众号“微服务——失物招领”板块，等待失主前来寻物。

## 巩固与练习

### 一、填空题

1. 地铁车站设有乘客服务中心，主要服务功能包括：售票、办卡、充值、________________、________________、问询引导、便民服务等。

2. 售票服务内容包括：________________、________________、________________、补/退票、票卡异常处理等。

3. 售票处或售票机附近应有醒目、明确的卡票种类、________________、售票方式、

________等信息，方便乘客阅读购票。自动售票机和充值设备上或其附近应有醒目、明确、详细的________，指导乘客正确购票和充值。

4. 自动售票机设置在地铁车站站厅的________区，用于乘客购买单程票或者为储值卡充值。

5. 人工售票窗口作为无人售票模式的必要补充，可根据________情况适时开启；遇有大客流集中到达时，应及时增开人工售票窗口。

6. 客运服务人员应熟悉城市轨道交通相关情况，如车站布局、设施设备位置与使用方法、________等，以便更好地服务乘客。

7. 客运服务人员应为行动不便的乘客提供协助购票、安检、上下车、乘坐无障碍电梯等服务，特殊情况下可为乘客提供________服务，确保特殊乘客出行无忧。

### 二、思考题

1. 在乘客服务中心的服务工作中，哪些环节容易和乘客发生矛盾和冲突？应该如何有效避免和化解？

2. 目前，许多城市的地铁车站设置有自动售票机，乘客不仅可以自助购票、充值，还可自行处理超程、超时等业务，节省排队办理业务的时间，方便快速处理票卡。此外，有些车站还设置了地铁智能机器人，协助工作人员为乘客提供问答咨询服务、位置导引服务、周边查询服务、购卡充值服务等，向乘客提供更加智能便捷的乘车体验。请思考，有了智能客服设备之后，地铁车站的客服中心服务可以做哪些创新？

文本

拓展阅读1

××地铁公司无障碍（助残）专业工作规范，扫描“拓展阅读1”二维码。

## 任务二　站厅服务礼仪运用

### 任务引入

有两位乘客持同一张一卡通进站，当一名乘客刷卡进站后，把一卡通给了同行的人，同行乘客刷卡无效后至客服中心处理。因当时客流量较大，站务员没有问清原因，直接对该张一卡通进行了进站更新，另外一名乘客也顺利进站。但出站时被站务员发现后不允出站，乘客不满意，认为已经刷过两次卡并扣完钱，坚持不肯补票。站务员却认为他们违规使用车票，故意逃票。

### 任务描述

地铁站厅是客运服务与客流集散的重要场所，安检、检票、站厅巡视等工作的开展不仅要确保乘客能够安全有序进出站，还应当不断创新服务方法。

安检工作的主要内容是检查乘客及其行李物品中是否有枪支、弹药、管制刀具、易燃易爆以及放射性、毒害性等可能影响公共安全的违禁品，严防“三品”（危险品、易燃易爆品和毒害品）进站，劝止携带宠物及超长、超大、超重物品的乘客进站乘车，确保地铁运行及乘客的安全。

乘客进出地铁站通过闸机的方式有很多，除了传统的刷卡、刷票之外，还有电子支付方式，例如，支付宝扫乘车码、银联卡云闪付、地铁 e 出行 App 扫码进站等。多数情况下，乘客是自助操作通过闸机进出站的，站厅工作人员需要做好两方面工作：一是维护站厅进出站秩序；二是处理异常情况。

站厅工作人员应在站厅内、进出站闸机、电扶梯口等处加强巡视，检查站厅内设施设备运行情况，引导乘客购票（图 3-2-1）、进出闸，及时处理乘客进出站时遇到的问题，为乘客提供乘车帮助（图 3-2-2）。

图 3-2-1　工作人员引导乘客购票

图 3-2-2　工作人员在站厅内立岗服务

站厅服务礼仪运用学习情境教学设计见表 3-2-1。

表 3-2-1　站厅服务礼仪运用学习情境教学设计

| 序号 | 子任务情境 | 子任务描述 |
| --- | --- | --- |
| 1 | 安检服务礼仪运用 | 了解安全检查服务的内容，掌握服务流程及礼仪运用规范，能够在保障安全秩序的同时兼顾礼仪原则 |
| 2 | 检票服务礼仪运用 | 熟悉检票服务的内容与方法，处理非常规情况时能够运用礼仪规范避免发生客我矛盾 |
| 3 | 巡视服务礼仪运用 | 培养勤观察、能判断、善沟通的素养，掌握站厅巡查的重点内容与职责，运用礼仪提升服务水平 |

通过任务训练，学生能够掌握地铁车站站厅工作岗位对安检服务、检票服务、站厅巡视的规范操作，达到城市轨道交通服务员国家职业技能标准中，城市轨道交通站务员（五级/四级/三级）部分技能要求。

## 任务分组

站厅服务礼仪运用任务训练分组与分工安排见表 3-2-2。

表 3-2-2　学生任务分配表

| | | | | | |
| --- | --- | --- | --- | --- | --- |
| 班　　级 | | 组　　号 | | 指导老师 | |
| 组　　长 | | 学　　号 | | 小组人数 | |
| 组　　员 | | | | | |
| 任务名称 | | | | | |
| 任务分工 | | | | | |
| 备注说明 | | | | | |

## 任务计划

1. 阅读工作任务书，填写任务分配表，进行站厅服务工作准备。

2. 收集《城市轨道交通运营管理规定》《城市轨道交通客运服务规范》《城市轨道交通客运组织与服务管理办法》《1+X 城市轨道交通站务职业技能标准》《城市轨道交通站务员职业技能鉴定标准》中有关站厅服务工作标准的知识。

3. 结合任务书分析安检服务、检票服务、站厅巡视工作中礼仪运用的难点和常见问题。

## 任务实施

### 一、安检服务礼仪运用

安检服务礼仪运用任务单见表 3-2-3。

表 3-2-3　安检服务礼仪运用任务单

<table>
<tr><td>任务编号</td><td>3-2-1</td><td>任务名称</td><td colspan="3">安检服务礼仪运用</td></tr>
<tr><td>班　　级</td><td></td><td>组　　号</td><td></td><td>姓　　名</td><td></td></tr>
<tr><td rowspan="3">任务目标</td><td>素养目标</td><td colspan="4">1. 锻炼耐心细致的工作作风，展示良好职业风范。<br>2. 培养灵活运用礼仪的意识，丰富职业情感</td></tr>
<tr><td>知识目标</td><td colspan="4">1. 熟悉安检服务的内容与职责。<br>2. 明确安检服务的礼仪规范</td></tr>
<tr><td>技能目标</td><td colspan="4">1. 安检服务中规范作业并展示礼仪。<br>2. 礼貌处理安检服务中的常见问题</td></tr>
</table>

视　频

安检服务礼仪运用

任务内容

请扫描二维码，观看教学视频。

小组分配角色，模拟地铁车站进站安检服务的基本流程与内容，并填写下面表格中服务礼仪的内容：

| 步　骤 | 程　序 | 动 作 姿 态 | 服 务 语 言 | 服 务 禁 忌 |
|---|---|---|---|---|
| 1 | 迎接 | | | |
| 2 | 操作 | | | |
| 3 | 告别 | | | |

引导问题 1：安检服务的礼仪要点包括：________________________________________

________________________________________________________________________

________________________________________________________________________

小提示

安检的工作礼仪要求包括：

（1）上岗前，做好仪容仪表的自我检查。穿着规定制服，着装统一，符合《城市轨道交通客运服务规范》的要求。

（2）站立服务时，站姿端正，精神饱满，面带微笑，思想集中。

（3）使用正确的引导手势，提示乘客将携带物品放在 X 射线安全检查设备上。

（4）严格遵守工作规范。用语标准、规范，态度亲切自然。

（5）安检过程中发现需要进行开包检查时，应说："乘客您好，您的箱包需要进行开包检查，请您配合！"最好不要当着其他乘客的面检查包内的违禁品，应把包拿到一旁。

（6）如遇到态度强硬，不配合安检的乘客，应特别注意劝告的表达方式。如安检时发现违禁品，应向乘客详细指出哪些物品属于违禁品，严禁带进站、带上车。

引导问题 2：安检服务中常会遇到哪些异常情况？举例说明在处理问题时需遵循怎样的礼仪原则？________

______________________________

______________________________

______________________________

______________________________

## 二、检票服务礼仪运用

检票服务礼仪运用任务单见表 3-2-4。

**表 3-2-4　检票服务礼仪运用任务单**

| 任务编号 | 3-2-2 | 任务名称 | 检票服务礼仪运用 | | |
|---|---|---|---|---|---|
| 班　　级 | | 组　　号 | | 姓　　名 | |
| 任务目标 | 素养目标 | 1. 培养乐于助人作风，发扬为民服务精神。<br>2. 理解原则性与灵活性的辩证关系，提高服务水平 | | | |
| | 知识目标 | 1. 熟悉检票服务的内容与职责。<br>2. 明确人工与自助检票服务的礼仪规范 | | | |
| | 技能目标 | 1. 检票服务中规范作业并展示礼仪。<br>2. 礼貌处理检票服务中的常见问题。<br>3. 处理问题时同时把握原则性与灵活性 | | | |

**任务内容**

视　频　检票服务礼仪运用

请扫描二维码，观看教学视频。

小组分配角色，模拟地铁车站进站检票服务的基本流程与内容，并填写以下表格中服务礼仪的内容：

| 步　骤 | 程　序 | 动 作 姿 态 | 服 务 语 言 | 服 务 禁 忌 |
|---|---|---|---|---|
| 1 | 观察 | | | |
| 2 | 提示 | | | |
| 3 | 指引 | | | |

引导问题 1：检票服务的礼仪要点包括：________

______________________________

______________________________

**小提示**

检票的工作礼仪要求包括：

（1）上岗时穿着规定制服，着装统一、仪表整洁、仪容端庄。

（2）立岗时保持端正站姿，精神饱满、面带微笑、表情自然。

（3）执行有关规章制度，做到有令必行、有禁必止。

（4）发现乘客无法正常进出闸机现象，要礼貌引导乘客前往客服中心进行票卡分析。

（5）遇到乘客违规进出站问题，应有理有据、耐心解释，并使用礼貌用语；不能采用简单粗暴的方式处理问题。

引导问题 2：检票服务中常会遇到哪些异常情况？举例说明在处理问题时需遵循怎样的礼仪原则？______________

________________________________________________

________________________________________________

________________________________________________

________________________________________________

________________________________________________

## 三、站厅巡视礼仪运用

站厅巡视礼仪运用任务单见表 3-2-5。

**表 3-2-5　站厅巡视礼仪运用任务单**

| 任务编号 | 3-2-3 | 任务名称 | 站厅巡视礼仪运用 | | |
|---|---|---|---|---|---|
| 班　级 | | 组　号 | | 姓　名 | |
| 任务目标 | 素养目标 | 1. 明确岗位工作职责，提高安全责任意识。<br>2. 培养逻辑思维与分析判断能力 | | | |
| | 知识目标 | 1. 熟悉票务运作、进出站服务的作业标准。<br>2. 掌握站厅巡查的重点内容与职责 | | | |
| | 技能目标 | 1. 勤于观察、准确判断、善于沟通。<br>2. 能够帮助特殊乘客及有困难的乘客进出站。<br>3. 处理非常规问题时遵循礼仪原则 | | | |

视频

巡视服务礼仪运用

**任务内容**

请扫描二维码，观看教学视频。

小组分配角色，模拟地铁车站站厅巡视的基本工作流程与内容，并填写以下表格中服务礼仪的内容：

| 序　号 | 巡视内容 | 动作姿态 | 服务语言 |
|---|---|---|---|
| 1 | 引导乘客购票 | | |
| 2 | 帮助特殊乘客进出站 | | |
| 3 | 维护站厅环境与秩序 | | |

**引导问题 1：** 站厅巡视应当重点关注乘客服务工作的哪些方面？____________________________________

____________________________________

____________________________________

____________________________________

**小提示**

站厅巡视的岗位服务要求：

（1）帮助乘客，回答乘客问询，特别注意帮助老、幼、病、残等有困难的乘客。

（2）引导乘客正确操作购票及自助信息设备，巡视车站自动售检票设备的运行情况。

（3）在列车延误、故障以及自动售票设备出现故障时，及时引导和安抚乘客。

（4）做好站厅内、出入口的客流组织工作，特别注意突发雨雪天气等特殊情况，防止乘客过度拥挤，及时采取疏散客流措施。

（5）高峰期应配备便携广播器材上岗，在客流引导时声音不宜过大，吐词清晰，积极主动，不得将广播对着乘客喊话。

（6）不断巡查站厅设备、扶梯的运行情况，特别关注乘扶梯有困难的乘客并及时提供帮助。

（7）制止并处理乘客违反《城市轨道交通管理办法》的行为。

（8）熟悉车站周边环境、市内交通信息、地铁运营信息、地铁路面沿线简介等服务知识，快速、准确地回答乘客问询。

**小案例**

### 广州地铁帮助乘客寻物

2024 年 2 月 22 日早上 7 点 30 分左右，乘客肖女士在广州地铁裕丰围站准备出站时，忽然发现自己的白色单肩包遗落在了车厢内。由于包内有身份证、银行卡、钥匙等重要物品，肖女士焦急万分。此时正在站厅巡视的综合岗小陈发现了肖女士的无助，主动上前询问是否需要帮助。小陈了解情况后，安慰乘客不要担心，同时将寻物信息汇报给车控室。由于正值通勤早高峰，小陈便提议其先留下联系方式，避免耽误上班时间。当班值班员小傅接到消息后立即查看了车次，并通知深井站安排人协助寻找。列车到站后，深井站综合岗员工上车仔细寻找，终于在倒数第二节车厢内找到失物。7 点 50 分左右，小傅联系肖女士告知其寻回失物的好消息。事后肖女士向地铁公司送来锦旗与感谢信，信中写道"这次的失而复得，我身边的人都表示是个奇迹，这完全归功于地铁工作人员的热心帮助、高效联系、尽责尽职。"

**引导问题 2：** 站厅日常巡视工作中如何能够及时发现乘客的困难？处理乘客事务过程中可以运用怎样的服务技巧？____

____________________________________

____________________________________

____________________________________

____________________________________

**小提示**

站厅工作人员要多看、多听、多巡、多引导。多看：要看有无异常情况，有无需要帮助的情况和需要处理的设备故障；多听：要听乘客对企业服务的意见、建议；多巡：即多走动、巡视了解站厅客流情况；多引导：客流高峰时段引导乘客到客服中心及乘客较少的一端购票乘车。站厅工作人员能解决的问题要及时、果断处理，避免处理时间过长，不能处理的问题及时报告值班员或值班站长。

## 任务评价

站厅服务礼仪运用训练任务完成后，需对每个小组的任务完成情况进行评价。任务评分表见表 3-2-6。

**表 3-2-6　站厅服务礼仪运用任务训练评分表**

| 序号 | 评价内容 | 评价标准 | 分值 | 评分记录 | | |
|---|---|---|---|---|---|---|
| | | | | 学生自评 | 组间互评 | 教师评分 |
| 1 | 工作态度（20%） | 无无故迟到、早退、旷课现象 | 5 | | | |
| | | 能认真完成组内分工的个人任务 | 5 | | | |
| | | 发挥团队组织协调作用，主动协助组员 | 5 | | | |
| | | 能体现耐心工作、主动服务的职业意识 | 5 | | | |

续上表

<table>
<tr><th rowspan="2">序号</th><th colspan="3" rowspan="2">评价内容</th><th rowspan="2">评价标准</th><th rowspan="2">分值</th><th colspan="3">评分记录</th></tr>
<tr><th>学生自评</th><th>组间互评</th><th>教师评分</th></tr>
<tr><td rowspan="10">2</td><td rowspan="10">工作过程（60%）</td><td colspan="2" rowspan="4">礼仪素养（20%）</td><td>着工作装、戴工作牌、化淡妆上岗</td><td>5</td><td></td><td></td><td></td></tr>
<tr><td>动作姿态遵守服务礼仪规范</td><td>5</td><td></td><td></td><td></td></tr>
<tr><td>服务礼貌语言运用流畅、准确</td><td>5</td><td></td><td></td><td></td></tr>
<tr><td>有关爱乘客、关注细节、礼貌待人的表现</td><td>5</td><td></td><td></td><td></td></tr>
<tr><td rowspan="6">专业技能（40%）</td><td rowspan="2">安检</td><td>熟练执行安检流程并完成工作任务</td><td>5</td><td></td><td></td><td></td></tr>
<tr><td>能够礼貌处理安检异常情况</td><td>5</td><td></td><td></td><td></td></tr>
<tr><td rowspan="2">检票</td><td>*熟练执行检票流程、判断进站条件</td><td>8</td><td></td><td></td><td></td></tr>
<tr><td>*处理问题时能够与乘客礼貌沟通</td><td>7</td><td></td><td></td><td></td></tr>
<tr><td rowspan="2">巡视</td><td>*熟练进行站厅巡视并为乘客服务</td><td>8</td><td></td><td></td><td></td></tr>
<tr><td>*灵活分析情况，迅速准确地采取行动</td><td>7</td><td></td><td></td><td></td></tr>
<tr><td rowspan="4">3</td><td rowspan="4">工作成果（20%）</td><td colspan="2">学习方法</td><td>按时、准确地填写工作任务书</td><td>5</td><td></td><td></td><td></td></tr>
<tr><td colspan="2">参与程度</td><td>团队熟练配合完成工作任务</td><td>5</td><td></td><td></td><td></td></tr>
<tr><td colspan="2">思维状态</td><td>能够主动发现问题、分析问题、解决问题</td><td>5</td><td></td><td></td><td></td></tr>
<tr><td colspan="2">能力延展</td><td>服务工作体现创新之处</td><td>5</td><td></td><td></td><td></td></tr>
<tr><td colspan="5">小　计</td><td>100</td><td></td><td></td><td></td></tr>
<tr><td colspan="2" rowspan="2">综合评价</td><td colspan="2">学生自评（20%）</td><td>组间互评（30%）</td><td colspan="2">教师评分（50%）</td><td colspan="2">综合得分</td></tr>
<tr><td colspan="2"></td><td></td><td colspan="2"></td><td colspan="2"></td></tr>
</table>

## 相关知识点

### 知识点1：安检服务非常规情况的处理

#### 1. 发现乘客携带超长、超重物品时

（1）提醒乘客："对不起，您不能携带超长（超重）的物品进站。"

（2）耐心解释地铁相关规定，建议乘客改乘其他交通工具。

（3）如遇到态度强硬的乘客，应先让乘客了解安检人员处理问题的难处，如果乘客认为东西太重，不愿意出站，工作人员可以提供一定的帮助。

#### 2. 发现乘客包内有违禁品时

（1）把包拿到一边进行详细检查，确认包内违禁品，避免当众开包检查，让乘客感到难堪。

（2）耐心解释地铁相关规定，向乘客详细说明限带品或违禁品的种类与数量规定，并告知乘客："您携带的物品属于限带物品，请您主动丢弃该物品后乘坐，或者携带该物品乘坐其他交通工具。谢谢您的配合！"或是劝说乘客将危险物品交给工作人员，工作人员将其放入危险物品储存设备内，情节严重的可交给公安部门处理。

### 3. 出现客流高峰时

（1）婉转提醒乘客加快速度，并提醒后一位乘客做好准备，避免出现拥挤忙乱的现象。

（2）如果乘客过多可以采用手持检测仪，加快安检的速度。

（3）当遇到乘客不耐烦时，要学会使用“对不起”。能够向乘客主动道歉，并对乘客的配合表示感谢。

（4）遇到拒绝接受安检的乘客，工作人员不能态度生硬，更不能蛮横粗暴。应耐心说服乘客：“为了您和他人生命财产的安全，请您配合我们的检查，谢谢合作。”

## 知识点2：检票服务非常规情况的处理

### 1. 当乘客无法刷卡进站时

（1）先了解情况，礼貌地向乘客询问是否已经刷过卡。

（2）如了解情况后，仍不能解决，则指引乘客前往客服中心办理。

（3）使用标准服务手势指示方向，手臂前伸、手掌伸平、五指并拢，掌心向上斜45°，指向乘客要去的方向。

（4）若情况许可，最好能陪同乘客前往解决问题，以免乘客重复提出问题和需要。

### 2. 当乘客携带大件行李进出站时

（1）引导其从宽闸机进出站，或让乘客在闸机处验票后由边门进出站。

（2）礼貌地和乘客沟通，建议其使用直梯或走楼梯：“您好，您的行李较多，为了您的安全，请使用直梯，谢谢您的配合。”

### 3. 当遇到成人、身高超过1.3 m的小孩逃票或发现违规使用车票进站时

（1）应立即上前制止，并要求其购票，可以说：“对不起，您的孩子身高超过了1.3 m，请您买票，谢谢您的配合！”“先生/女士，请购买车票规范乘车。”

（2）若乘客执意不配合或是故意扰乱秩序，可以找公安配合。

### 4. 乘客出站时卡票

（1）查看闸机的状态，发现确实卡票，则按规定办理。

（2）找到车票后，向乘客询问该车票的信息，确认车票是否为该乘客的，并做好相应的解释和致歉工作。

（3）若车站计算机没有报警，打开闸机也没有找到车票，请自动售检票系统（AFC）检修人员到现场确认，情况属实，对乘客做好解释工作。

## 知识点3：站厅巡视服务礼仪

### 1. 站厅巡视服务用语

（1）要求乘客排队购票（高峰期）：“各位乘客，请排队购票，谢谢合作！”

（2）需要更换票箱、钱箱或故障维修时：“××，对不起，这台设备暂停使用，请您稍等，或请使用其他设备，谢谢！”

（3）指引乘客购票：“您可以在自助售票机上购票，使用现金或移动支付方式。”

（4）指引乘客站内换乘：“您可以向前方走，至站厅中部看到换乘4号线的通道。”

（5）发现乘客在站内吸烟：“先生/女士，您好！为了您的安全，请不要在地铁站内吸烟。”

### 2. 电梯巡视值守服务

（1）关注电/扶梯运行情况。防护值守人员（上行电梯在上电梯处，下行电梯在下电梯处防护），遇老、幼、病、残、孕特殊乘客乘梯时要主动帮扶；遇乘客乘梯时摔倒、电梯故障等突发事件时，要第一时间关闭电梯，确保乘客安全。

（2）关注乘客乘梯行为。劝阻乘客乘坐电梯时嬉戏、打闹、蹦跳、吸烟等。客梯不得装运超长、超重货物和易燃易爆物品。建议携带推车及大件行李的乘客使用直梯。宣传文明乘梯、礼让老人和儿童，学龄前儿童须由成人带领乘梯。

（3）遇电梯困人时，应及时安抚乘客保持镇静，劝阻乘客不要强行扒开轿厢门，耐心等待救援。电梯运行发生停机，在未确定停机原因时，不得启动电梯，不得允许乘客随意进出电梯，以免造成设备损坏和人员伤亡。

## 巩固与练习

### 一、填空题

1. 车站安检工作要严防________________、________________、________________（“三品”）进站，确保地铁运行及乘客的安全。

2. 发现乘客携带超长、超重物品时，工作人员应________________，建议乘客改乘其他交通工具。

3. 遇见第一次使用车票进站的乘客，工作人员应耐心告知并指导乘客刷卡，提醒乘客保存好票卡出站时使用，必要时可________________。

4. 工作人员应不断巡查站厅设备、扶梯的运行情况，特别关注________________的乘客并及时提供帮助。

5. 当乘客携带大件行李进出站时，工作人员应礼貌建议乘客使用________________或走楼梯。

### 二、思考题

1. 根据下列乘客乘车条件判断是否允许乘客进站，如不符合进站条件，该如何劝阻乘客？

（1）穿着动漫人物服装的乘客。

（2）衣衫褴褛、满身灰尘的老年人。

（3）持有残疾证的乘客。

2. 根据下列乘客携带物品判断是否允许进站，如不符合进站条件，该如何劝阻乘客？一名乘客带着三件行李准备进站，分别是一把有包装的锯子、一瓶饮料和一只未经包装的活鸡。

### 三、案例分析题

2024年2月22日，南京地铁官方微信公众号发布出行提示：元宵节即将到来，为做好夫子庙、老门东等景区邻近车站的大客流应对，保障市民出行安全，根据安保工作要求，2月24日（正月十五），17:30~21:00期间1号线三山街站、3号线夫子庙站跳站运行。届时，上述两站临时关闭，各次列车不停站通过，1号线张府园站、3号线常府街、3号线武定门站将视情组织跳站。

南京地铁将提前通过线网各车站告示、乘客广播等途径发布跳站相关的公告信息，请乘客提前做好出行安排。2月23日至25日，1、2、3号线将加大运力投放，采取延长晚高峰覆盖时间、压缩行车间隔、增加正线备用车等措施，做好客流疏运。

南京地铁将密切关注三山街站、中华门站、大行宫站、常府街站、夫子庙站、武定门站、雨花门站等关键站点客流情况，必要时采取相应的客流控制措施，请乘客配合车站工作人员的现场引导，有序排队乘车。

阅读以上案例材料，请回答：

地铁车站在节假日常会出现客流高峰或大客流聚集现象，车站可以采取哪些应对措施？在车站出现大客流时，站厅巡视岗应加强哪些方面的服务工作？

江苏省乘坐城市轨道交通禁止限制携带物品目录，扫描“拓展阅读2”二维码。

文本

拓展阅读2

# 任务三　站台服务礼仪运用

## 任务引入

某日早7:28，一名乘客在车站站台候车，低头看手机并站在黄色安全线外，未听到远处站台工作人员的提醒。工作人员随后走近让其退后，大声对乘客说道：“你听不见啊？”乘客没有应答。工作人员继续质问：“看不见黄线吗？”并用手拉了乘客一下。乘客事后向地铁公司投诉，对该名工作人员的服务态度表示不满并要求上级管理者对此回复。

## 任务描述

站台服务是车站服务的重要组成部分，站台设备保障及乘车秩序维护直接关系到乘客的乘车安全。因此，站台服务必须将安全理念与服务技巧相结合。

候车服务的工作内容主要是组织乘客安全有序候车，维持站台安全秩序。工作人员监督站台的安全情况，确保乘客在候车时遵守规定，保持安全距离，并督促乘客安全、有序候车。也会回答乘客问询，提供关于线路、票价、乘车规定等方面的信息。还会向特殊乘客和有特殊需求的乘客进出车站提供必要的帮助。

乘降服务的工作内容主要是监视列车运行状态及乘客动态，确保乘降过程的安全和顺畅。工作人员要提醒乘客按照指示牌和广播提示有序排队上下车，避免拥挤和混乱，维护站台正常乘降秩序。还要及时发现异常情况，迅速反应，采取必要的措施进行处理，并及时通知相关部门协助解决。

站台服务礼仪运用学习情境教学设计见表3-3-1。

表3-3-1　站台服务礼仪运用学习情境教学设计

| 序号 | 子任务情境 | 子任务描述 |
| --- | --- | --- |
| 1 | 候车服务礼仪运用 | 熟悉候车服务的工作内容，掌握候车服务流程及礼仪运用规范，能够提出创新服务建议与方法 |
| 2 | 乘降服务礼仪运用 | 熟悉乘降服务的工作内容，掌握乘降服务流程及礼仪运用规范，处理乘客事务时反应迅速、礼貌沟通 |

通过任务训练，学生能够掌握地铁车站站台工作岗位对候车服务、乘降服务的规范操作，达到城市轨道交通服务员国家职业技能标准中，城市轨道交通站务员（五级/四级/三级）部分技能要求。

## 任务分组

站台服务礼仪运用任务训练分组与分工安排见表 3-3-2。

**表 3-3-2　学生任务分配表**

| | | | | | |
|---|---|---|---|---|---|
| 班　级 | | 组　号 | | 指导老师 | |
| 组　长 | | 学　号 | | 小组人数 | |
| 组　员 | | | | | |
| 任务名称 | | | | | |
| 任务分工 | | | | | |
| 备注说明 | | | | | |

## 任务计划

1. 阅读工作任务书，填写任务分配表，进行站台服务工作准备。

2. 收集《城市轨道交通运营管理规定》《城市轨道交通客运服务规范》《城市轨道交通客运组织与服务管理办法》《1+X 城市轨道交通站务职业技能标准》《城市轨道交通站务员职业技能鉴定标准》中有关站台服务工作标准的知识。

3. 结合任务书分析候车服务、乘降服务工作中礼仪运用的难点和常见问题。

## 任务实施

### 一、候车服务礼仪运用

候车服务礼仪运用任务单见表 3-3-3。

**表 3-3-3　候车服务礼仪运用任务单**

| | | | | | |
|---|---|---|---|---|---|
| 任务编号 | 3-3-1 | 任务名称 | 候车服务礼仪运用 | | |
| 班　级 | | 组　号 | | 姓　名 | |
| 任务目标 | 素养目标 | 1. 牢固树立安全责任意识，担当岗位责任。<br>2. 持续培养为民服务意识，关爱特殊乘客 | | | |
| | 知识目标 | 1. 熟悉站台候车服务的内容与职责。<br>2. 掌握站台候车服务的礼仪规范 | | | |
| | 技能目标 | 1. 礼貌提醒乘客安全候车。<br>2. 劝阻乘客违规行为时不失礼仪规范。<br>3. 提出站台候车服务的创新方法 | | | |
| 视频<br>候车服务礼仪运用 | 任务内容<br>请扫描二维码，观看教学视频。<br>小组分配角色，模拟地铁车站站台候车服务的基本工作流程与内容，并完成以下表格中的服务礼仪内容： | | | | |

| 步　骤 | 服 务 内 容 | 服 务 语 言 | 服 务 禁 忌 |
|---|---|---|---|
| 1 | | | |
| 2 | | | |
| 3 | | | |

**引导问题 1：** 地铁站台工作人员工作时应穿着工作服，规范佩戴工作牌，精神饱满、态度和蔼。在站台立岗与巡视时不得________________________________。

**引导问题 2：** 地铁站台工作人员应多巡视并留意乘客的候车行为，多提醒乘客看管好物品，及时制止乘客的一些________________行为。

**引导问题 3：** 在客流不均时，站台工作人员要多引导乘客________________，防止乘客拥挤。

**引导问题 4：** 遇到特殊事件时，站台工作人员应正确及时地进行________________。

**引导问题 5：** 站台候车服务的礼仪要点包括：________________________________
________________________________________________________________
________________________________________________________________
________________________________________________________________
________________________________________________________________

**小提示**

站台候车服务的工作礼仪要求包括：

（1）穿着工作服，规范佩戴工作牌。挂绳式工号牌正面朝外戴于制服外侧；长方形工号牌戴于左胸口袋上方正中。

（2）仪容端庄、衣着整洁、举止大方、谈吐得体、精神饱满、态度和蔼。在站台不倚靠、背手、叉腰、抱臂、手插兜等。

（3）专心认真工作，不得在岗位上说笑、追逐打闹或做与岗位工作无关的事情。

（4）多巡视并留意乘客的安全，及时制止乘客的一些不安全行为。

（5）多提醒乘客看管好物品、照顾好老人小孩、不要追逐打闹等。

（6）在客流不均时，要多引导乘客去人少的一端排队候车，防止乘客拥挤。

（7）遇到特殊事件时，能正确及时地进行站台广播。

**小案例**

### 武汉地铁高架车站的恒温休息室

2021 年 12 月武汉轨道交通 16 号线开通运营，该线路行程自周家河站至国博中心南站，共设车站 12 座，其中高架车站 5 座。5 个高架车站均为乘客配备了恒温休息室（图 3-3-1），在冬夏两季都会开启空调，为乘客提供贴心服务。在非全封闭设计的高架车站站台中部有一间全透明玻璃的休息室，内部设有两排休息椅。乘客在此等车时，可无障碍观察站台上的情况，实时了解列车的进出站动态。在候车室内休息的乘客说：“我也是第一次见到地铁站的恒温候车室，寒冷的风雨天坐在里面非常暖和，武汉地铁的服务真的是越来越人性化了！”

图 3-3-1　武汉地铁高架车站的恒温休息室

引导问题 6：阅读武汉地铁恒温候车室的案例，请思考：地铁公司还可以在哪些方面开展个性化服务创新？________

________

________

________

________

拓展思维

阅读武汉地铁恒温候车室的案例，请思考：地铁公司还可以在哪些方面开展个性化服务创新？

## 二、乘降服务礼仪运用

乘降服务礼仪运用任务单见表 3-3-4。

表 3-3-4　乘降服务礼仪运用任务单

<table>
<tr><td>任务编号</td><td>3-3-2</td><td>任务名称</td><td colspan="3">乘降服务礼仪运用</td></tr>
<tr><td>班　级</td><td></td><td>组　号</td><td></td><td>姓　名</td><td></td></tr>
<tr><td rowspan="3">任务目标</td><td>素养目标</td><td colspan="4">1. 牢固树立安全责任意识，担当岗位责任。<br>2. 训练眼勤脚快的工作风格，提高服务能力</td></tr>
<tr><td>知识目标</td><td colspan="4">1. 熟悉站台乘降服务的内容与职责。<br>2. 掌握站台乘降服务的礼仪规范</td></tr>
<tr><td>技能目标</td><td colspan="4">1. 乘降服务中规范作业并展示工作礼仪。<br>2. 特殊乘客乘车服务时突出优先原则。<br>3. 处理站台突发事件时以乘客安全为重</td></tr>
</table>

视 频

乘降服务礼仪运用

任务内容

请扫描二维码，观看教学视频。

小组分配角色，模拟地铁车站站台乘降服务的基本工作流程与内容，并完成以下表格中的服务礼仪内容：

| 步　骤 | 服 务 内 容 | 服 务 语 言 | 服 务 禁 忌 |
|---|---|---|---|
| 1 | | | |
| 2 | | | |
| 3 | | | |

引导问题 1：站台工作人员在列车进出站监视列车运行状态、候车乘客动态，监视是否有乘客倚靠安全门、抢上抢下或乘客物件掉落轨道，防止________事故，根据情况及时采取正确的处理办法。

引导问题 2：站台工作人员若发现异常情况应及时采取措施或与车站控制室联系；当有故障发生时，应组织________，维护站台秩序。

引导问题 3：如果乘客提出的问题，工作人员无法给出确切答案，需要________，提示乘客到附近再核查一下。

小提示

站台乘降服务的工作礼仪要求包括：

（1）工作人员按规定位置立岗接车，足踏安全线，面向列车，目迎目送，自列车进入站台开始至开出站台为止，做到站立姿势端正。

（2）检查站台环境卫生，清理影响乘客乘降的障碍物。

（3）引导上车乘客在安全线内排队等候，检查有无乘客越过安全线。

（4）列车停靠站台后，宣传组织乘客先下后上、有序乘降，帮扶特殊乘客上下车。

（5）列车门即将关闭时，观察并阻止乘客争抢上车，避免发生车门或屏蔽门夹人夹物的事故。

（6）检查电梯运行情况，建议携带推车及大件行李的乘客使用直梯。

（7）面对乘客询问出站方向及其他问题，应礼貌应答、使用标准手势指引方位。

引导问题 4：乘降服务中常会遇到哪些异常情况？举例说明在处理问题时需遵循怎样的礼仪原则？______________________________

## 任务评价

站台服务礼仪运用训练任务完成后，需对每个小组的任务完成情况进行评价。任务评分表见表 3-3-5。

**表 3-3-5　站台服务礼仪运用任务训练评分表**

| 序号 | 评价内容 | | | 评价标准 | 分值 | 评分记录 | | |
|---|---|---|---|---|---|---|---|---|
| | | | | | | 学生自评 | 组间互评 | 教师评分 |
| 1 | 工作态度（20%） | | | 无无故迟到、早退、旷课现象 | 5 | | | |
| | | | | 能认真完成组内分工的个人任务 | 5 | | | |
| | | | | 发挥团队组织协调作用，主动协助组员 | 5 | | | |
| | | | | 能体现耐心工作、主动服务的职业意识 | 5 | | | |
| 2 | 工作过程（60%） | 礼仪素养（20%） | | 着工作装、戴工作牌、化淡妆上岗 | 5 | | | |
| | | | | 动作姿态遵守服务礼仪规范 | 5 | | | |
| | | | | 服务礼貌语言运用流畅、准确 | 5 | | | |
| | | | | 有关爱乘客、关注细节、礼貌待人的表现 | 5 | | | |
| | | 专业技能（40%） | 候车 | *能巡视站台维持站台候乘秩序 | 10 | | | |
| | | | | *能识别乘候车期间的异常情况并及时汇报 | 10 | | | |
| | | | 乘降 | *能组织乘客有序上下车 | 10 | | | |
| | | | | *处理站台突发事件时体现以乘客安全为重 | 10 | | | |
| 3 | 工作成果（20%） | 学习方法 | | 按时、准确地填写工作任务书 | 5 | | | |
| | | 参与程度 | | 团队熟练配合完成工作任务 | 5 | | | |
| | | 思维状态 | | 能够主动发现问题、分析问题、解决问题 | 5 | | | |
| | | 能力延展 | | 服务工作体现创新之处 | 5 | | | |
| 小　计 | | | | | 100 | | | |

| 综合评价 | 学生自评（20%） | 组间互评（30%） | 教师评分（50%） | 综合得分 |
|---|---|---|---|---|
| | | | | |

## 相关知识点

### 知识点1：对乘客候车的安全提醒服务

站台工作人员应当时刻关注乘客在站台候车的动态，及时发现乘客的危险行为并上前劝阻，避免安全事故的发生。

1. 发现乘客站在黄色安全线以外候车

应及时提醒乘客："为了您的安全，请在黄色安全线以内候车。"如果乘客没有退后，应立即上前劝阻该乘客的行为。

2. 发现乘客采用蹲姿候车

应及时上前了解情况，询问乘客是否有身体不适。如乘客没有不适，应提醒乘客："为了您的安全，请勿蹲姿乘车"。

3. 遇见身体不适的乘客

应主动上前询问情况，并指引他们到候车椅上休息。如果情况严重，则通知车站综合控制室处理。

4. 发现儿童在站台追跑

应立即上前制止正在追逐打闹的儿童，并提醒家长看护好孩子，不要让孩子随意在站台上奔跑，以免出现危险。

5. 发现乘客在站台上吸烟、饮食

应立即上前制止并解释："对不起，为了安全，车站内不允许吸烟，请您灭掉烟头，谢谢您的合作。"

6. 发现有乘客在站台上逗留

若发现有长时间逗留在站台不出站的乘客，应主动上前询问情况，避免发生逗留乘客跳轨等紧急情况的发生。

### 知识点2：乘降服务的安全秩序维护

站台工作人员要做好列车进站后乘客上车的秩序维持，尤其是遇到大客流时，利用广播引导乘客分流，确保乘客安全有序乘车。

1. 乘客企图冲上正在关门动作中的列车

应阻止乘客（避免和乘客有直接碰触）并礼貌提醒："请勿靠近车门，下次列车将很快进站，请等候下班列车。"

2. 早晚高峰时段遇站台候车人群拥挤时

向乘客宣传在黄色安全线以内候车，不要倚靠站台门，不要抢上抢下，维护站台秩序，组织乘客有序候/乘车。在列车即将进站时，特别提醒站台候车乘客："请先下后上，谢谢合作！"

3. 乘客有物品掉下轨道

工作人员应立即提醒并安抚乘客："为了您的安全，请勿私自跳下轨道，请您放心，我们工作人员会尽快为您处理。"告知乘客将于运营结束后下轨道拾回物品，请乘客留下联系方式，择日到车站领回物品。

4. 乘客反映同行人员未及时下车

安抚乘客情绪："您别急，请在原地等候，可以先和对方电话联系。"若乘客表示同行人员无电话，可以通知车控室帮助乘客寻人。

5. 乘客反映被站台门夹伤

立即查看乘客伤情，询问："先生/女士，您伤得严重吗？需不需要帮您处理下伤口；您看是否需要立即就医？"若乘客表示需要就医，应及时通知值班站长现场处理。

## 知识点3：站台巡视的服务技巧

1. "四到"

心到：精神高度集中，随时应变异常。

话到：提醒乘客按排队箭头候车，及时进行安全广播。

眼到：密切注意乘客动态及列车运行情况。

手到：主动处理问题，如发现地面有水，放置"小心地滑"牌；设备故障，放置"暂停服务"牌，地面有脏物时及时找保洁工清除。

2. "四多"

多监控：密切监督站台乘客情况，必要时采取控制措施。

多广播：通过手提广播提醒乘客看管行李物品，看好小孩，不得跑闹、追逐，不得倚靠安全门，到人少的一端候车等。

多联系：发现异常情况及时与司机、车控室及其他岗位联系处理。

多巡视：在每次列车到达间隙巡视站台一遍，巡视时"三步一回头"。

3. "三勤"

站台发现乘客伤亡事件或其他异常情况时，及时寻找目击证人并记录。

遇到无理纠缠的乘客及时与公安联系，不与乘客发生正面冲突。

站台客流不均匀时，及时引导疏散，防止乘客拥挤发生安全事故。

## 巩固与练习

一、填空题

1. 站务员应当时刻关注乘客在站台候车的动态，及时发现乘客的危险行为并____________，避免安全事故的发生。

2. 站务员应引导上车乘客在安全线内排队等候，检查有无乘客____________。列车停靠站台后，宣传组织乘客先下后上、有序乘降，帮扶____________上下车。

3. 站务员应检查电梯运行情况，建议携带推车及大件行李的乘客使用____________。

4. 车站遇到大客流时，站台工作人员应利用____________引导乘客分流，确保乘客安全有序乘车。

5. 站务员不仅要维持站台安全秩序，也要回答乘客问询，提供关于____________等方面的信息。

二、思考题

1. 候车服务中需要向乘客做好哪些安全提醒？

2. 站台服务时发现乘客有不当行为时，应如何礼貌处理？

3. 站台候车与乘降服务中哪些环节容易与乘客发生冲突，应该如何避免？

北京市轨道交通乘客守则，扫描"拓展阅读3"二维码。

文本

拓展阅读3

# 任务四 车站广播礼仪运用

## 任务引入

乘客反映在2号线地铁站内，站内广播在反复播放各种信息，音量出奇的大，比马路的汽车喇叭声还要吵，音量感觉在100 dB以上，封闭环境内高分贝的广播严重影响了乘客舒适度，要求整改。

## 任务描述

地铁车站广播服务是地铁运营中不可或缺的一部分，它通过提供实时、准确、清晰和人性化的信息服务，为乘客的出行提供了便利和保障。

车站广播服务不仅提升了地铁运营的效率和安全性，还增强了乘客的出行体验。通过广播服务，乘客可以更加便捷地获取乘车信息，减少因信息不足或误解而造成的困扰。同时，广播服务中的安全提示和紧急疏散指引在关键时刻能够发挥重要作用，保障乘客的生命安全。

车站广播服务的主要内容包括：列车信息播报、换乘信息提示、安全提示与紧急疏散指引、文化娱乐信息播放。车站广播的形式包括：语言广播与人工广播。两种形式相互补充，共同为乘客提供全面、高效、人性化的服务。

车站广播礼仪运用学习情境教学设计见表3-4-1。

表3-4-1 车站广播礼仪运用学习情境教学设计

| 序号 | 子任务情境 | 子任务描述 |
| --- | --- | --- |
| 1 | 语音广播礼仪运用 | 了解语音广播服务的项目及设备操作规程，熟悉语音广播的功能及礼仪原则，能够规范操作车站语音广播 |
| 2 | 人工广播礼仪运用 | 了解人工广播服务的项目及常见内容，熟悉人工广播的功能及礼仪原则，能够规范播放车站人工广播 |

## 任务计划

1. 阅读工作任务书，进行车站广播服务工作准备。

2. 收集《城市轨道交通运营管理规定》《城市轨道交通客运服务规范》《城市轨道交通客运组织与服务管理办法》《1+X城市轨道交通站务职业技能标准》《城市轨道交通站务员职业技能鉴定标准》中有关广播服务工作标准的知识。

3. 结合任务书分析车站广播服务工作中礼仪运用的方法与技巧。

## 任务实施

### 一、语音广播礼仪运用

语音广播礼仪运用任务单见表3-4-2。

**表 3-4-2 语音广播礼仪运用任务单**

| 任务编号 | 3-4-1 | 任务名称 | 语音广播礼仪运用 | | |
|---|---|---|---|---|---|
| 班 级 | | 组 号 | | 姓 名 | |
| 任务目标 | 素养目标 | 1. 树立品牌服务意识，增强客运服务技能。<br>2. 持续培养安全责任意识和为民服务意识 | | | |
| | 知识目标 | 1. 熟悉车站语音广播服务的项目与内容。<br>2. 掌握车站语音广播服务的礼仪规范 | | | |
| | 技能目标 | 1. 规范播报车站语音广播内容。<br>2. 创新车站语音广播的服务内容 | | | |

**任务内容**

视 频

广播服务礼仪运用

请扫描二维码，观看教学视频。

独立承担任务，模拟地铁车站语音广播的项目与内容，并填写以下表格中的服务礼仪内容：

| 步 骤 | 服 务 项 目 | 广 播 内 容 | 礼 仪 要 点 |
|---|---|---|---|
| 1 | | | |
| 2 | | | |
| 3 | | | |

**引导问题 1：** 地铁车站广播主要包括____________广播、____________广播、特殊事项广播和____________广播。

**引导问题 2：** 广播词应简单明了，表达的意思通俗易懂，播音员使用______________并且吐字清晰、表述简练。

**引导问题 3：** 广播词不能引起歧义，特别是涉及列车故障、安全事故和乘客具体行程信息的广播词，更是要______________。

**引导问题 4：** 广播的时间应当能够满足______________、______________、解释声明等信息传递的需要，能够确保服务人员与乘客沟通的顺畅。

**引导问题 5：** 语音广播的音量为固定值，不得______________；如遇特殊情况需要调整音量大小，需经管理部门统一调整。

**小提示**

车站广播播音的礼仪规范：

（1）讲标准普通话。广播员应使用标准普通话及英语播报客运作业信息，服务语言表达规范、准确，口齿清晰。

（2）规范礼貌用语。运用“您好、请、谢谢、对不起、再见”等文明用语。对乘客称呼得体，统一称呼为“各位乘客”或“乘客们”。适当使用欢迎词、祝颂语、致歉语，让乘客感受地铁企业的服务热情；多说“谢谢您的配合”，表达地铁企业的服务诚意。

（3）语音语调得体。语调应亲切，音量要适中。在运营线路中，广播音量一般设置在 75~85 dB，保障乘客清晰地听到广播内容。

（4）内容简明实用。广播内容以方便乘车为主，介绍宣传安全乘车常识和设备设施的使用方法，提示乘客遵守安全乘车规定。列车晚点要及时通告，保持信息透明畅通，严格执行晚点道歉制度，并积极为乘客做好服务工作。

**小案例**

### 西安地铁上线“西安故事”语音广播

2021年1月，西安地铁部分车站上线“西安故事”语音广播。先期试点播报选取的车站有5号线的阿房宫南站、青龙寺站、文艺路站，6号线一期的木塔寺站、西北工业大学站，9号线的华清池站、秦陵西站等。乘客在以上车站扫描站内墙上“西安故事”铭牌后，就能通过手机聆听车站的历史故事、车站设计和周边出行资讯。因地铁车站所处位置不同、历史文化典故不同，各站播报内容也不相同。有当地市民在体验西安故事语音广播后说道：“这样走心的设计，让我们既能了解家乡的历史文化，又让原本乏味的出行旅程变得有趣……”

**拓展思维**

阅读上述“西安故事”语音广播案例后，请思考：地铁语音广播除了传统的服务功能之外，还可以设计哪些创新服务项目？

## 二、人工广播礼仪运用

人工广播礼仪运用任务单见表3-4-3。

**表3-4-3　人工广播礼仪运用任务单**

| 任务编号 | 3-4-2 | 任务名称 | 人工广播礼仪运用 | | |
|---|---|---|---|---|---|
| 班　级 | | 组　号 | | 姓　名 | |
| 任务目标 | 素养目标 | 1. 锻炼现场快速反应与应对的职业素养。<br>2. 培养安全责任意识和安全防范敏感度 | | | |
| | 知识目标 | 1. 熟悉车站人工广播服务的项目与内容。<br>2. 掌握车站人工广播服务的礼仪规范 | | | |
| | 技能目标 | 1. 规范进行地铁车站的人工广播。<br>2. 快速设计规范、明确的广播用语 | | | |

视　频

人工广播礼仪运用

**任务内容**

请扫描二维码，观看教学视频。

独立承担工作，模拟地铁车站人工广播服务的项目与内容，并填写以下表格中的服务礼仪内容：

| 步　骤 | 服务项目 | 广播内容 | 礼仪要点 |
|---|---|---|---|
| 1 | | | |
| 2 | | | |
| 3 | | | |

引导问题1：在紧急情况下，广播会切换为紧急模式，变成全站范围的________________，引导乘客疏散。

引导问题2：地铁车站人工广播服务应注重与乘客的互动，及时回应乘客的疑问和需求，提供________________服务。

引导问题 3：需要向工作人员寻求广播帮助时，除了求助________________，乘客还可以通过求助按钮（图 3-4-1）或招援电话（图 3-4-2）与工作人员取得联系。

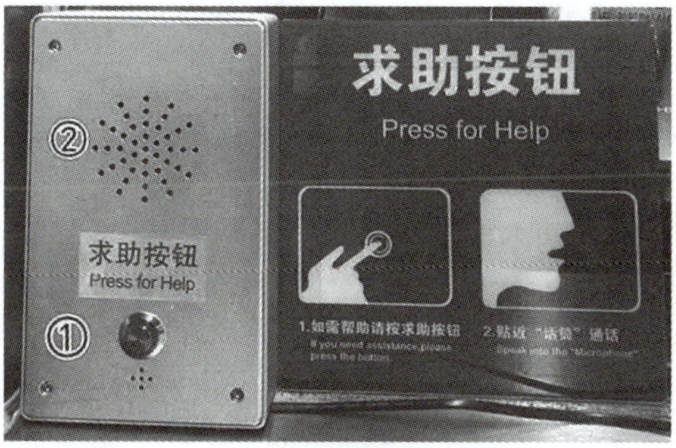


图 3-4-1　求助按钮

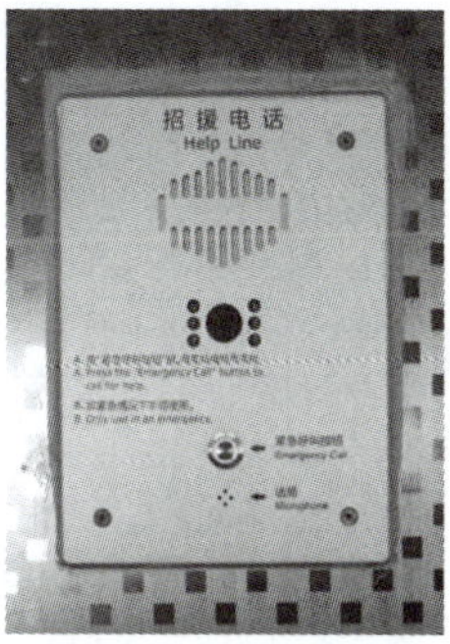


图 3-4-2　招援电话

**小提示**

人工广播服务的礼仪要求包括：

（1）广播员应根据车站的实际情况和乘客需求，合理安排广播的时机和频率。避免在高峰时段或乘客较为拥挤的区域进行过于频繁的广播，以免影响乘客的乘车体验。

（2）人工广播应先提醒乘客注意：“乘客请注意……”

（3）人工广播要用简洁的语言内容告知乘客发生的具体事件。

（4）人工广播须对给乘客带来的不便表示歉意，对乘客的配合表示感谢。

（5）人工广播员应语速适中、语调自然、表达清晰。女播音员的声音应清脆明快、细腻温和；男播音员的声音应洪亮明朗、刚柔并济。

（6）人工广播应严肃认真，避免玩笑的口吻。

（7）在广播过程中，广播员应尊重乘客的隐私权，避免播报涉及个人隐私的信息。

## 任务评价

车站广播服务礼仪运用训练任务完成后，需对每位同学的任务完成情况进行评价。任务评分表见表 3-4-4。

表 3-4-4　车站广播礼仪运用任务训练评分表

| 序号 | 评价内容 | | | 评价标准 | 分值 | 评分记录 | | |
|---|---|---|---|---|---|---|---|---|
| | | | | | | 学生自评 | 组间互评 | 教师评分 |
| 1 | 工作态度（20%） | | | 无无故迟到、早退、旷课现象 | 5 | | | |
| | | | | 能够认真完成个人训练任务 | 5 | | | |
| | | | | 能够独立分析问题并提出解决方案 | 5 | | | |
| | | | | 能体现耐心工作、主动服务的职业意识 | 5 | | | |
| 2 | 工作过程（60%） | 礼仪素养（20%） | | 着工作装、戴工作牌、化淡妆上岗 | 5 | | | |
| | | | | 动作姿态遵守服务礼仪规范 | 5 | | | |
| | | | | 服务礼貌语言运用流畅、准确 | 5 | | | |
| | | | | 有关爱乘客、关注细节、礼貌待人的表现 | 5 | | | |
| | | 专业技能（40%） | 语音广播 | 规范播报车站语音广播内容 | 10 | | | |
| | | | | 能够设计语音广播的创新服务项目 | 10 | | | |
| | | | 人工广播 | * 能在车站预制广播无法满足服务应急处理需求的情况下，进行人工广播引导乘客 | 10 | | | |
| | | | | * 能在车站设备故障时利用广播引导乘客 | 10 | | | |

续上表

| 序号 | 评价内容 | | 评价标准 | 分值 | 评分记录 | | |
|---|---|---|---|---|---|---|---|
| | | | | | 学生自评 | 组间互评 | 教师评分 |
| 3 | 工作成果（20%） | 学习方法 | 按时、准确填写工作任务书 | 5 | | | |
| | | 参与程度 | 个人熟练完成工作任务 | 5 | | | |
| | | 思维状态 | 能够主动发现问题、分析问题、解决问题 | 5 | | | |
| | | 能力延展 | 服务工作体现创新之处 | 5 | | | |
| 小计 | | | | 100 | | | |

| 综合评价 | 学生自评（20%） | 组间互评（30%） | 教师评分（50%） | 综合得分 |
|---|---|---|---|---|
| | | | | |

## 相关知识点

### 知识点1：语音广播的服务项目与礼仪规范

地铁车站广播主要包括乘车引导广播、安全提示广播、特殊事项广播、文娱宣传广播。

#### 1. 乘车引导广播

车站广播可以引导乘客便捷地获取乘车信息，对乘客频繁咨询的问题可以通过广播加以宣传解答。灵活调整广播的时间、频次、音量以适应不同情况。当客流高峰时还可以增加播放安全乘车引导信息。

（1）乘客通过闸机提示："乘客您好，进站检票时，持票卡的乘客请在右侧闸机上方感应区内验票，扫码过闸的乘客请将乘车码对准闸机扫码口，扇门打开后依次进闸。乘车过程中请妥善保管好车票，以免丢失。"

（2）列车信息提示："各位乘客请注意，开往红山动物园方向的末班车即将出发，请抓紧时间上车。"

（3）乘客出站引导："各位乘客请注意，由于车站比较拥挤，请出站的乘客不要在站内逗留，尽快出站，谢谢合作！"

（4）换乘信息提示："各位乘客，本站可换乘地铁3号线，请根据车站内指示牌前往换乘站台。"

#### 2. 安全提示广播

利用广播可以引导乘客安全文明乘车，特别是在站厅及站台区域。可以使用循环播放多做提醒，使用节奏明快的音乐做提示音。广播播音时要用郑重的语气和严谨的语言，语速适中，音量适宜。以礼貌称呼乘客作为播音的开始，以引起乘客的关注。

（1）列车进站前及进站时："各位乘客，为了您和他人的安全，请站在黄色安全线内排队候车，多谢合作！""各位乘客，为了您的安全，请勿手扶安全门、排队候车，谢谢合作！"

（2）列车到站停稳开车门时："上车的乘客请注意，请小心列车与站台的空隙，先下后上，谢谢合作！"

（3）列车将要关车门时："各位乘客，车门即将关闭，没有上车的乘客请您耐心等候下一趟车，请不要越出黄色安全线。谢谢合作！"

（4）乘车安全提示："乘客们，车站内严禁吸烟，严禁携带易燃、易爆、放射、腐蚀、有毒等危险品，以及容易污损车站、列车等设施的物品进站乘车。""乘客们，因为天气原因，楼梯和地面湿滑，请您在上下车和出入站时注意安全，以免滑倒摔伤。"

（5）乘梯安全提示："乘客们请注意，搭乘扶梯时，请站稳扶好，注意脚下安全。老人、小孩及携带大件行李的乘客请乘坐无障碍电梯。如需协助，请与工作人员联系。"

### 3. 特殊事项广播

当列车出现特殊运行情况，应及时广播通知车站内候车的乘客；当车站出现突发事件时，应通过广播指引乘客有序疏散，确保乘客的安全。必要时增加人工广播做到迅速传播消息、保障秩序。

（1）列车通过不停靠时："乘客们请注意，本次列车是通过列车不载客，请耐心等待后续列车，谢谢您的配合。"

（2）无法换乘时："乘客们请注意，受设备故障影响，需要前往3号线的乘客暂时无法换乘，有急事的乘客，请改乘其他交通工具，谢谢您的配合。"

（3）车站限流时："乘客们，车站人多拥挤，本站临时采取限流措施。请听从工作人员的指引，有序进出站。有急事的乘客请换乘其他交通工具，谢谢您的配合。"

### 4. 文娱宣传广播

当客流平峰时，可以播放乘车须知及地铁服务项目宣传介绍，以增加企业与乘客的沟通，扩大服务品牌影响力。例如，节日祝福广播："今天是端午节，在这特殊的日子里，南京地铁祝大家节日快乐！""拿着幸福的车票，踏上回家的列车，南京地铁愿您在家的温暖中开启新的一年！"

## 知识点2：人工广播的服务项目与礼仪规范

遇特殊情况时，例如，乘客寻人、列车延误、临时限流、设备故障、紧急疏散等，车站值班员须正确及时地进行人工广播。人工广播除遵守车站广播播音的一般礼仪规范外，还应特别关注特殊情况下紧急信息的准确性、及时性以及处理乘客疑难问题时的个性化服务。

### 1. 乘客寻人广播

"车站工作人员与乘客们请注意，哪位乘客走失了小孩，请到站厅车控室相认。""××乘客请注意，您的家人/朋友现在车站客服中心等您，请您听到广播后与车站工作人员联系。"

### 2. 列车延误广播

"乘客们请注意，往××方向的列车稍有延误，请您耐心等候。""乘客们请注意，往××方向的列车延误，有急事的乘客请改乘其他交通工具。出站时请听从工作人员的指引，从边门出站。需要办理退票的乘客，凭今日有效票卡到客服中心办理退票等手续，也可在7日内到地铁各车站办理，谢谢您的配合。"

### 3. 临时限流广播

"乘客们请注意，3号线运行秩序不正常，请需乘坐3号线的乘客换乘其他轨道交通或其他交通工具，谢谢您的配合和谅解。""乘客们请注意，由于现在列车和车站内过于拥挤，本站正在进行客流控制，部分入闸机暂时关闭，请您有序进站，不便之处，敬请谅解！"

### 4. 设备故障广播

"乘客们请注意，因设备故障，需要购票和进出闸机的乘客请听从工作人员的指引，谢谢您的配合。”“乘客们请注意，往××方向站台的安全门故障，为了您的安全，请勿越出安全线，以免发生危险，请听从工作人员的指引上车。谢谢您的配合！”

### 5. 紧急疏散广播

“乘客们请注意，现发生紧急情况，请听从工作人员的指引，抓紧时间有序离开车站，请不要在车站滞留。”

## 巩固与练习

### 一、填空题

1. 车站广播应使用____________及英语播报客运作业信息，服务语言表达规范、准确、口齿清晰。

2. 当语音广播发生故障无法正常使用时，客运服务人员要做好____________通知，及时通告站名和到开时刻，避免乘客上错车、坐过站。

3. 如遇大客流应急情况，客运服务人员应加强站厅巡视，通过____________面对面地向乘客宣传乘车须知和安全注意事项。

### 二、案例分析题

2022 年 5 月 8 日母亲节当天，成都地铁通过全线网 338 个车站的语音广播送上母亲节真诚祝福：“这世间的温情都要留给妈妈一份，今天是母亲节，成都地铁祝各位母亲节日快乐！”车站广播会在运营时段内，无其他服务类语音播报的前提下，以每小时 1 次的频率整点进行播送，为市民乘客出行之路增添一份温暖。

2023 年 5 月 1 日起，贵阳地铁在全线各车站及列车到达换乘站、终点站时播放背景音乐，以此加强换乘站、终点站的到站提醒及调节乘客乘坐地铁时的体验情绪。贵阳地铁为探索乘客乘坐地铁出行的最佳听感体验，会将背景音乐以不同的歌曲组合方式在各站播放，持续搜集乘客意见并做持续更新。

2024 年 1 月寒假临近，武汉交通职业学院附近的地铁 5 号线红霞站站厅内不时响起语音广播：“岁末寒冬，寒假将至，武汉地铁祝愿莘莘学子返乡途中平安顺遂，拥有一个幸福快乐的寒假，待春暖花开时我们再相见！”不少学生驻足聆听，会心一笑。不仅有温馨问候，武汉地铁还为大学生提供换乘引导、打包等服务。

请思考：

为提升市民美好生活出行体验，构建有文化、有温度的高附加值服务体系，地铁公司可以在广播服务方面做哪些创新举措？结合上述材料中的案例，提出你的建议。

文本

项目三答案

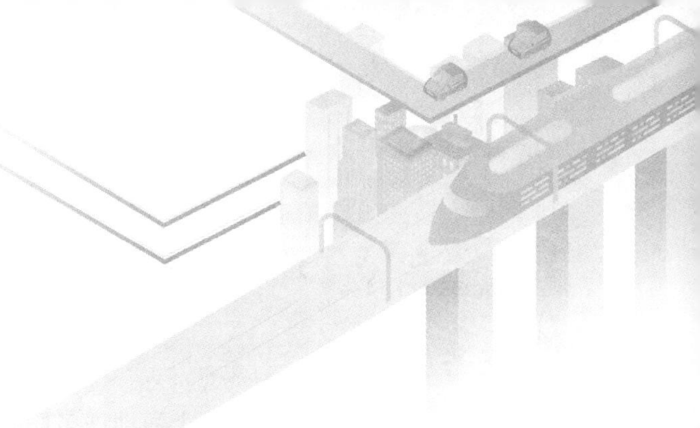

# 项目四 列车乘务服务

## 知识结构

- 列车乘务服务
  - 巡视车厢礼仪运用
    - 车厢秩序监护
      - 环境与设备巡视
      - 乘客状态关注
    - 解答乘客问询
      - 执行首问负责制
      - 关注乘客需求
  - 列车广播礼仪运用
    - 自动广播
      - 自动广播的类型与内容
      - 自动广播的礼仪规范
    - 人工广播
      - 人工广播的类型与内容
      - 人工广播的礼仪规范

城市轨道交通列车服务是客运服务的重要组成部分，列车乘车环境、准点运行、安全保障等直接影响着乘客的出行体验与满意度。无人驾驶全自动列车的开行让列车司机岗位职能发生了重大变化。例如，上海地铁在2021年开通的4条全自动无人驾驶新线路上，增设了多职能列控员岗位。该岗位工作人员由地铁列车司机培训选拔而来，持证上岗。相比较传统的列车司机岗位，多职能列控员的工作地点从驾驶室延伸到了列车车厢，从“单纯开车，不接触乘客”转变为“监护列车与服务乘客并重”。本项目主要以无人驾驶列车为例，分析司机与乘客接触时服务礼仪的运用方法。

列车服务范围主要集中在列车车厢内，在列车自动运行期间，列车司机需要在车厢内巡视，承担列车监护、车厢巡查、乘客服务以及应急处置等工作职能。本项目主要介绍无人驾驶列车司机在车厢内对客服务的知识与操作技能，由2个学习任务构成，包括：巡视车厢礼仪运用、列车广播礼仪运用等。通过本项目的学习，学生能够理解城市轨道交通企业践行以人为本服务理念的重要性，树立为乘客提供便捷、舒适、安全的出行体验的服务目标，执行地铁列车司机岗位的作业标准，运用乘客服务礼仪技巧，充分展示列车乘务服务人员的精神文明风貌和企业品牌形象。

具体能够达到以下学习目标：

- 素养目标：在城市轨道交通乘务服务岗位上展示职业风范；具备爱岗敬业的职业精神与遵守纪律的服从意识；锻炼主动热情与耐心细致的服务能力。
- 知识目标：明确地铁列车客运服务的主要内容；熟悉地铁列车客运服务岗位的工作内容；掌握岗位作业的礼仪原则与要求。
- 技能目标：在地铁列车巡视车厢、列车广播等岗位作业过程中，执行服务礼仪规范；在岗位作业工作中运用礼仪原则处理常见问题或处置突发事件。

# 任务一 巡视车厢礼仪运用

## 任务引入

### 上海地铁多职能列控员新岗位

2021年2月上海地铁新开通10号线二期、18号线南段、15号线三条全自动无人驾驶线路，在新线路运行的列车上，乘客们发现车厢内多了司机的身影。全自动驾驶使得驾驶室内的工作强度减轻了，发车、停站、开关门，都无须司机操控，司机的工作内容转而偏重客运服务，工作状态可总结为“无人操作，有人监护”。在早晚高峰时，他们会在第一节列车车厢内值守，非高峰时段时，就在列车车厢内巡视。他们穿梭于各节车厢，检查空调、照明、标贴、扶手等设施设备，同时也耐心聆听、解答乘客问询。

## 任务描述

自动化驾驶地铁列车在全自动运行模式下，列车司机的工作可以分为人工监护和人工监管两种模式：

（1）人工监护模式下，列车司机可以在驾驶台前负责监护列车运行，做好瞭望前方进路、观察车门与站台门、报站及广播、观察发车时间显示器等工作。也可以在车厢内巡视，执行服务工作规范，履行服务承诺，为乘客提供问询解答等服务。同时需要确保列车内环境整洁、设备安全，并在紧急情况下引导乘客疏散。

（2）人工监管模式是指列车司机根据要求或在异常情况下建立司机室接管列车，转为人工驾驶。

巡视车厢礼仪运用学习情境教学设计见表4-1-1。

表4-1-1 巡视车厢礼仪运用学习情境教学设计

| 序号 | 子任务情境 | 子任务描述 |
|---|---|---|
| 1 | 车厢秩序监护礼仪运用 | 了解自动化驾驶全自动列车的开行模式，掌握列车司机巡视车厢的服务内容与规范，能够在乘客服务中执行礼仪规范 |
| 2 | 解答乘客问询礼仪运用 | 熟悉列车车厢内乘客问询服务的内容与职责，掌握问询服务的礼仪运用规范 |

## 任务分组

巡视车厢礼仪运用任务训练分组与分工安排见表4-1-2。

表4-1-2 学生任务分配表

| 班　级 | | 组　号 | | 指导老师 | |
|---|---|---|---|---|---|
| 组　长 | | 学　号 | | 小组人数 | |
| 组　员 | | | | | |
| 任务名称 | | | | | |
| 任务分工 | | | | | |
| 备注说明 | | | | | |

## 任务计划

1. 阅读工作任务书，填写任务分配表，进行巡视车厢服务工作准备。

2. 收集《城市轨道交通运营管理规定》《城市轨道交通客运服务规范》《城市轨道交通客运组织与服务管理办法》《1+X 城市轨道交通乘务职业技能标准》《城市轨道交通列车司机职业技能鉴定标准》中相关工作标准的知识。

3. 结合任务书分析巡视车厢服务工作中礼仪运用的方法与技巧。

## 任务实施

### 一、车厢秩序监护礼仪运用

车厢秩序监护礼仪运用任务单见表 4-1-3。

表 4-1-3　车厢秩序监护礼仪运用任务单

| 任务编号 | 4-1-1 | 任务名称 | 车厢秩序监护礼仪运用 | | |
|---|---|---|---|---|---|
| 班　　级 | | 组　　号 | | 姓　　名 | |
| 任务目标 | 素养目标 | 1. 树立规范作业的安全意识。<br>2. 发扬以人为本的职业精神 | | | |
| | 知识目标 | 1. 熟悉列车服务的内容与职责。<br>2. 学会车厢巡视的服务方法。<br>3. 掌握列车司机值乘工作的礼仪规范 | | | |
| | 技能目标 | 1. 明确列车乘客服务的礼仪规范。<br>2. 监护车厢秩序时执行礼仪规范。<br>3. 列车服务中体现细节服务 | | | |

任务内容

小组分配角色，模拟地铁列车司机的车厢秩序监护服务项目与流程，并填写以下表格中的服务礼仪内容：

| 步　骤 | 服 务 项 目 | 动 作 姿 态 | 服 务 语 言 | 服 务 禁 忌 |
|---|---|---|---|---|
| 1 | | | | |
| 2 | | | | |
| 3 | | | | |

引导问题 1：地铁全自动运行人工监护模式下，列车司机在巡视车厢时需要做好车厢秩序监护、________________、________________以及应急处置等工作。

引导问题 2：列车司机在列车全自动运行人工监护模式下，要加强对自动广播的监听和对车厢状况的巡视。列车司机在巡视车厢时需要关注________________，特别是老幼病残孕等特殊乘客，及时发现并处理可能存在的安全隐患。

引导问题 3：列车运行过程中，因故障处置或其他原因需人工接管时，列车司机应首先________________，拉出警戒线，建立司机室，保证列车运行安全。

引导问题 4：非高峰时段内，列车司机会在车厢内巡视，对车厢内相关设施设备及乘车秩序进行监护，及时制止________________________等行为。

小提示

列车司机值乘工作的礼仪规范包括：

（1）仪容整洁、精神饱满，按季节穿着标准制服。

（2）上岗按规定着装佩戴领带、肩章、工号牌，工号牌戴于左胸口袋上方正中。

（3）人工监护时，双脚呈“V”字形，双腿并拢，收腹、挺胸、颈直，眼睛平视，精神饱满。禁止东倒西歪、身体倾斜、手插裤兜，不得倚靠电器柜、车门、扶手、驾驶台盖板，禁止歪头驼背、衣衫不整、勾肩搭背、双手交叉在胸前。

（4）列车值乘工作中应挎背备品包，手握手持台与方孔钥匙，不应携带与行车无关的物品。

（5）值乘期间严禁坐于车厢内座椅上；人工监护运行时不得与乘客聊天。

（6）列车停站开门时应转身加强对站台门、车门联动开启的监控。

小案例

**岗位融合　西安地铁司机有了新身份**

2024 年 1 月 8 日 6 时，西安地铁 16 号线首班车从秦创原中心站驶出，站在全开放式无人驾驶列车车头，望着窗外，作为曾经驾驶地铁 2 号线列车的司机王×百感交集。没有了驾驶室与车厢的隔断后，原本专属地铁司机的领域，成了市民游客拍照打卡的新空间。而地铁司机也迎来了职业生涯中的巨大挑战，必须从“一专”向“多能”转变，成为综合素质更高的复合型人才。虽然地铁列车实现了“无人操作”，但仍有“监护人”（图 4-1-1）。目前，地铁 16 号线随车配有 1 名车辆运维工，该岗位由传统线路的电客车检修岗位和司机岗位深度融合而成。这意味着以前只和机械打交道的工人，现在要学会与乘客沟通，除了肩负起巡视车厢内各类设施是否完好外，当列车发生故障时，他们还要快速响应调度室指令解决故障，或解锁操作台盖板，把列车切换为手动驾驶模式……

图 4-1-1　西安首条全自动无人驾驶地铁线路——16 号线车厢及站台

引导问题 5：无人驾驶列车全自动运行时，列车司机巡视车厢过程中可以向乘客提供哪些服务？服务的礼仪要点包括：

________________________________________

________________________________________

________________________________________

________________________________________

引导问题 6：列车全自动运行人工监护模式下，列车司机巡视车厢时如发现异常情况，应该如何处理并遵循怎样的礼仪原则？________________________________________

________________________________________

________________________________________

________________________________________

________________________________________

________________________________________

## 二、解答乘客问询礼仪运用

解答乘客问询礼仪运用任务单见表 4-1-4。

表 4-1-4　解答乘客问询礼仪运用任务单

<table>
<tr><td>任务编号</td><td>4-1-2</td><td>任务名称</td><td colspan="3">解答乘客问询礼仪运用</td></tr>
<tr><td>班　级</td><td></td><td>组　号</td><td></td><td>姓　名</td><td></td></tr>
<tr><td rowspan="3">任务目标</td><td>素养目标</td><td colspan="4">1. 培养细心细致的工作作风。<br>2. 关注服务细节，培养主动服务意识</td></tr>
<tr><td>知识目标</td><td colspan="4">1. 熟悉列车车厢内乘客问询服务的内容与职责。<br>2. 掌握问询服务的礼仪运用规范</td></tr>
<tr><td>技能目标</td><td colspan="4">1. 明确列车问询服务的礼仪规范。<br>2. 问询服务中规范作业并展示礼仪。<br>3. 关注特殊乘客服务需求并提供帮助</td></tr>
</table>

**任务内容**

小组分配角色，模拟地铁列车司机解答乘客问询服务，并填写以下表格中的服务礼仪内容：

| 步　骤 | 服 务 内 容 | 动 作 姿 态 | 服 务 语 言 | 服 务 禁 忌 |
|---|---|---|---|---|
| 1 | | | | |
| 2 | | | | |
| 3 | | | | |

**引导问题 1：** 列车全自动运行人工监护模式下，列车司机巡视车厢时，应礼貌回答乘客问询，根据______________及时准确给予乘客答复。

**引导问题 2：** 列车司机巡视车厢过程中，要关注乘客的状态和需求，特别留意______________等特殊乘客，及时解答乘客的疑问，提供必要的帮助。

**引导问题 3：** 巡视人员需要保持专业的态度和形象，对待乘客要热情、礼貌，解答问题要耐心、细致，对乘客提出的问题和需求给予______________的回应和处理。

**引导问题 4：** 解答乘客问询的礼仪要点包括：________________________________________

____________________________________________________________

____________________________________________________________

____________________________________________________________

**小提示**

列车司机巡视车厢时解答乘客问询的工作礼仪要求包括：

（1）制服着装整洁，保持头发、皮肤和口腔的清洁，以给乘客留下良好的第一印象。

（2）面向乘客，保持端正站姿，精神饱满、面带微笑、表情自然。

（3）在与乘客交流时，要使用标准、规范的普通话，确保语音清晰、语速适中，避免使用粗俗或不当的语言。

（4）仔细聆听乘客的询问，耐心听取乘客的建议；在乘客说话时，保持眼神接触，并且点头表示明白或给予适当回应。

（5）为乘客指引方向时，应手掌倾斜、掌心向上、五指并拢，前臂自然上抬，指向所要指引的方位。避免手指指引。

（6）准确了解乘客的需求，解决乘客遇到的问题，如未听清乘客的需求，必须有礼貌地说：“对不起，麻烦您再讲一遍”。

（7）回答乘客问询不得不理睬，不得边走边回答，不得边工作边回答，也不得以摇头、点头等方式回答乘客，应站立或停下手中工作认真回答。如巡查工作确实无法终止应请乘客稍等，并在工作结束后第一时间回答；或者告诉乘客可以在站台向工作人员咨询。

（8）要执行首问负责原则。对自己无法回答的询问，应告知乘客可以寻求帮助的方法与途径，不得误导乘客、互相推诿。

(9) 回答乘客询问，解决一般乘客问题，主动帮助乘客，特别注意帮助老、幼、病、残、孕等需要提供帮助的乘客。

引导问题 5：巡视车厢时遇到乘客咨询问题，自己无法准确解答时，应该如何向乘客解释？需遵循怎样的礼仪原则？________________________________________________

________________________________________________

________________________________________________

________________________________________________

________________________________________________

## 任务评价

巡视车厢服务礼仪运用训练任务完成后，需对每个小组的任务完成情况进行评价。任务评分表见表 4-1-5。

表 4-1-5　巡视车厢服务礼仪运用任务训练评分表

<table>
<tr><th rowspan="2">序号</th><th rowspan="2" colspan="3">评价内容</th><th rowspan="2">评价标准</th><th rowspan="2">分值</th><th colspan="3">评分记录</th></tr>
<tr><th>学生自评</th><th>组间互评</th><th>教师评分</th></tr>
<tr><td rowspan="4">1</td><td rowspan="4" colspan="3">工作态度<br>（20%）</td><td>无无故迟到、早退、旷课现象</td><td>5</td><td></td><td></td><td></td></tr>
<tr><td>能认真完成组内分工的个人任务</td><td>5</td><td></td><td></td><td></td></tr>
<tr><td>发挥团队组织协调作用，主动协助组员</td><td>5</td><td></td><td></td><td></td></tr>
<tr><td>能体现耐心工作、主动服务的职业意识</td><td>5</td><td></td><td></td><td></td></tr>
<tr><td rowspan="8">2</td><td rowspan="8">工作过程<br>（60%）</td><td rowspan="4" colspan="2">礼仪素养<br>（20%）</td><td>着工作装、戴工作牌、化淡妆上岗</td><td>5</td><td></td><td></td><td></td></tr>
<tr><td>动作姿态遵守服务礼仪规范</td><td>5</td><td></td><td></td><td></td></tr>
<tr><td>服务礼貌语言运用流畅、准确</td><td>5</td><td></td><td></td><td></td></tr>
<tr><td>有关爱乘客、关注细节、礼貌待人的表现</td><td>5</td><td></td><td></td><td></td></tr>
<tr><td rowspan="4">专业技能<br>（40%）</td><td rowspan="2">巡视车厢</td><td>车厢秩序监护时严格执行礼仪规范</td><td>10</td><td></td><td></td><td></td></tr>
<tr><td>能够遵循礼仪原则处理异常情况</td><td>10</td><td></td><td></td><td></td></tr>
<tr><td rowspan="2">解答问询</td><td>车厢问询服务中规范作业并展示礼仪</td><td>10</td><td></td><td></td><td></td></tr>
<tr><td>关注特殊乘客服务需求并提供帮助</td><td>10</td><td></td><td></td><td></td></tr>
<tr><td rowspan="4">3</td><td rowspan="4">工作成果<br>（20%）</td><td colspan="2">学习方法</td><td>按时、准确地填写工作任务书</td><td>5</td><td></td><td></td><td></td></tr>
<tr><td colspan="2">参与程度</td><td>团队熟练配合完成工作任务</td><td>5</td><td></td><td></td><td></td></tr>
<tr><td colspan="2">思维状态</td><td>能够主动发现问题、分析问题、解决问题</td><td>5</td><td></td><td></td><td></td></tr>
<tr><td colspan="2">能力延展</td><td>服务工作体现创新之处</td><td>5</td><td></td><td></td><td></td></tr>
<tr><td colspan="5">小　计</td><td>100</td><td></td><td></td><td></td></tr>
<tr><td rowspan="2" colspan="2">综合评价</td><td colspan="2">学生自评（20%）</td><td>组间互评（30%）</td><td colspan="2">教师评分（50%）</td><td colspan="2">综合得分</td></tr>
<tr><td colspan="2"></td><td></td><td colspan="2"></td><td colspan="2"></td></tr>
</table>

## 相关知识点

### 知识点 1：车厢巡视服务内容与规范

#### 1. 服务内容

（1）车厢巡视。巡视人员需要对列车车厢内部进行仔细的检查，包括座椅、扶手、地板、窗户等是否干净、整洁，以及是否有损坏或异常现象。

（2）安全设施检查。检查车厢内的安全设施，如灭火器、紧急开门装置、紧急照明等是否完好有效，确保其能够在紧急情况下正常使用。

（3）乘客状态关注。巡视人员需要关注乘客的状态，特别是老幼病残孕等特殊乘客，及时发现并处理可能存在的安全隐患。

（4）卫生情况监督。监督车厢内的卫生情况，包括垃圾清理、卫生间清洁等，确保乘客的乘车环境整洁舒适。

### 2. 服务规范

（1）定期巡视。巡视人员需要按照规定的时间间隔进行巡视，确保车厢内的各项设施和服务始终保持在良好的状态。

（2）及时处理。对于在巡视过程中发现的问题或异常情况，巡视人员需要及时进行处理或上报，确保问题能够得到及时解决。

（3）保持专业。巡视人员应具备专业的知识和技能，能够准确判断设施设备的运行状态和异常情况，并采取正确的处理措施。

（4）提高警惕。巡视人员需要时刻保持警惕，特别是在高峰时段和客流量较大的情况下，更要加强巡视和监控，确保乘客的安全。

### 3. 工作礼仪

（1）着装规范。巡视人员应规范穿着整洁的制服，保持头发、皮肤和口腔的清洁卫生，注重仪态表现，给乘客留下良好的第一印象。

（2）语言规范。在与乘客交流时，要使用标准普通话，确保语音清晰、语速适中，避免使用粗俗或不当的语言。

（3）动作规范。在巡视走动、引导乘客、指示方位时，应姿态规范、动作标准，避免给乘客带来不便或困扰。

（4）态度热情。巡视人员应保持热情友好的态度，主动为乘客提供帮助和解答疑问，尽量满足乘客的合理需求。

（5）主动服务。巡视服务中要注重与乘客的沟通和互动，及时收集乘客的反馈和建议，以便不断改进和优化服务内容。

## 知识点2：乘客问询服务内容与规范

### 1. 服务内容

（1）列车全自动运行人工监护模式下，列车司机巡视车厢时，应礼貌回答乘客问询，根据首问负责原则及时准确给予乘客答复。

（2）列车司机巡视车厢过程中，要关注乘客的状态和需求，特别留意老幼病残孕等特殊乘客，及时解答乘客的疑问，提供必要的帮助。

（3）无论乘客的身份、年龄或需求如何，巡视人员都应给予充分的尊重和关注，为老年人、孕妇、残障人士等有特殊需求的乘客提供额外的帮助和照顾。

（4）对于身边乘客的需求或救助应第一时间给予回应，必要时及时汇报控制中心运营调度员或请求车站工作人员支援。

### 2. 服务规范

（1）巡视人员需要保持专业的态度和形象，对待乘客要热情、礼貌，解答问题要耐心、细致，对乘客提出的问题和需求给予及时、准确的回应和处理。

（2）回答乘客问询时，应面对乘客有目光交流，保持标准站姿并配以标准服务手势。

（3）当对问询内容不熟悉或不清楚时，巡视人员不能直接回答“我不知道”，应当礼貌委婉地告知乘客可以向车站工作人员咨询。

（4）当有乘客紧急求助时，巡视人员应立即汇报控制中心，并告知乘客“我是本次列车巡视人员，已将您的情况上报控制中心，因列车正在行驶中，到站后会有工作人员帮您处理，请您稍候”。

## 知识点3：应急处置服务的内容与规范

列车司机在列车全自动运行人工监护模式下巡视车厢时，如果遇到异常情况，列车司机应迅速、冷静地处理情况，维护车厢秩序、确保乘客安全。列车司机还需要具备处理突发事件的能力，能够在紧急情况下迅速做出反应，进行乘客疏散、列车救援作业，保障乘客的安全。

### 1. 列车运行异常

（1）控制中心可对车辆空调、车门、照明等设备进行远程控制，对相关故障进行远程复位。当列车发生其他故障需要列车司机处理时，司机要快速响应控制中心指令解决故障。在车厢内跑动时，应尽量避免与乘客发生冲撞。

（2）在列车遭遇紧急情况时，列车司机会在“黄金三分钟”之内快速根据控制中心指令解决故障；若全自动列车出现状况无法自动驾驶，在控制中心授权的情况下，司机会拉出警戒线，并且在一定时间内解锁操作台面板，将列车切换为手动驾驶模式。应礼貌引导驾驶区域内的乘客离开。若乘客不听劝阻，应寻求附近乘客帮助，及时建立司机室，保证列车运行安全。

（3）列车停站开门时，如遇站台门与车门未联动的异常情况，应及时采取阻止车门关闭（站台门未联动打开）或采取操作紧急解锁开关措施并及时汇报控制中心，避免出现乘客未上下列车时自动关门而导致夹人夹物现象。

（4）列车停站关门时，如遇站台门与车门未联动的异常情况，应及时汇报控制中心。

### 2. 车厢秩序异常

（1）列车司机巡视车厢时应注意力集中，保持高度的警觉性和责任心，发现有异常情况，立即报告控制中心调度员，就近通知站台安全员并协助车站处理。

（2）发现车厢内乘客的违规或不文明行为，如饮食、音乐外放、乞讨、卖艺、乱扔垃圾、损坏车内设施等，应及时制止或汇报调度员请求援助。

（3）遇车厢内发生乘客纠纷、乘客受伤等乘客事务，或是发现可疑物品，应立即使用手持电台通知站台岗、车控室协助处理。

### 3. 紧急情况处置

（1）乘客解锁车门、车门故障非正常开启后，能够及时到达车厢现场确认有无人员及物品跌落轨行区；礼貌询问乘客解锁车门的原因，安抚乘客并维护现场秩序。

（2）能够使用手持电台通知较近车站进行人员疏散，包含站内疏散和区间疏散，以及通知车站协助清客。区间疏散时，司机需等待车站站务人员到达现场后，协同配合引导乘客下车疏散。

（3）进行一般疏散和紧急疏散时，能够确认乘客全部离开车厢和轨行区。司机应待所有人员疏散后，跟随乘客进行疏散。

## 巩固与练习

### 一、填空题

1. 在列车全自动运行模式下，列车司机需要在车厢内巡视，做好________、________、乘客服务以及应急处置等工作。

2. 列车全自动运行人工监护模式下，列车司机巡视车厢时，应礼貌回答乘客问询，根据________及时准确给予乘客答复。

3. 列车司机在列车全自动运行人工监护模式下巡视车厢时，如果遇到异常情况，列车司机应迅速、冷静地处理情况，维护________、确保乘客安全。

### 二、思考题

无人驾驶全自动列车的开行让列车司机岗位职能发生了重大变化。车辆正常运行过程中，司机要充当列车的巡检员，巡视列车设备，保障运行状态良好，防止人为破坏列车。巡视车厢过程中，要充当乘客服务员，为乘客提供简单的出行咨询服务，提升乘客服务质量。当遇到特殊情况时，司机又要做回驾驶员，负责列车驾驶和应急处置。这种多职能岗位工作中需要运用哪些礼仪原则？

# 任务二　列车广播礼仪运用

## 任务引入

### 天津地铁使用新版列车广播

2023年初，天津轨道交通运营集团新版列车广播在4、5、6、9、10号线投入使用，并邀请天津交通广播主持人录制广播。有用信息不用等待，新版列车广播对原有功能信息、温馨提示等内容进行了精炼优化，针对“到站信息”“安全提示”“文明倡导”，广播顺序根据乘车习惯进行了逻辑整合，提升乘客信息获取效率；关键信息“划重点”，针对换乘站增加进入车厢后的本线路信息提示，同时结合列车到站开门方向变化定点增加“不要倚靠车门”提示频次，提升乘客安全高效出行体验；英文信息更标准，本次还对部分线路的“换乘方式”“温馨提示”等英文用语进一步完善和整合，英文表述更加规范。

天津轨道交通运营集团客运管理部工作人员介绍：本次列车广播方案优化，结合天津地铁实际，听取了市民、专业人士等多方的建议，在原广播词基础上进行了逐字梳理，新版广播相比较以前更加简练、提示更为精准。

## 任务描述

列车客运广播是城市轨道交通客运服务的重要组成部分，地铁列车广播主要包括：列车报站广播、安全与宣传广播、应急广播。地铁列车在区间运行过程中的列车报站广播主要是列车进出站、前方停站、到站信息等。通常，列车报站广播的播报采用全自动广播模式。此外，列车运行时还可以适当插播文明礼仪、安全提示、广告等内容。列车运行过程中，当发生紧急情况时，列车司机或控制中心调度员通过广播向乘客通告列车运行以及安全、向导等服务指示信息，引导疏散乘客。

列车广播礼仪运用学习情境教学设计见表4-2-1。

**表 4-2-1　列车广播礼仪运用学习情境教学设计**

| 序号 | 子任务情境 | 子任务描述 |
|---|---|---|
| 1 | 自动广播礼仪运用 | 了解自动语音广播服务的类型及操作规范，熟悉自动语音广播的功能及礼仪原则，能够规范操作列车语音广播 |
| 2 | 人工广播礼仪运用 | 了解人工广播服务的类型及常见内容，熟悉人工广播的功能及礼仪原则，能够进行列车人工广播 |

## 任务计划

1. 阅读工作任务书，进行列车广播服务工作准备。

2. 收集《城市轨道交通运营管理规定》《城市轨道交通客运服务规范》《城市轨道交通客运组织与服务管理办法》《1+X城市轨道交通乘务职业技能标准》《城市轨道交通列车司机职业技能鉴定标准》中有关广播服务工作标准的知识。

3. 结合任务书分析列车广播服务工作中礼仪运用的方法与技巧。

## 任务实施

### 一、自动广播礼仪运用

自动广播礼仪运用任务单见表4-2-2。

**表 4-2-2　自动广播礼仪运用任务单**

| 任务编号 | 4-2-1 | 任务名称 | 自动广播礼仪运用 | | |
|---|---|---|---|---|---|
| 班　　级 | | 组　　号 | | 姓　　名 | |
| 任务目标 | 素养目标 | 1. 树立品牌服务意识，增强客运服务技能。<br>2. 持续培养安全责任意识和为民服务意识 | | | |
| | 知识目标 | 1. 熟悉列车自动广播服务的类型与内容。<br>2. 掌握列车自动广播服务的礼仪规范 | | | |
| | 技能目标 | 1. 规范操作列车自动语音广播内容。<br>2. 创新列车语音广播的服务内容 | | | |

**任务内容**

独立承担任务，模拟地铁列车自动广播的流程与内容，并填写下面表格中的服务礼仪内容：

| 步　骤 | 服 务 类 型 | 广播流程与内容 | 礼 仪 要 点 |
|---|---|---|---|
| 1 | | | |
| 2 | | | |
| 3 | | | |

引导问题 1：地铁列车广播主要包括______________广播、______________广播和______________广播。

引导问题 2：地铁列车在非自动驾驶模式下，列车广播报站有______________报站、手动报站和______________广播报站三种报站方式。

引导问题 3：为了保障乘客乘车的安全与权益，地铁列车广播______________的编写和使用是至关重要的。

引导问题 4：地铁列车自动语音广播应定期更新，不断优化广播音量、广播语音语调、广播时机，使用更加简洁的______________，更加专业的英文广播，为乘客打造更加舒适的乘车环境。

引导问题 5：通过车厢内的宣传标语、______________等多种方式向乘客宣传，严禁在车厢内攀爬、悬吊、睡卧、追逐、打闹等。

**小提示**

列车广播播音的礼仪规范：

（1）播音语言清晰、流畅。广播员应使用标准普通话及英语播报信息，语言表达规范、准确，口齿清晰。语调应亲切，音量要适中。

（2）广播内容准确、规范。列车广播应以保障乘客的安全和权益为准则，对列车运行方向、到站、越站等信息要做准确广播，对安全乘车注意事项要做明确提醒。

（3）广播频次科学、适度。根据列车运行速度、站间距离、播音语速等条件，科学编排列车广播的顺序、内容，提升乘客信息获取效率，避免频次过高造成乘客听觉体验不适。

（4）广播服务功能优化。列车广播是客运服务的重要环节，发挥着乘客沟通与信息传递的重要作用。除列车运行信息播报、换乘信息提示、安全乘车提示与紧急疏散指引之外，列车广播还可以增加文明行为倡导、城市文化宣传的内容，丰富列车广播的功能。

引导问题 6：无人驾驶全自动列车的语音广播与常规地铁列车语音广播有何不同，需要遵循哪些广播操作规范及服务礼仪？________________________________________________________

____________________________________________________________

____________________________________________________________

____________________________________________________________

**小提示**

无人驾驶全自动列车全线运行状态及列车广播由控制中心集中调度操作，与常规地铁线路列车“本地广播”不同，无人驾驶全自动运行线路不设置车站车控室，列车广播及车站广播均集中由控制中心进行远程广播。列车语音广播的操作规范如下：

（1）列车在始发站发车前，除人工驾驶模式外，列车司机应确认列车信号系统报站显示与运行交路一致，发现异常和错误时应及时汇报运营调度员。

（2）报站器报站时，列车司机应加强监听，并注意显示屏上站名显示。除人工驾驶模式外，列车司机发现报站错误时，应及时采用人工广播更正。人工驾驶模式时，列车司机发现报站错误时，应立即向运营调度员汇报，并根据调度命令执行。

（3）当列车报站器发生故障无法使用时，除人工驾驶模式外，列车司机应及时通过人工广播进行报站，人工报站应使用普通话，做到声音清晰、语气平和、用语规范。人工驾驶模式时发生列车报站器故障无法使用时，列车司机应向运营调度员汇报，根据调度命令执行。

（4）当遇到列车故障、清客、越站等特殊情况或其他信息发布时，列车司机应确认自动广播内容与实际情况是否一致，若与实际情况不符，应及时报告运营调度员，根据调度命令执行。

## 二、人工广播礼仪运用

人工广播礼仪运用任务单见表 4-2-3。

**表 4-2-3　人工广播礼仪运用任务单**

| 任务编号 | 4-2-2 | 任务名称 | 人工广播礼仪运用 | | |
|---|---|---|---|---|---|
| 班　级 | | 组　号 | | 姓　名 | |
| 任务目标 | 素养目标 | 1. 锻炼现场快速反应与应对的职业素养。<br>2. 培养安全责任意识和安全防范敏感度 | | | |
| | 知识目标 | 1. 熟悉列车人工广播服务的类型与内容。<br>2. 掌握列车人工广播服务的礼仪规范 | | | |
| | 技能目标 | 1. 规范进行地铁列车的人工广播。<br>2. 快速设计规范、明确的广播用语 | | | |

**任务内容**

独立承担工作，模拟地铁列车人工广播服务的流程与内容，并填写以下表格中的服务礼仪内容：

| 步　骤 | 服务类型 | 广播流程与内容 | 礼仪要点 |
|---|---|---|---|
| 1 | | | |
| 2 | | | |
| 3 | | | |

**引导问题 1：**当列车广播自动播报出现故障时，如未播报、报错站、报站不完整等，需要临时转为＿＿＿＿＿＿模式。

**引导问题 2：**发生险情需要区间紧急疏散时，司机播放人工广播，指导乘客远离事发车厢，提醒乘客勿擅自触动＿＿＿＿＿＿，听从工作人员引导。

**引导问题 3：**当列车临时停车时，司机应播放人工广播，告知乘客列车临时停车状态，并礼貌地请求乘客＿＿＿＿＿＿。

**小提示**

列车人工广播服务的操作规范与礼仪要求包括：

(1) 人工广播由司机操作，严禁非司乘人员操作。

(2) 人工广播必须根据实际需要选择适当的播放时机，准确地播放内容。

(3) 进行人工广播时，驾驶室人员不得喧哗、大声说笑。

(4) 人工广播时，要使用普通话播音，语调要平稳圆润、音量适中、发音准确、声音清亮。

(5) 在紧急情况下，如火警或紧急停车，广播员应使用标准的语速和语调，并在语音中加以强调，以确保乘客能够迅速理解并做出应对。

(6) 无人驾驶全自动列车车厢内设置有乘客对讲系统（紧急报警器），当发生突发状况时，乘客可以通过操作对讲系统寻求帮助。控制中心调度员可以通过人工广播与乘客交流，及时掌握现场动态情况。

(7) 在广播过程中，广播员应尊重乘客的隐私权，避免播报涉及个人隐私的信息。

## 任务评价

列车广播服务礼仪运用训练任务完成后，需对每位同学的任务完成情况进行评价。任务评分表见表 4-2-4。

**表 4-2-4　列车广播礼仪运用任务训练评分表**

| 序号 | 评价内容 | 评价标准 | 分值 | 评分记录 | | |
|---|---|---|---|---|---|---|
| | | | | 学生自评 | 组间互评 | 教师评分 |
| 1 | 工作态度（20%） | 无无故迟到、早退、旷课现象 | 5 | | | |
| | | 能够认真完成个人训练任务 | 5 | | | |
| | | 能够独立分析问题并提出解决方案 | 5 | | | |
| | | 能体现耐心工作、主动服务的职业意识 | 5 | | | |

续上表

<table>
<tr><th rowspan="2">序号</th><th colspan="3" rowspan="2">评 价 内 容</th><th rowspan="2">评 价 标 准</th><th rowspan="2">分值</th><th colspan="3">评 分 记 录</th></tr>
<tr><th>学生自评</th><th>组间互评</th><th>教师评分</th></tr>
<tr><td rowspan="8">2</td><td rowspan="8">工作过程（60%）</td><td colspan="2" rowspan="4">礼仪素养（20%）</td><td>着工作装、戴工作牌、化淡妆上岗</td><td>5</td><td></td><td></td><td></td></tr>
<tr><td>动作姿态遵守服务礼仪规范</td><td>5</td><td></td><td></td><td></td></tr>
<tr><td>服务礼貌语言运用流畅、准确</td><td>5</td><td></td><td></td><td></td></tr>
<tr><td>有关爱乘客、关注细节、礼貌待人的表现</td><td>5</td><td></td><td></td><td></td></tr>
<tr><td rowspan="4">专业技能（40%）</td><td rowspan="2">自动广播</td><td>规范地播报列车自动语音广播内容</td><td>10</td><td></td><td></td><td></td></tr>
<tr><td>能够设计语音广播的创新服务项目</td><td>10</td><td></td><td></td><td></td></tr>
<tr><td rowspan="2">人工广播</td><td>规范地进行地铁列车的人工广播</td><td>10</td><td></td><td></td><td></td></tr>
<tr><td>快速设计规范、明确的广播用语</td><td>10</td><td></td><td></td><td></td></tr>
<tr><td rowspan="4">3</td><td rowspan="4">工作成果（20%）</td><td colspan="2">学习方法</td><td>按时、准确地填写工作任务书</td><td>5</td><td></td><td></td><td></td></tr>
<tr><td colspan="2">参与程度</td><td>个人熟练完成工作任务</td><td>5</td><td></td><td></td><td></td></tr>
<tr><td colspan="2">思维状态</td><td>能够主动发现问题、分析问题、解决问题</td><td>5</td><td></td><td></td><td></td></tr>
<tr><td colspan="2">能力延展</td><td>服务工作体现创新之处</td><td>5</td><td></td><td></td><td></td></tr>
<tr><td colspan="5">小　计</td><td>100</td><td></td><td></td><td></td></tr>
</table>

<table>
<tr><td rowspan="2">综合评价</td><td>学生自评（20%）</td><td>组间互评（30%）</td><td>教师评分（50%）</td><td>综合得分</td></tr>
<tr><td></td><td></td><td></td><td></td></tr>
</table>

## 相关知识点

### 知识点 1：自动广播的服务类型与礼仪规范

#### 1. 列车报站广播

地铁列车在非自动驾驶模式下，列车报站广播有自动报站、手动报站和人工广播报站三种报站方式。自动报站需要司机在始发站设置好起点站、终点站、上下行方向，列车根据车辆速度、开关门信息完成系统语音文件调用和报站。列车自动广播报站主要依靠一系列信号技术，在固定位置如列车出站后 50 m、进站前 300 m 时，自动触发报站；或者检测列车运行速度触发报站，如列车速度大于 5 km/h 时开始报出站广播，列车速度小于 25 km/h，开始播放到站广播。自动报站故障情况下才会用到手动报站。手动报站是司机每次进、出站时手动点击广播控制器选择站名来调用系统报站语音文件。人工广播报站是在设备故障且无法自动或者手动报站的情况下，司机通过广播话筒口播站点，是最原始的报站方式，也是列车广播报站的最后一道“屏障”。

列车报站广播内容如下（以南京地铁 7 号线列车报站广播为例）：

（1）始发站开车后的广播：

“各位乘客，本次列车开往应天大街站。”

（2）××站到站前广播：

“××站到了，请从列车前进方向左侧车门下车，下车请注意安全/此站可换乘 10 号线。”

（3）××站开车后的广播：

“本次列车开往西善桥站，请给老幼病残孕及需要帮助的乘客让个座。”

“前方到站××站，请不要倚靠车门，请从列车前进方向左侧车门下车。列车到站时先下后上、有序乘车，此站可换乘 10 号线。”

（4）终到站抵达前广播：

“前方即将到达本次列车终点站应天大街站，请从列车前进方向左侧车门全部下车。”

“终点站西善桥站到了，请带清随身物品，请从列车前进方向左侧车门全部下车。欢迎您再次乘坐南京地铁。”

### 2. 安全与宣传广播

为了保障乘客人身安全和地铁列车安全运行，可以利用列车语音广播做安全提示，提醒乘客有序乘车、自觉维护良好乘车秩序。

（1）安全提示广播举例：

①上下车提示：“为了您的安全，警示灯闪烁及警示声响起时，请勿强行上下列车。”“下车时请注意列车与站台间的缝隙，出站时请有序出站，不在电梯口、楼梯口处聚集。”

②换乘站提示：“各位乘客，××站是换乘站，换乘站客流较大，请您提前换到车门处，文明有序乘车。”

③倚靠车门提示：“各位乘客，乘车时，请不要倚靠或手扶车门，谢谢您的配合。”

（2）文明乘车宣传举例：

①文明行为倡导：“各位乘客，尊老爱幼是中华民族的传统美德，乘车时，请您主动给老人、儿童、孕妇让座，不用行李占座。”“各位乘客，请自觉爱护车厢环境，车厢内请勿躺卧、踩踏座位。”

②车厢秩序维护：“乘客们，遇到行乞、发广告等违规行为，请主动拒绝。”“各位乘客，营造舒适乘车环境，车厢内禁止饮食、吸烟，使用电子设备时，请勿外放声音。”

③城市文化宣传：“知音湖北，遇见无处不在。湖北文旅提醒您，下一站武汉火车站。”“前方即将到达本次列车的终点站中国药科大学站，请从列车前进方向右侧车门全部下车。岁月匆匆、唯愿总相逢，南京地铁祝福毕业生毕业快乐，愿大家去更远的地方，见更亮的光。”

### 3. 应急广播

应急广播是在列车运行中出现紧急情况时使用的广播信息，包括区间清客、疏散乘客等情况的广播。“各位乘客请注意，列车无法继续前行，请乘客前行到车头方向，按照工作人员引导去往下一站。”“各位乘客，因发生紧急情况，请各位乘客按照工作人员的指示，有序离开。请注意安全，不要拥挤。”

特殊情况下，列车司机须按规定播放列车自动应急广播；如需人工广播，司机须按要求内容、时机等进行播放。在有自动广播内容的情形下，严禁用人工广播。

遇有大客流或其他突发事件时，应及时播报列车运行时间、停靠站点的变更信息。紧急通知须循环播报，以辅助客运人员提高乘客引导疏散、维护乘车秩序的工作效率。必要时还须增加人工广播，加强人流分散疏导及安全提醒。

当自动广播发生故障无法正常使用时，列车司机应做好人工广播通知，及时通告站名和到开时刻，避免乘客上错车、坐过站。运行途中通过人工广播向乘客宣传乘车须知和安全注意事项。

## 知识点 2：人工广播的服务类型与礼仪规范

### 1. 发生紧急情况时

在紧急情况下，例如发生大客流、临时停车或火灾等突发情况，列车广播应立即通过人工广播进行信息播报，准确告知乘客事件发生情况，安抚乘客的心情，或者对乘客进行及时有效的疏导和指引。

（1）前方车站大客流须越站行驶时："各位乘客请注意，由于列车运行调整，本次列车将在通过××站时不停车，请勿擅自打开车门，不便之处，敬请谅解。"

（2）列车行驶中发生故障临时停车时："各位乘客，列车发生故障，目前正在加紧抢修，预计×分钟后可以恢复行车。不便之处，敬请谅解。"

（3）列车突发险情需要进行紧急疏散时："各位乘客请注意，由于列车发生险情，需要进行紧急疏散，请您不要惊慌，从打开的车门有序地离开车厢。""各位乘客请注意，由于列车发生险情，需要进行紧急疏散，请您不要惊慌，听从工作人员的安排，从列车两端的逃生门有序离开，并步行前往车站，注意安全。"

### 2. 乘客紧急呼叫时

车厢内有突发情况时，乘客可以启动车门旁的紧急呼叫装置，与列车司机进行实时交流。司机要先表明身份并礼貌地询问乘客，了解事发情况，确认具体位置，依据严重程度判断是否可以到下一站进行处理。同时要做好安抚："您好，我已清楚事情的情况并上报了控制中心，列车进站后将有工作人员帮您处理，请您稍候。"

### 3. 自动广播故障时

当列车广播自动播报出现故障时，如未播报、报错站、报站不完整等，需要临时转为人工广播模式。

## 巩固与练习

### 一、填空题

1. 列车广播应以保障乘客的________________为准则，对列车运行方向、到站、越站等信息要做准确广播，对安全乘车注意事项要做明确提醒。

2. 列车广播应始终以________________、________________的语言传递重要的信息，不得带有模棱两可或歧义的词句。

3. 列车广播应不断优化________________，可以在报站信息中增加周边景点、医院、院校、公共服务机构、200 m 范围地标建筑等非商业站点信息提示。

### 二、案例分析题

北京地铁列车广播有许多"专属语音"，例如，实行"双温车厢"期间，在列车上对强冷车厢、弱冷车厢的车厢位置进行广播说明，提示乘客按需选择；为防止乘客错过末班车，车站会在末班车即将进站时提示乘客提前做好准备。

自 2024 年 5 月 1 日起，北京地铁在北京站、北京西站等"七站两场"车站，什刹海、王府井等景点车站以及首都机场线东直门站等 15 座车站增设了个性化指引广播，根据车站不同情况，增加了交通接驳引导信息和车站周边的出行引导信息，满足不同车站乘客集中的出行引导需求。

北京地铁列车与车站的定制广播会按照不同播放时机及播放频次进行播放，为乘客出行提

文本

项目四答案

供更加明确、精准的信息和帮助，提升乘客信息获取效率。遇临时情况，列车与车站也可以视现场客流组织适时启用或切换个性化广播。

请思考：

地铁列车广播在改进地铁便民服务措施、提升乘客优质服务体验方面可以发挥哪些重要作用？结合上述材料中北京地铁的创新举措，谈谈你的理解。

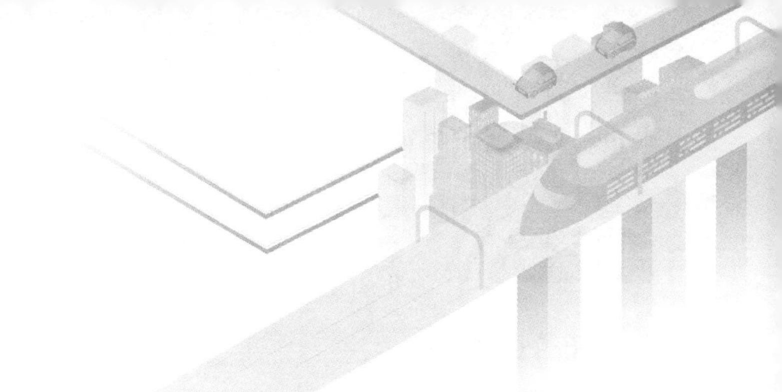

# 项目五

# 特殊乘客服务

## 知识结构

- 特殊乘客服务
  - 老幼孕乘客服务
    - 老幼乘客服务
      - 了解老幼乘客的出行需求
      - 为老幼乘客提供协助服务
      - 提供无障碍服务设施
    - 孕婴乘客服务
      - 了解孕妇乘客的心理需求
      - 提供爱心预约服务
  - 患病与残障乘客服务
    - 患病乘客服务
      - 服务流程与内容
      - 服务要点与禁忌
    - 爱心助残服务
      - 爱心接力服务的内容与规范
      - 提供智慧化助残服务设施

特殊乘客通常是指在城市轨道交通乘客运输工作中，由于他们的身份、年龄、健康状况或其他特殊情况，而需要特别关注或照顾的乘客。这些特殊乘客包括但不限于老人、儿童、孕妇、病人、残障人士或携带特殊物品的乘客等。特殊乘客服务的内容广泛且细致，旨在确保所有乘客，特别是那些有特殊需求的乘客，能够安全、便捷地乘坐地铁。

本项目主要介绍特殊乘客地铁出行服务的内容和礼仪要求。由2个学习任务构成，包括：老幼孕乘客服务、患病与残障乘客服务。通过本项目的学习，学生能够理解城市轨道交通关爱特殊乘客的服务理念，体会“爱心服务”对保障特殊乘客地铁出行安全的作用，掌握地铁“爱心服务”的内容与规范，展示城市轨道交通企业优质服务品牌形象。

具体能够达到以下学习目标：

- 素养目标：关爱特殊乘客，弘扬正能量，展现社会责任担当；设计便民出行设施与服务，提升企业品牌形象。
- 知识目标：熟悉特殊乘客的类型与地铁出行服务的主要内容；熟悉地铁车站无障碍服务设施的类型与使用方法；掌握特殊乘客服务的礼仪规范。
- 技能目标：能够执行特殊乘客服务标准；正确操作使用车站内无障碍设施；运用智慧服务设备提升助残服务质量。

# 任务一 老幼孕乘客服务

## 任务引入

### 郑州地铁特殊乘客服务亮品牌

为进一步提升老年人的出行体验，郑州地铁从老年人地铁出行的细节需求出发，不断优化设施改造、服务提升，致力于为老年人提供安全、便捷、舒适、温馨的无障碍出行服务。2023年7月7日，郑州地铁“爱心预约”乘车服务正式上线，需要预约服务的乘客需提前24 h进行预约，打开微信“郑州地铁”公众号选择“地铁服务”—“预约服务”，或从“郑州地铁服务”微信小程序进入预约页面，完善带“*”的信息后即可预约。针对老年群体，车站贴心地提供了针线盒、老花镜、写字板、换乘手卡、便民服务卡等物品（图5-1-1），满足多样化的出行需求。此外，线网各车站的客服中心提供各项细致周到的服务，包括咨询、兑零、购票、热水等，以帮助老年乘客轻松便捷地出行。

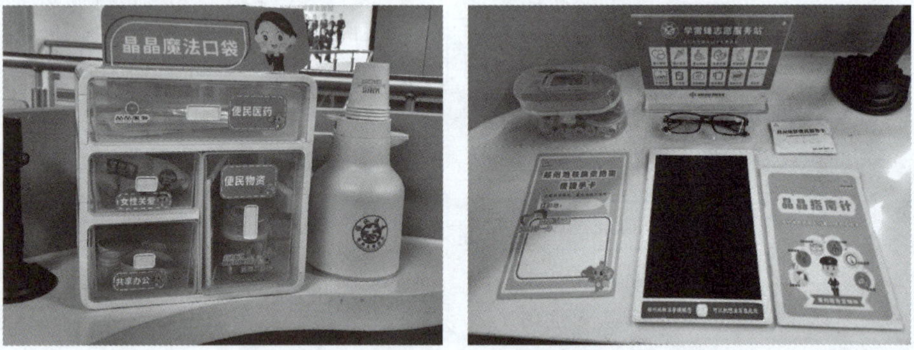


图5-1-1　郑州地铁车站为老年人提供专属服务

寒假结束，“神兽”归笼，郑州地铁通过密切关注客流变化、科学调配运能、提供预约服务、增设志愿者流动服务等多项暖心服务措施，做好开学季客运服务工作。大客流车站有志愿者为乘客提供出行咨询、路线指引、客流疏导、购票及进出站指引等服务。线网车站均配备手推车，如有需要，车站工作人员可为乘客提供爱心手推车推送行李服务，帮助携带大件行李的乘客顺利乘车。在部分交通枢纽站边门处设置“绿色通道”，为携带大件行李的乘客及时开启边门，帮助乘客顺利进出站。在开学返程高峰时间安排重点电扶梯专职引导员，引导携带大件行李、抱小孩的乘客、老年乘客乘坐无障碍电梯。

定制化提供“晶晶指南针”服务。郑州地铁1号线定制化提供“晶晶指南针”服务，“晶晶指南针”服务是集乘客问询解答、购票指引、困难帮扶三项服务于一体的综合“移动式服务”。为乘客解答出行疑惑，为外籍乘客提供双语服务，主动为学生群体、老年人、行动不便的乘客等提供帮助。

设置晶晶温馨“路引便利贴”。郑州地铁在二七广场站、郑州火车站的客服中心处设置“您要往哪走，晶晶来指引”乘车路径指引便利贴，针对郑州市地标建筑、旅游景点等乘客经常询问的站点，制作乘车路径指引，乘客可根据需求取走路引便利贴，便利贴设计精美、易于保存。

## 任务描述

老人与儿童相对于一般成年乘客而言，出行特点与服务需求具有明显独特性，对地铁出行服务的人工依赖性更强。老年乘客在地铁出行中更加注重安全和稳定，需要地铁车站提供完善的无障碍设施和紧急求助设备来保障其安全。儿童的安全意识较弱，家长陪同出行的依赖性高，需要地铁工作人员加强安全教育和提醒，确保他们在乘坐地铁时的安全。

老幼孕乘客服务学习情境教学设计见表 5-1-1。

表 5-1-1　老幼孕乘客服务学习情境教学设计

| 序号 | 子任务情境 | 子任务描述 |
|---|---|---|
| 1 | 老幼乘客服务 | 熟悉特殊乘客的类型，熟悉老年、儿童乘客的出行特点与需求，熟悉地铁车站无障碍服务设施的类型，树立便民服务意识 |
| 2 | 孕婴乘客服务 | 熟悉母婴服务的内容与规范；准确分析孕妇乘客的心理需求；为孕妇、母婴乘客提供帮助时关注礼仪要点 |

通过任务训练，学生能够掌握老幼孕特殊乘客地铁选择出行服务的相关知识，熟悉老幼孕特殊乘客的出行服务需求与心理，掌握为其服务的方法，达到城市轨道交通服务员国家职业技能标准中，城市轨道交通站务员（五级/四级/三级）技能要求。

## 任务分组

老幼孕特殊乘客服务任务训练分组与分工安排见表 5-1-2。

表 5-1-2　学生任务分配表

| | | | | | |
|---|---|---|---|---|---|
| 班　　级 | | 组　　号 | | 指导老师 | |
| 组　　长 | | 学　　号 | | 小组人数 | |
| 组　　员 | | | | | |
| 任务名称 | | | | | |
| 任务分工 | | | | | |
| 备注说明 | | | | | |

## 任务计划

1. 阅读工作任务书，填写任务分配表，进行老幼孕特殊乘客服务工作准备。

2. 收集《城市轨道交通运营管理规定》《城市轨道交通客运服务规范》《城市轨道交通客运组织与服务管理办法》《1+X 城市轨道交通站务职业技能标准》《城市轨道交通站务员职业技能鉴定标准》《城市轨道交通无障碍运营服务规范》中有关老幼孕特殊乘客服务工作标准的知识。

3. 结合任务书分析老幼孕特殊乘客服务礼仪运用的难点和常见问题。

## 任务实施

### 一、老幼乘客服务

老幼乘客服务任务单见表 5-1-3。

**表 5-1-3　老幼乘客服务任务单**

| 任务编号 | | 任务名称 | 老幼乘客服务 | | |
|---|---|---|---|---|---|
| 班　级 | | 组　号 | | 姓　名 | |
| 任务目标 | 素养目标 | 1. 关注乘客出行需求，强化便民服务意识。<br>2. 增强安全风险的识别与防范能力 | | | |
| | 知识目标 | 1. 熟悉老年乘客地铁出行的特点与需求。<br>2. 熟悉儿童乘客地铁出行的特点与需求。<br>3. 熟悉地铁车站无障碍服务设施的类型 | | | |
| | 技能目标 | 1. 能够主动为老年乘客提供乘车帮助。<br>2. 能够关注并提醒儿童乘客安全乘车 | | | |

视频

老幼乘客服务礼仪运用

**任务内容**

某地铁站内，一名老年乘客带着 3 名身高均不满 1.3 m 的儿童准备进站，至票亭询问工作人员，要求从边门进站。工作人员拒绝乘客请求，并告知其必须从闸机刷卡进站。而后由于人数较多且儿童个头较小，其中一个儿童险些被扇门夹住。

请扫描二维码，观看教学视频。

小组分配角色，模拟城市轨道交通车站老年乘客、儿童乘客进出站服务过程，并填写下面表格中的服务内容。

| 类　别 | 出 行 特 点 | 服 务 要 点 |
|---|---|---|
| 老年乘客 | | |
| 儿童乘客 | | |

**引导问题 1：** 地铁车站内应设置清晰的________________和乘车指引，帮助儿童及其家长快速找到目的地。

**引导问题 2：** 在地铁车站和车厢内设置紧急求助________________，确保老年乘客在遇到紧急情况时能及时求助。

**引导问题 3：** 对于行动不便的老年乘客，地铁工作人员应提供必要的________________，确保其安全乘车。

**引导问题 4：** 地铁车站的便民服务设备设施主要包括：商业服务设备设施，如自助售货机、ATM 机、自助照相机、自助充值机、自助售药机等和车站自配的服务设备设施，如洗手间、母婴室、意见箱、轮椅踏板、轮椅、担架、药箱、________________等。

**引导问题 5：** 地铁车站有哪些无障碍服务设施？________________________________

________________________________________________

________________________________________________

**小提示**

地铁无障碍服务设备设施是地铁企业为特殊乘客群体（如老年人、残障人士、推婴儿车的乘客等）提供的便利设施（图 5-1-2～图 5-1-7）。例如：

| 服务设施介绍 | 服务设施图例 |
|---|---|
| 无障碍坡道板：各站站内均设置有无障碍坡道板，方便特殊乘客上下车，搭建起列车与站台之间的“无障碍爱心桥梁”。同时，在车站无障碍电梯处增加无障碍坡道提示标志。 | <br>图 5-1-2　无障碍坡道板 |

| 服务设施介绍 | 服务设施图例 |
|---|---|
| 爱心轮椅：车站的站台设有爱心轮椅，有需要的乘客可以通过地铁“爱心预约”功能或联系车站工作人员使用。 | <br>图 5-1-3　爱心轮椅 |
| 爱心座椅：车站的站台设置有爱心候车座椅，方便乘客候车时使用；列车车厢内设置有爱心座椅，满足老人、孕妇、行动不便人士等乘客的乘坐需求。 | <br>图 5-1-4　列车车厢爱心座椅 |
| 无障碍电梯：车站的出入口、站厅、站台均设有无障碍电梯，电梯内部配备有扶手、低位按钮和盲文指引，以及语音报层提示信息，方便行动不便或携带小推车的老年乘客使用。如果携带东西较多，进出站不方便时，可以联系车站工作人员帮忙。 | <br>图 5-1-5　无障碍电梯 |
| 无障碍升降平台：对于没有无障碍电梯的出入口，地铁站点会配备升降平台。由轨道和升降台板组成的简易“小电梯”，帮助残障人士、老年人或其他行动不便人士上下楼梯。 | <br>图 5-1-6　无障碍升降平台 |

| 服务设施介绍 | 服务设施图例 |
| --- | --- |
| 无障碍卫生间：地铁站点内设置无障碍卫生间，配备专用洁具、安全扶手及紧急呼叫装置，为残障人士、老年人等特殊群体提供便利。 | <br>图 5-1-7　无障碍卫生间 |

引导问题 6：《城市轨道交通无障碍运营服务规范》（GB/T 44718—2024）规定：城市轨道交通运营单位应通过车站________途径公布本站无障碍卫生间、轮椅坡道、盲道、无障碍电梯、楼梯升降机/无障碍升降平台、宽通道闸机、母婴室等无障碍设施的位置；通过服务热线、互联网、移动互联网应用程序等途径提供线网内上述无障碍设施具体位置及状态（正常使用或维修等）的查询服务。

小案例

**帮助乘客找到走散的儿童**

2021 年 6 月 12 日，一名小男孩在南京南站地铁站上车时与家人走散。油坊桥站接到南京南站地铁站电话通知后，车站工作人员通过上车喊寻，成功找到小男孩并将其带下列车。此时小男孩情绪紧张，不断哭泣，车站工作人员陪伴并安抚其情绪。在工作人员陪同男孩一个多小时后，男孩父亲赶到车站来接孩子，并不断向车站工作人员表示感谢。

拓展思维

面对儿童乘客时，地铁工作人员可以有哪些个性化服务内容？________________________________________

________________________________________________________________________________

________________________________________________________________________________

________________________________________________________________________________

________________________________________________________________________________

拓展训练

如果一座地铁车站地处老城区，平日里老年乘客较多。车站旁 2 km 处有一所小学，周边十字路口有多个公交站点，十多条公交线路。请你从服务信息收集和注重老年、学生乘客的服务入手，为这座车站设计一份简要的客运服务方案（包括相应的便民用品配备设计）。

## 二、孕婴乘客服务

孕婴乘客服务任务单见表 5-1-4。

表 5-1-4　孕婴乘客服务任务单

| 任务编号 | | 任务名称 | 孕婴乘客服务 | | |
| --- | --- | --- | --- | --- | --- |
| 班　　级 | | 组　　号 | | 姓　　名 | |
| 任务目标 | 素养目标 | 1. 树立便民服务意识，展示良好职业风范。<br>2. 增强安全风险的识别与防范能力 | | | |
| | 知识目标 | 1. 熟悉孕妇乘客的出行需求。<br>2. 熟悉母婴服务的内容与规范 | | | |
| | 技能目标 | 1. 准确分析孕妇乘客的心理需求。<br>2. 为孕妇及母婴乘客提供帮助时把握礼仪要点 | | | |

任务内容

### 北京地铁“爱心预约”服务

自 2023 年 1 月至 2024 年 2 月，北京地铁“爱心预约”总预约量达到 2 394 单，其中孕妇预约量 1 832 单。小小预约服务，为孕妇出行增添了更多温度和安全感。许多孕期妇女有通勤需求，车站在接到预约后，都会提前上好闹铃，准时准点等待乘客到来。也会在客流量较大时间段为孕妇专门开启“爱心进站通道”，并依据车站升降直梯位置，协助乘客进出站或到达站台候车。列车进站后，工作人员还会将孕妇送上车并招呼其他乘客为孕妇乘客让个座。车站会提前通知“爱心预约”乘客经过的换乘站和终点站，提供完善且专业的无障碍接续服务。

小组分配角色，模拟地铁车站为孕妇及母婴乘客提供“爱心预约”服务的工作流程与内容，并完成下面表格中的服务礼仪内容。

| 类　型 | 服 务 内 容 | 礼 仪 要 点 |
|---|---|---|
| 孕妇乘客 | | |
| 母婴乘客 | | |

**引导问题 1**：许多城市的地铁站都已提供“孕妈徽章”服务，方便孕妇乘客被工作人员及其他乘客辨识，并享受____________服务。

小案例

### 广州地铁“准妈咪徽章”

“准妈咪徽章”是广州地铁于 2014 年母亲节之际推出的服务措施，让准妈咪们搭地铁有了自己的“通行证”，更轻松地获得车站提供的绿色服务，包括客流管控期间专属绿色通道、站台排队优先上车、车站工作员工主动指引帮扶等。准妈咪乘车过程中，佩戴“准妈咪徽章”有助于其他乘客识别，在需要帮助时给予帮助。2021 年 6 月，广州地铁推出“电子版”准妈咪徽章（图 5-1-8）。截至 2022 年 5 月，实体“准妈咪徽章”已派发 10 万余枚徽章。“电子版”准妈咪徽章超过 1 万 5 千人次注册申领。

图 5-1-8　广州地铁推出“电子版”准妈咪徽章

**引导问题 2**：孕妇在乘坐地铁时，首要的需求是确保自身和胎儿的____________。这包括避免拥挤、防止摔倒、减少长时间站立等。

**引导问题 3**：孕妇的身体状况较为特殊，需要更多的____________。在乘坐地铁时，她们可能更容易感到疲劳、不适或需要紧急救助。

**引导问题 4**：部分地铁站点设置____________和家庭卫生间，为带婴儿出行的家长和需要特殊关照的家庭提供私密、舒适的空间。

**引导问题 5**：地铁车站的母婴室面向有____________需求的女性乘客提供服务。

## 任务评价

老幼孕乘客服务训练任务完成后，需对每个小组的任务完成情况进行评价。任务评分表见表 5-1-5。

表 5-1-5　老幼孕乘客服务任务训练评分表

| 序号 | 评价内容 | | 评价标准 | 分值 | 评分记录 | | |
|---|---|---|---|---|---|---|---|
| | | | | | 学生自评 | 组间互评 | 教师评分 |
| 1 | 工作态度（20%） | | 乘客至上，关怀体谅 | 10 | | | |
| | | | 能体现耐心工作、主动服务的职业意识 | 10 | | | |
| 2 | 工作过程（60%） | 礼仪素养（20%） | 着工作装、戴工作牌、化淡妆上岗 | 5 | | | |
| | | | 动作姿态遵守服务礼仪规范 | 5 | | | |
| | | | 服务礼貌语言运用流畅、准确 | 5 | | | |
| | | | 有关爱乘客、关注细节、礼貌待人的表现 | 5 | | | |
| | | 专业技能（40%） | *规范执行特殊乘客服务流程 | 10 | | | |
| | | | *严格执行特殊乘客服务规范 | 10 | | | |
| | | | *规范运用特殊乘客服务礼仪 | 10 | | | |
| | | | *严格执行特殊乘客事务处理规定 | 10 | | | |
| 3 | 工作成果（20%） | 学习方法 | 按时、准确地填写工作任务书 | 5 | | | |
| | | 参与程度 | 团队熟练配合完成工作任务 | 5 | | | |
| | | 思维状态 | 能够主动发现问题、分析问题、解决问题 | 5 | | | |
| | | 能力延展 | 服务工作体现创新之处 | 5 | | | |
| 小计 | | | | 100 | | | |

| 综合评价 | 学生自评（20%） | 组间互评（30%） | 教师评分（50%） | 综合得分 |
|---|---|---|---|---|
| | | | | |

## 相关知识点

### 知识点 1：老年乘客地铁出行的特点与需求

#### 1. 老年乘客地铁出行特点

（1）感官能力弱化。60 岁以上的老年人往往会出现视力下降、眩光敏感、颜色混淆、夜视能力差等现象，容易出现眼花缭乱的视错觉和焦虑感。

（2）反应能力弱化。老年人的认知能力降低，注意力和记忆力衰退，在陌生环境中识别与记忆信息有一定困难。短时间内获取不到有效信息，就会产生“失控感”。

（3）行动能力弱化。随着年龄的增长，老年人身体的协调能力、平衡能力以及稳定性不断下降，会变得力量不足、容易摔跤、行动迟缓。

#### 2. 老年乘客地铁出行需求

（1）环境舒适需求。车站室内设计选择明亮柔和的色调，建筑材料采用高安全、耐磨损、易维护以及舒适性佳的环保材料，从视觉感官上给老年人一种干净明亮、舒适温暖的心理感受。

（2）路线便捷需求。车站内部的路线设计要尽可能地做到便捷，避免绕行，以缩短老年人行走的距离。站内导向指示简洁清晰，采用直观明了、通俗易懂的视觉图形和加大加粗的常规字体，以体现对老年人的人性化关怀。

（3）安全保障需求。车站设备设施在设计中剔除一些安全隐患，实施无障碍改造。如宽闸机通道、站台爱心座椅休息区、防滑坡道、安全扶手等设计，提高老年人乘车，特别是人流高峰时段乘车的安全性。

## 知识点2：儿童乘客地铁出行的特点与需求

### 1. 儿童乘客地铁出行特点

（1）安全意识弱。儿童乘客因年纪小或是身高限制，对危险的警惕性弱，不易识别地铁车站存在的一些可能对自身造成伤害的危险区域，如自动扶梯、闸机、车门、屏蔽门等间隙。

（2）自控能力弱。儿童通常活泼好动，在地铁车站或车厢内可能会跑跳、嬉戏打闹。地铁车站或车厢内的环境相对嘈杂且充满各种刺激因素，容易分散儿童的注意力，与家长走失。

### 2. 儿童乘客地铁出行需求

（1）安全保障需求。儿童的自我保护能力较弱，且身体较为脆弱，需要成人陪同提供必要的照顾和保护。车站也需注意监控与提醒，关注站内儿童的行为举止，避免其影响其他乘客或造成安全隐患。

（2）个性关怀需求。地铁车站设有无障碍电梯，方便携带儿童、婴儿车等乘客的无障碍通行。还设有儿童友好设施，如无障碍卫生间内矮型洗手盆、小便位等，让儿童使用更加便捷。

## 知识点3：母婴服务内容与规范

母婴设施的基本配置：配备哺乳专用座椅、茶几、婴儿整理台、垃圾桶等必要的基本设备，以方便乘客使用。

母婴场所开放时间及对象：地铁运营时间内，向需要哺喂母乳的女性开放。

母婴设施的日常管理：

（1）车站应加强对母婴场所的日常管理。

（2）须在醒目位置悬挂标识标牌，便于乘客识别和使用。

（3）母婴设施不使用时应锁闭，并保持电灯关闭。

（4）当车站接到乘客电话或现场需求时，需要在1 min内响应，并及时帮助乘客开启母婴设施。

（5）乘客使用前，应告知乘客：室内物品均为公物，须爱惜使用，不得带出或擅自移动，如有损坏应照价赔偿。

（6）车站工作人员要定期巡视母婴室，发现母婴室内易耗品不足时，应及时补充。

（7）车站每日安排保洁人员进行打扫，并对母婴室进行消毒，定期对内部设施如护理台、布垫等进行清洁。

## 巩固与练习

### 一、填空题

1. 老年乘客感官能力弱化、反应能力弱化、行动能力弱化的出行特点决定了其地铁出行的需求主要包括环境舒适需求、路线便捷需求、________________。

2. 车站可以循环播放乘车安全指引广播，加强对儿童乘客的观察，避免其影响其他乘客或造成________________。

3. 通过提供优惠政策、________________、预约接送、人性化服务以及其他多种服务措施，地铁企业为特殊乘客创造更加友好的出行环境。

4. 乘客联系地铁无障碍服务人员的方式主要包括：车站内呼叫按钮、地铁服务热线电话、地铁企业 App 爱心预约、________________等。

5. 地铁无障碍设施主要包括：无障碍坡道板、________________、爱心座椅、无障碍电梯、无障碍升降平台、无障碍卫生间等。

### 二、案例分析题

2023 年 8 月 31 日，一名孕妇乘客通过人民网领导留言板“喊话”深圳地铁：为保护孕妇上下车安全，建议每条地铁线路为孕妇设立一个“孕妇上车门”，方便孕妇上下地铁，以避免孕妇和普通人发生拥挤。留言很快得到深圳地铁运营集团有限公司官方回应：公司已组织专业单位对在列车上设置“孕妇上车门”进行研究；下一步将通过站内广播和高峰期人员指引，不断优化导向标识及车站告示等方式对乘客加强宣传引导。

地铁是城市居民通勤出行的重要工具，关注特殊乘客出行需求不仅是保障乘客出行安全的必然要求，也是提升地铁企业优质服务的重要途径。此案例给了你哪些启示？在老幼孕乘客地铁出行服务方面，你有哪些合理化建议？

## 任务二 患病与残障乘客服务

### 任务引入

某日约 17:30，一名女乘客因肚子不舒服需要帮助，车站获知情况后，通知票亭岗站务员小王到场了解情况。小王赶到站台，发现乘客全身一直在发抖，因肚子疼痛说话都无力。女乘客告诉小王说：“麻烦你，帮我拨打一下 120 吧。”值班站长接报后背着医药箱来到现场，此时女乘客呕吐不止。小王与站长将其搀扶到站台座椅上休息，其间不断安抚女乘客的情绪，并用纸巾帮她擦拭额头的汗珠。约 10 min 后，120 医护人员赶到车站，经初步诊治后，车站工作人员协助将女乘客送到站外的救护车送往医院治疗。

### 任务描述

地铁乘客突发疾病是一个需要迅速、有效应对的紧急情况。需要地铁工作人员迅速反应，采取紧急通知、现场急救、疏散与安抚以及专业救援等措施，最大限度地减少风险损失、人员伤亡和社会影响。残障乘客地铁出行服务涵盖了优惠政策、服务设施、人性化服务、员工培训和社会关爱等多个方面。地铁企业执行爱心助残标准化服务，为残障乘客提供安全、便捷、舒适的地铁出行体验，不仅体现了地铁企业的社会责任感与人文关怀精神，也为促进社会公平和包容性发展做出了积极贡献。

随着科技进步与发展，地铁企业正在运用智慧手段提升助残服务水平，例如：

云平台智慧管控：通过视频 AI 识别技术，识别乘坐轮椅或行动不便的乘客，并将现场画面推送至智慧大屏，方便车站工作人员快速锁定并提供帮助。

无障碍智慧客服：融合人工智能、语音识别等技术，打造智能交互系统和自助服务系统，为残障乘客提供语音咨询、语音购票、自助票务处理、远程音视频在线求助等一站式服务。

患病与残障乘客服务学习情境教学设计见表 5-2-1。

表 5-2-1　患病与残障乘客服务学习情境教学设计

| 序号 | 子任务情境 | 子任务描述 |
|---|---|---|
| 1 | 患病乘客服务 | 熟悉乘客突发疾病的处理流程与方法，掌握患病乘客服务的礼仪规范，能够规范妥善处理乘客突发疾病事件 |
| 2 | 爱心助残服务 | 掌握“爱心接力”的服务流程与内容，运用智慧服务设备提升助残服务能力 |

通过任务训练，学生能够掌握患病与残障乘客地铁出行服务的相关知识，熟悉患病与残障乘客的出行服务需求与心理，掌握为其服务的方法。达到城市轨道交通服务员国家职业技能标准中，城市轨道交通站务员（五级/四级/三级）、城市轨道交通值班员部分技能要求。

## 任务分组

患病与残障乘客服务训练分组与分工安排见表 5-2-2。

表 5-2-2　学生任务分配表

| | | | | | |
|---|---|---|---|---|---|
| 班　　级 | | 组　　号 | | 指导老师 | |
| 组　　长 | | 学　　号 | | 小组人数 | |
| 组　　员 | | | | | |
| 任务名称 | | | | | |
| 任务分工 | | | | | |
| 备注说明 | | | | | |

## 任务计划

1. 阅读工作任务书，填写任务分配表，进行患病与残障乘客服务工作准备。

2. 收集《城市轨道交通运营管理规定》《城市轨道交通客运服务规范》《城市轨道交通客运组织与服务管理办法》《1+X 城市轨道交通站务职业技能标准》《城市轨道交通站务员职业技能鉴定标准》《城市轨道交通无障碍运营服务规范》中有关患病与残障乘客服务工作标准的知识。

3. 结合任务书分析患病与残障乘客服务的难点和常见问题。

## 任务实施

### 一、患病乘客服务

患病乘客服务任务单见表 5-2-3。

表 5-2-3　患病乘客服务任务单

| | | | | | |
|---|---|---|---|---|---|
| 任务编号 | 5-2-1 | 任务名称 | 患病乘客服务 | | |
| 班　　级 | | 组　　号 | | 姓　　名 | |
| 任务目标 | 素养目标 | 1. 树立安全第一、生命至上的服务意识。<br>2. 培养善于观察、沉着冷静的工作素养 | | | |
| | 知识目标 | 1. 熟悉乘客突发疾病的处理流程与方法。<br>2. 掌握患病乘客服务的礼仪规范 | | | |
| | 技能目标 | 1. 能够为轻度患病乘客提供必要帮助。<br>2. 能够规范妥善处理乘客突发疾病事件 | | | |

任务内容

2月16日下午，一名女乘客带着一名男童乘坐地铁S6号线，在到达泉都大街站时，男童突发抽搐。泉都大街站值班站长接到行车调度员通知后带领客运值班员迅速携带急救药箱赶至现场，了解男童的具体病史，帮助男童测量体温并拨打120。得知120短时间无法到达时，值班站长在征得男童母亲同意后，帮助他们呼叫出租车赶往就近医院。在等待出租车过程中，值班站长不停地安抚生病的男童和焦急的乘客，乘客的情绪才得以平静。最后乘客乘车前往医院救治，男童已脱离生命危险。2月19日下午，乘客再次来到泉都大街站，赠送了两面锦旗，分别写着“最美车站，大爱无疆”及“救助病患暖人心，情真意切似亲人”，向车站工作人员表示真挚的感谢。

视 频

患病乘客服务礼仪运用

请扫描二维码观看教学视频。

小组分配角色，模拟地铁车站遇乘客突发疾病的处理流程，并完成下面表格中的服务内容的填写：

| 服务流程 | 服务内容 | 礼仪与禁忌 |
| --- | --- | --- |
| 查看情况 | | |
| 协助救治 | | |
| 协助送医 | | |

**引导问题1：** 车站备有应急药品箱，存放于________________，箱内有纱布、创可贴、人丹、绷带等基本应急药品，可在乘客身体不适的紧急情况下为乘客提供服务。

**引导问题2：** 当乘客身体不适时，车站客运服务人员应提供必要的帮助或________________。

**引导问题3：** 乘客发生眩晕、扭伤、擦伤、轻度中暑、轻微烫伤等轻微病症时，车站工作人员应如何处理？____________

________________________________________________________________

________________________________________________________________

________________________________________________________________

**引导问题4：** 乘客突发疾病且处于意识昏迷状态时，车站工作人员应如何处理？

________________________________________________________________

________________________________________________________________

________________________________________________________________

小案例

**英雄在身边——南京地铁AED救助**

为践行“人民至上，生命至上”服务理念，提升南京市公共场所应急救援能力，南京地铁每个车站均设有AED设备，位置在车站站厅醒目位置，且在车站出入口及站厅均有AED提示标贴。如遇危急情况，车站工作人员可在2分钟内快速到达位置并取用，乘客急需使用AED可以快速找到车站工作人员寻求帮助或者自行拿取AED设备使用。

2022年1月1日，S3号线兰花塘站工作人员王源使用车站AED设备配合心肺复苏成功救治了一名心脏骤停乘客。事后受到了南京市见义勇为基金会的嘉奖，被南京市红十字会评为“最美救护志愿者”。

2024年2月，鸡鸣寺地铁站工作人员王子翔使用车站AED设备配合心肺复苏成功救治了一名面色惨白、心跳微弱、昏倒在列车上的乘客，从死神手中夺回了生命。随后被南京市公安局、南京市见义勇为基金会授予“南京市见义勇为积极分子”荣誉称号。

## 二、爱心助残服务

爱心助残服务任务单见表5-2-4。

**表 5-2-4　爱心助残服务任务单**

| | | | | | |
|---|---|---|---|---|---|
| 任务编号 | 5-2-2 | 任务名称 | 爱心助残服务 | | |
| 班　级 | | 组　号 | | 姓　名 | |
| 任务目标 | 素养目标 | 1. 关注特殊乘客需求，提升服务体验价值。<br>2. 关爱特殊乘客，弘扬正能量，展现社会责任担当 | | | |
| | 知识目标 | 1. 熟悉残障乘客的出行需求与服务要点。<br>2. 掌握“爱心接力”的服务流程与内容 | | | |
| | 技能目标 | 1. 能够规范完成残障乘客爱心接力服务工作。<br>2. 能够协助乘客操作智慧客服终端设备 | | | |

**任务内容**

2024 年 5 月 17 日，一名盲人乘客来北京出差，搭乘地铁出行，路径是从 7 号线珠市口站至 5 号线刘家窑站，全程共 5 站地，途经磁器口站换乘。乘客自珠市口站进站后，站务员小张将乘客和导盲犬引导至站台第 19 门，陪同等候列车，列车进站后，将乘客安全送上车。在磁器口站，站务员小安再次接力，由于此时站台乘客较多，小安引导乘客和导盲犬使用盲道通行，直至乘坐直梯前往 5 号线换乘通道，顺利交接给 5 号线站务员小刘。小刘引导乘客至直梯处，再次与乘客确认目的地是刘家窑。乘客乘坐直梯到达站台，综控员小周进行接续，护送乘客至下行第 1 门处，引导乘客及导盲犬坐上 5 号线列车，并通知综控员乘客的下车信息。列车到达刘家窑站后，值班站长和站务员小杜引导乘客出站，并帮助乘客安全乘坐出租车离开。

视 频

爱心助残服务礼仪运用

请扫描二维码，观看教学视频。

小组分配角色，模拟地铁车站“爱心接力”服务流程与内容，并完成下面表格内容的填写：

| 服务站点 | 服 务 内 容 | 礼 仪 要 点 |
|---|---|---|
| 首接站 | | |
| 中转站 | | |
| 目的地站 | | |

**引导问题 1：** 地铁车厢内的爱心专座一般设置在每节车厢的________________，便于有需要的乘客快速找到和使用，方便上下车。

**引导问题 2：** 南京地铁在各线路地铁车厢内均设置了轮椅专用位置，每个轮椅专用位置都配有________________标识，并有抓握或固定装置。

**引导问题 3：** 8 岁以下儿童、醉酒、智力障碍和精神障碍发病期的乘客，进站乘车须有健康成年人陪同。服务人员应根据__________提供必要的服务，协助其顺利乘车。

**引导问题 4：** 地铁企业推出________________服务项目，对需要帮助的老、幼、病、残、孕及其他需要帮助的乘客在乘坐地铁过程中提供进站、乘车、下车、出站等环节中的全程服务。

**引导问题 5：** 特殊乘客可以在出行前通过电话、________________等方式预约接送服务。地铁工作人员将在约定的地铁站出入口等候，提供全程帮助。

**引导问题 6：** 车站工作人员接到助残服务任务后，会第一时间做好服务引导，提前准备无障碍助残连接板，并通知目的地站点工作人员，告知乘客乘坐车次、____________等信息，无缝做好接力服务工作。

**小案例**

### 无锡地铁践行“以人为本”服务理念

地铁出行的暖心细节，折射出城市的人文温度。一张座椅、一条盲道、一处扶手，往往是这些细微之处，最能印证对乘客出行的满满诚意。无锡地铁坚持“以人为本”，致力于推进地铁无障碍环境建设，从票务政策、设备环境、贴心服务三大方面给予残障人士等特殊群体更多的人性关怀。扩大服务范围，让特殊群体更加平等、充分、便捷地融入城市交通生活。为提高优免人群进出地铁车站效率与便利性，在 1 号线人民医院站、南禅寺站及 2 号线梅园开原寺站进行“自助边门”项目试点（图 5-2-1），为特殊乘客群体带来“刷脸”进站的便捷体验。

在地铁车站站台处设有爱心座椅，座椅上方张贴“爱心专座”标识（图 5-2-2），方便行动不便的特殊乘客安全乘车，同时也让老弱病残孕等有需要的乘客享受优先就座的暖心待遇，真正做到让特殊群体乘客有“座”可依。

图 5-2-1　无锡地铁车站站厅自助边门

图 5-2-2　无锡地铁车站站台的爱心座椅

引导问题 7：智慧车站是地铁企业提高服务效率，优化服务流程，降低人力成本，提升数据分析能力，优化乘客出行体验的重要举措。智慧车站服务项目还有哪些可以改进之处？________________________________________________

________________________________________________________________________

________________________________________________________________________

小案例

**昆明地铁“黑科技+人性化服务”**

2024 年 5 月 19 日是第 34 个全国助残日，主题是“科技助残，共享美好生活”。昆明地铁多年来不断提升优质服务，目前在车站里的黑科技和人性化服务已有 10 余项。除了呼叫铃、双语服务热线、爱心休息区、无障碍卫生间、无障碍电梯、无障碍通道、盲文、盲道、轮椅、轮椅升降平台、无障碍渡板等爱心服务设备设施之外，近年来，又增加了爱心预约、智慧车站等智慧化服务功能。通过手机 App 进行爱心服务预约，能够实现一次预约覆盖全网，解决进站、乘车、出站等问题。智慧车站包括智能客服（图 5-2-3）、远程座席、智能导乘三大系统，让出行便捷无忧。

智能客服使用智能服务终端设备（图 5-2-4）提供票务自助处理和信息查询功能。能够主动识别票卡问题，通过动画和文字提示，清晰、直观地引导乘客自助处理票务业务。还可以实现车站综合信息查询以及周边旅游购物信息的获取。

图 5-2-3　智能客服中心

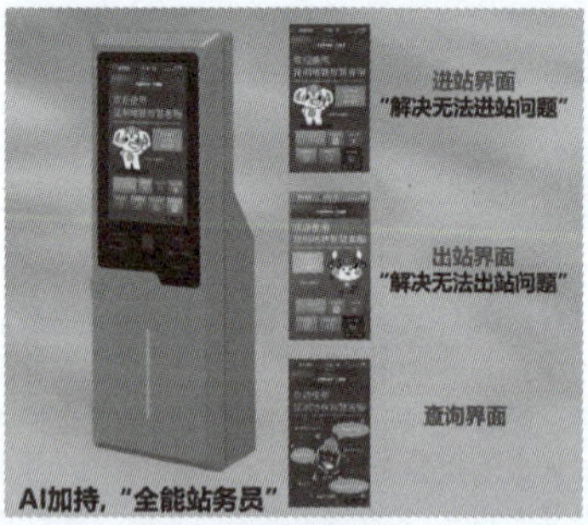


图 5-2-4　智慧客服终端设备

远程座席服务包括一键呼叫人工协助、一对一在线服务两个功能。具备远程控制终端设备的能力，能够迅速介入并替代乘客进行操作，在提升人工客服的工作效率的同时，为乘客提供“一对一在线贴心服务”。

智能导乘服务借助车站内多种类型的交互式综合资讯屏，实现运营时刻、线路信息、站内地图、失物招领等查询功能，还可以为乘客提供周边景点、商圈、地铁生活圈的详细资讯，以及地铁站周边道路、地标性建筑、公交换乘等信息。

拓展思维

智慧车站是地铁企业提高服务效率，优化服务流程，降低人力成本，提升数据分析能力，优化乘客出行体验的重要举措。智慧车站服务项目还有哪些可以改进之处？

## 任务评价

患病与残障乘客服务训练任务完成后，需对每个小组的任务完成情况进行评价。任务评分表见表 5-2-5。

表 5-2-5　患病与残障乘客服务任务训练评分表

<table>
<tr><th rowspan="2">序号</th><th colspan="2" rowspan="2">评价内容</th><th rowspan="2">评价标准</th><th rowspan="2">分值</th><th colspan="3">评分记录</th></tr>
<tr><th>学生自评</th><th>组间互评</th><th>教师评分</th></tr>
<tr><td rowspan="2">1</td><td colspan="2" rowspan="2">工作态度<br>（20%）</td><td>乘客至上，关怀体谅</td><td>10</td><td></td><td></td><td></td></tr>
<tr><td>能体现耐心工作、主动服务的职业意识</td><td>10</td><td></td><td></td><td></td></tr>
<tr><td rowspan="8">2</td><td rowspan="8">工作过程<br>（60%）</td><td rowspan="4">礼仪素养<br>（20%）</td><td>着工作装、戴工作牌、化淡妆上岗</td><td>5</td><td></td><td></td><td></td></tr>
<tr><td>动作姿态遵守服务礼仪规范</td><td>5</td><td></td><td></td><td></td></tr>
<tr><td>服务礼貌语言运用流畅、准确</td><td>5</td><td></td><td></td><td></td></tr>
<tr><td>有关爱乘客、关注细节、礼貌待人的表现</td><td>5</td><td></td><td></td><td></td></tr>
<tr><td rowspan="4">专业技能<br>（40%）</td><td>＊规范妥善处理乘客突发疾病事件</td><td>10</td><td></td><td></td><td></td></tr>
<tr><td>＊能为有障碍需求的乘客提供正确的导乘服务</td><td>10</td><td></td><td></td><td></td></tr>
<tr><td>＊规范完成乘客爱心接力服务工作</td><td>10</td><td></td><td></td><td></td></tr>
<tr><td>＊能与有无障碍需求的乘客热情交流</td><td>10</td><td></td><td></td><td></td></tr>
<tr><td rowspan="4">3</td><td rowspan="4">工作成果<br>（20%）</td><td>学习方法</td><td>按时、准确填写工作任务书</td><td>5</td><td></td><td></td><td></td></tr>
<tr><td>参与程度</td><td>团队熟练配合完成工作任务</td><td>5</td><td></td><td></td><td></td></tr>
<tr><td>思维状态</td><td>能够主动发现问题、分析问题、解决问题</td><td>5</td><td></td><td></td><td></td></tr>
<tr><td>能力延展</td><td>服务工作体现创新之处</td><td>5</td><td></td><td></td><td></td></tr>
<tr><td colspan="4">小　　计</td><td>100</td><td></td><td></td><td></td></tr>
</table>

<table>
<tr><td rowspan="2">综合评价</td><td>学生自评（20%）</td><td>组间互评（30%）</td><td>教师评分（50%）</td><td>综合得分</td></tr>
<tr><td></td><td></td><td></td><td></td></tr>
</table>

## 相关知识点

### 知识点 1：遇乘客突发疾病的服务流程与要点

#### 1. 服务流程与内容

（1）主动上前查看乘客情况，适当安抚和询问：“您好，您哪里不舒服吗？需要帮您叫救护车吗？”必要时，带乘客去休息室或车站控制室休息。如果乘客在列车上突发疾病，应第一时间通过列车上的紧急通话装置通知司机，并告知车厢位置及乘客状况。如果列车正在运行，应等待列车运行至下一站时，在车站工作人员或急救人员到达后，平稳地将身体不适的乘客搀扶出车厢。

（2）征得乘客或其家属的同意后，及时与急救中心联系，必要时可以请求其他工作人员到车站出口迎候急救人员并宣传疏导周围乘客，保证各个通道畅通无阻，为乘客的救治争取时间。如果乘客失去知觉、情况严重，车站工作人员应对乘客进行心肺复苏、人工呼吸、心脏除颤等救治。

（3）协助医护人员将乘客送上救护车。

#### 2. 服务要点与禁忌

（1）乘客意识清醒的情况下，应先征得乘客的同意再拨打 120。

（2）对于突发疾病的乘客，切忌随意移动，在处理过程中，以协助为主，车站工作人员不能自作主张对乘客采取任何药物治疗。

（3）救治过程中，车站可以广播寻找站内的医护人员前来帮忙；切忌推诿或拒绝乘客的就医要求。

## 知识点 2：遇行动不便乘客的服务响应要求

（1）车站各岗位人员应通过现场观察、CCTV 监控巡视、车控室电话及垂直电梯对讲系统来电等方式密切关注有无行动不便的乘客。

（2）应从乘客的行走姿态、是否乘坐轮椅、是否使用拐棍、是否有人搀扶等判断乘客是否行动不便。

（3）确定乘客行动不便时，无论其是否有人陪同，首接员工均要主动向乘客表示可提供帮助，并在 1 min 内呼叫车站工作人员，在 3 min 内到场提供协助。

（4）车站工作人员须在 3 min 内到达需求乘客所在位置，询问乘客乘车目的地车站，如乘客只知目的地不知相应车站，还应向乘客提供目的车站名称及相应票价信息，如需换乘，还应提醒乘客换乘站名称及换乘信息（地铁或公交线路）。

（5）车站工作人员宜引导或提醒行动不便的乘客乘坐无障碍电梯进出站。

（6）工作人员应协助行动不便的乘客完成安检，未经允许不应取走乘客的助行器、拐杖等辅具。

（7）车站工作人员应向乘客呈送相应的服务卡片，在卡片上留下车站联系电话，告知乘客可电话预约服务，再次乘坐时可为其安排在出入口的接待服务。

（8）车站工作人员应在相应的乘客信息卡上登记乘客姓名和联系电话，作为服务资料备查，并妥善保管服务资料。

## 知识点 3：遇乘坐轮椅乘客的服务规范

（1）工作人员应引导乘坐轮椅的乘客使用无障碍电梯进出站。未配置无障碍电梯时，宜使用轮椅升降机或其他辅助方法运送乘客进出站。

（2）对于需购票的乘客，工作人员应引导乘客使用低位自动购票机或至乘客服务中心低位窗口，协助乘客进行购票。

（3）检票时，工作人员应引导乘客使用宽通道检票机或从边门通过。

（4）工作人员应引导乘坐轮椅的乘客在无障碍候车区候车。

（5）上下车时，车站应提前给行车调度员报告，为乘客乘降留足停站时间。

（6）在列车进站前，工作人员应根据需要提前准备无障碍渡板。列车停稳后，工作人员可根据需要推行轮椅上车，协助乘客在车厢固定轮椅。

（7）工作人员应提前与乘客沟通，有需要的，应通知在乘客下车站点的服务人员等候协助乘客下车，并引导乘客出站。

（8）无障碍卫生间应保持地面防滑、不积水。

## 知识点 4：遇视力障碍乘客的服务规范

（1）车站工作人员引导视力障碍乘客进出站时宜使用无障碍电梯。未配置无障碍电梯时，可引导乘客乘坐扶梯或走行楼梯。引导过程中应使用语言描述可能影响行进的物品或环境。

（2）乘客有购票需求时，工作人员应根据乘客下车站点协助乘客购票，购票时应主动告知乘客票价。

（3）进站时，应语言提示及协助乘客接受安检。乘客通过检票机时，工作人员宜引导乘客使用宽通道检票机或从边门进入付费区。

（4）乘车时，工作人员应引导视力障碍乘客在上车区进行等候，并提醒乘客列车行进方向及到站情况，注意列车与站台之间的缝隙。

（5）在站厅或车厢入座时，工作人员应首先引导乘客确认座椅所在的位置，再引导乘客坐下。

（6）允许具备身份证明、检疫证明的服务犬跟随乘客进站乘车。服务犬应由乘客牵行，佩戴明显识别装备，并采取必要的防护措施。

（7）注意引路技巧。工作人员提供服务前需主动亮明身份，引导乘客将手搭在自己的左/右肩上。前行过程中遇到台阶、停步、转弯时须做好语言提示。

## 知识点 5：听力与语言障碍乘客的服务规范

（1）工作人员应掌握简单的手语如“您好、请、对不起、谢谢、再见、安检、购票、进闸、出闸”等常用词语。

（2）工作人员应使用纸、笔、白板、电子手写板等书面方式或手语与听力和语言障碍乘客进行交流。

（3）为乘客提供服务时应正面朝向乘客，以便乘客看到工作人员表情和口型。

（4）安检过程中应注意保护乘客佩戴的助听器、植入的人工耳蜗等辅助器具。

（5）宜在列车和车站安装助听系统，并在助听系统覆盖区域设置明显标识。

## 知识点 6：爱心接力服务的内容与规范

（1）根据乘客目的地，车站人员应帮助其购票、进站，并使用直升电梯陪同其到达站台，须将乘客送至列车上。同时利用对讲机向行车值班员报告乘客到达目的站、所乘列车的车次、车厢、车门具体位置以及乘客主要特征。

（2）行车值班员根据时刻表，通知换乘站或目的站行车值班员以下内容：乘客主要特征及其所在车次、车厢、车门具体位置。

（3）首接站、换乘站、目的站间应及时做好乘客信息（所乘车次、所在车厢及车门位置、乘客主要特征等）通报和联动，协同提供乘客乘车爱心服务。

（4）根据首接站行车值班员通知内容，换乘站行车值班员向车站人员（站台安全员、客运值班员、值班站长、工长或备班人员）进行布置，在相应车门处等候，帮助乘客下车，并负责换乘陪同，护送乘客完成无障碍换乘，将乘客送上另一线路的列车，并告知另一线路当站的行车值班员乘客目的站，所在车厢、车门具体位置以及乘客主要特征，接报的行车值班员通知目的站，安排人员接待。

（5）根据首接站（换乘站）行车值班员通知内容，目的地站行车值班员向车站人员（站台安全员、客运值班员、值班站长、工长或备班人员）进行布置，在相应车门处等候，帮助乘客下车，准备出站。

## 巩固与练习

### 一、填空题

1. 在患病乘客救治过程中，车站可以广播寻找站内的医护人员前来帮忙；切忌推诿或拒绝乘客的________要求。

2. 接到服务求助信息后，车站工作人员须在________ min 内到达需求乘客所在位置。

3. 首接站、换乘站、目的站间应及时做好乘客信息（所乘车次、所在________位置、乘客主要特征等）通报和联动，协同提供乘客乘车爱心服务。

### 二、案例分析题

五年来，市民吴先生几乎每天都要乘坐三号线往返于泰冯路与浮桥之间，他是一位盲人按摩师，每天需要从家去工作单位。泰冯路站工作人员不仅在站内提供爱心接力服务，还经常陪同吴先生将他送上换乘的公交车。日常交谈中也关心吴先生的生活点滴，建立了深厚的感情。市民吴先生很感动，向车站送来锦旗，表示是地铁工作人员的举动让他的生活多了一抹色彩。

文本

项目五答案

请思考：地铁车站工作人员做好爱心助残服务工作需要具备哪些能力与素养？

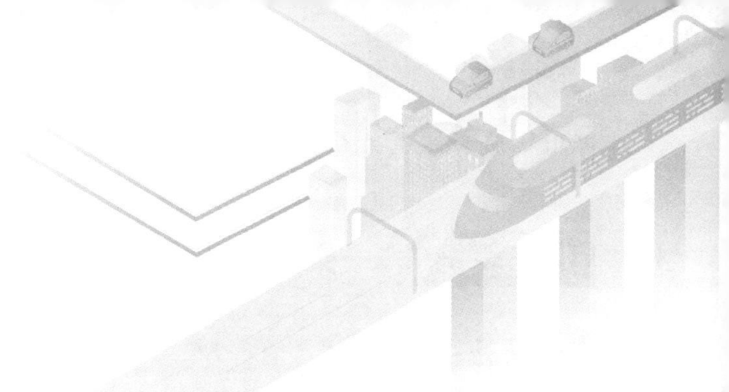

# 项目六 乘客事务处理

## 知识结构

- 乘客事务处理
  - 乘客求助处理训练
    - 乘客寻人求助的处理
      - 协助寻人的工作流程
      - 寻人服务的礼仪要点
    - 乘客寻物求助的处理
      - 协助寻物的工作流程
      - 寻物服务的礼仪要点
  - 乘客纠纷处理训练
    - 乘客之间的纠纷处理
      - 乘客纠纷的处理原则
      - 乘客纠纷的处理规范
    - 乘客与工作人员的纠纷处理
      - 客我纠纷的处理措施
      - 化解矛盾冲突的方法
  - 乘客受伤处理训练
    - 乘客接触设备受伤处理
      - 客伤事件的处理流程
      - 客伤事件的防控措施
    - 乘客自身行为受伤处理
      - 客伤事件的处理规范
      - 客伤事件处理的礼仪要点

城市轨道交通车站作为人群聚集的重要场所，在城市轨道交通运营过程中，难免会遇到突发状况。当事情发生时，乘客和其身边的人员常会感到不安和慌乱，在这种情况下，站务人员应根据现场情况进行灵活处理，并且要充分考虑乘客的心理，保证紧急情况得到尽快、妥善处理，降低风险，减少影响范围，保障乘客的生命财产安全。

本项目主要介绍地铁客运人员在日常客运服务中遇到乘客求助、纠纷、受伤等情况时，执行的工作流程、服务规范及礼仪要点，由三个学习任务构成，包括：乘客求助处理工作礼仪训练、乘客纠纷处理工作礼仪训练、乘客受伤处理工作礼仪训练。通过本项目的学习，学生能够领会“安全第一，乘客至上”的服务理念，掌握各项乘客事务处理的标准工作流程与规范，能够运用礼仪技巧妥善处理乘客事务。

具体能够达到以下学习目标：

- 素养目标：树立“乘客至上”的服务观念，提高职业认同感，培养责任担当。树立平等意识，做到尊重、善待乘客。
- 知识目标：掌握乘客事务处理礼仪，熟悉应急服务礼仪。
- 技能目标：能够按照标准工作流程完成各项乘客事务处理工作，掌握乘客服务的工作技巧。

# 任务一 乘客求助处理训练

## 任务引入

一名乘客反映2023年8月17日下午，乘坐南京地铁3号线到渔塘广场站下车时，不慎将白色蓝牙耳机落入轨行区，随后向车站工作人员求助。工作人员热心帮助，向乘客询问详细地点，但乘客无法回忆起具体位置。当晚地铁停运后，工作人员进入轨行区从头至尾多次寻找。虽然未找到白色蓝牙耳机，但乘客仍对此表示感谢，拨打了南京地铁服务热线电话要求表扬该名工作人员。

## 任务描述

在城市轨道交通车站和车厢中，乘客走失或者遗失物品的现象十分常见。遇到这类状况时，客运服务人员要快速反应，协助寻找走失乘客或遗失物品。

乘客求助处理工作礼仪学习情境教学设计见表6-1-1。

表6-1-1 乘客求助处理训练学习情境教学设计

| 序号 | 子任务情境 | 子任务描述 |
|---|---|---|
| 1 | 乘客寻人求助的处理 | 熟悉寻人服务基本流程，掌握协助寻人服务的基本注意事项，体现热心尽职、主动服务的意识 |
| 2 | 乘客寻物求助的处理 | 熟悉寻物服务的工作流程与内容，在乘客求助处理工作中运用礼仪规范，展现有始有终的服务作风 |

通过任务训练，学生能够对乘客求助处理工作礼仪有一定的认识，并了解如何处理常见问题，达到城市轨道交通服务员国家职业技能标准中，城市轨道交通站务员（五级/四级/三级）、城市轨道交通值班员部分技能要求。

## 任务分组

乘客求助处理任务训练分组与分工安排见表6-1-2。

表6-1-2 学生任务分配表

| 班　级 | | 组　号 | | 指导老师 | |
|---|---|---|---|---|---|
| 组　长 | | 学　号 | | 小组人数 | |
| 组　员 | | | | | |
| 任务名称 | | | | | |
| 任务分工 | | | | | |
| 备注说明 | | | | | |

## 任务计划

1. 阅读工作任务书，填写任务分配表，进行乘客求助事务处理训练准备。

2. 收集《城市轨道交通运营管理规定》《城市轨道交通客运服务规范》《城市轨道交通客运组织与服务管理办法》《1+X城市轨道交通站务职业技能标准》《城市轨道交通站务员职业技能鉴

定标准》《城市轨道交通值班员职业技能鉴定标准》中有关乘客求助事务处理工作标准的知识。

3. 结合任务书分析乘客求助事务处理礼仪运用的难点和常见问题。

## 任务实施

### 一、乘客寻人求助处理训练

乘客寻人求助处理训练任务单见表6-1-3。

**表6-1-3　乘客寻人求助处理训练任务单**

| 任务编号 | 6-1-1 | 任务名称 | 乘客寻人求助处理训练 | | |
|---|---|---|---|---|---|
| 班　级 | | 组　号 | | 姓　名 | |
| 任务目标 | 素养目标 | 1. 增强主动服务意识，提高服务工作水平。<br>2. 锻炼助人能力，发扬为民服务精神 | | | |
| | 知识目标 | 1. 明确乘客寻人求助处理的工作礼仪规范。<br>2. 掌握乘客寻人求助处理工作礼仪的要点 | | | |
| | 技能目标 | 1. 乘客寻人求助处理中体现细节服务意识。<br>2. 运用礼仪规范满足乘客的合理需求 | | | |

**任务内容**

阅读下面的协助寻人工作案例，分析寻人求助处理中可以运用哪些服务技巧，关注哪些礼仪要点，并填写下面表格中内容。

2024年7月14日17:20左右，在北京地铁昌平线西土城站，一名男乘客急匆匆找到站务员寻求帮助，称其10岁的儿子走失。站务员立即询问具体情况并上报至综控室及值班站长。值班站长及驻站民警迅速赶到现场，通过交谈得知孩子可能在卫生间走失。值班站长动员各岗位员工在站内寻找，同时综控员与昌平线各站联系，告知男孩体貌特征及相关信息。最终，在朱辛庄站发现一名形单影只的小男孩，体貌特征与寻人信息相符，经确认后将其带至警务站，并通知了家长。17:50，男乘客赶到朱辛庄站，核对身份后，民警将孩子安全地交还给了家长。

| 协助寻人服务技巧 | 协助寻人服务礼仪要点 |
|---|---|
| | |

**引导问题1**：哪些乘客容易在地铁站走失？________________________________

________________________________________________________________

**引导问题2**：如果没有及时找到走失乘客，客运服务人员应该如何处置？________________

________________________________________________________________

________________________________________________________________

**引导问题3**：对于容易走失的乘客，可以提出哪些服务建议？________________________

________________________________________________________________

________________________________________________________________

**小案例**

**太原地铁“爱心服务台”**

2021年5月20日，太原地铁2号线长风街站、大南门站的“爱心服务台”启用，以“始于乘客需求，忠于乘客满意”为目标，为乘客提供解答问询服务、收集乘客建议，建立良好的沟通渠道。同时，服务台特推出“孕妈妈优享贴”，方便工作人员与乘客识别，安检人员看到后免手检仪探测，站务人员看到后主动提供帮助，同时倡导其他乘客主动让座。

两处服务台各有特色，其中，长风街站的“兴兴服务台”以“爱心相伴、暖心相随”为服务主题，以太原地铁2号线吉祥物“兴兴”命名。大南门站的“晋心驿站”以“晋善晋美、尽心尽力”为服务主题，“晋心”亦有“尽心”之意。

对于特殊人群，服务台的工作人员会积极主动协助乘客购票、安检、上下车、乘坐无障碍电梯等，特殊情况下可为乘客提供轮椅服务，确保特殊乘客出行无忧。为方便出行乘客，服务台提供线路咨询服务，旨在解决乘客出行困难等问题。在服务台旁还为乘客定制了服务宣传架，推出了挂钩自取式“出行便利贴”、《地铁乘车指南宣传册》与《乘车安全手册》，供有需要的乘客自行取用。

此外，若乘客丢失了物品或与家人走散，可至服务台寻求帮助，工作人员会提供广播服务与线上失物查找服务；当携带大件行李物品需要帮助时，这里有爱心小推车可以使用；服务台还配备了便民服务箱、急救药箱、热水、糖果等，供乘客之所需。

## 二、乘客寻物求助处理训练

乘客寻物求助处理任务单见表6-1-4。

**表6-1-4 乘客寻物求助处理训练任务单**

| 任务编号 | 6-1-2 | 任务名称 | 乘客寻物求助处理训练 | |
|---|---|---|---|---|
| 班　级 | | 组　号 | | 姓　名 |
| 任务目标 | 素养目标 | 1. 增强主动服务意识，提高服务工作水平。<br>2. 培养细致认真的工作作风，展示良好职业风范 | | |
| | 知识目标 | 1. 明确乘客寻物求助处理的工作礼仪规范。<br>2. 掌握乘客寻物求助处理工作礼仪的要点 | | |
| | 技能目标 | 1. 乘客寻物求助处理中体现细节服务意识。<br>2. 运用礼仪规范满足乘客的合理需求 | | |

**任务内容**

站务员在站厅巡查时，一名大学生匆忙跑上前，告诉站务员自己刚刚下车准备出站时突然发现随身携带的文件袋不见了。站务员了解情况后，在站台站厅帮忙寻找，未果。

训练小组分析该事件后续处理方法，角色扮演模拟乘客寻物求助处理的流程与内容，并填写下面表格中服务礼仪的内容。

| 协助寻物的处理流程与内容 | 服务技巧与礼仪要点 |
|---|---|
| | |

引导问题1：接待寻物求助乘客时，客运服务人员应详细记录遗失物品的详细信息，包括遗失物品的名称、特点、__________及__________等。

引导问题2：如果乘客遗失物品为贵重物品，客运服务人员的寻物处理需要特别关注什么？____________________

________________________________________

**小案例**

**武汉地铁协助乘客寻物**

2018年2月22日晚是大年初七，武汉地铁线光谷广场站行车值班员陈子钰正值夜班。一对夫妻向光谷广场站工作人员求助称自己装有7 000元现金的双肩包遗落在了列车上。得知此事后，作为行车值班员的陈子钰首先快速冷静地与乘客确定其出站和下车时间并大致推断出该乘客可能搭乘的车次。接着，她立即上报指挥调度中心与全线各站联动共同寻找失物，比乘客还着急的她在十几分钟内又反复与其他各站拨打了20来通电话。最终在乘客更细致的回忆下，陈子钰重新锁定了遗失背包的准确位置，再次通知相关车站进行查找，不到十分钟就传来了好消息。

引导问题3：如果没有找到乘客的遗失物品，客运服务人员应该如何做？____________________

________________________________________

________________________________________

## 任务评价

乘客求助处理训练任务完成后，需对每个小组的任务完成情况进行评价。任务评分表见表6-1-5。

**表6-1-5 乘客求助处理任务训练评分表**

| 序号 | 评价内容 | 评价标准 | 分值 | 评分记录 | | |
|---|---|---|---|---|---|---|
| | | | | 学生自评 | 组间互评 | 教师评分 |
| 1 | 工作态度（20%） | 秉持“乘客至上、服务为本”的服务理念 | 10 | | | |
| | | 能体现耐心工作、主动服务的职业意识 | 10 | | | |

续上表

| 序号 | 评价内容 | | 评价标准 | 分值 | 评分记录 | | |
|---|---|---|---|---|---|---|---|
| | | | | | 学生自评 | 组间互评 | 教师评分 |
| 2 | 工作过程（60%） | 礼仪素养（20%） | 着工作装、戴工作牌、化淡妆上岗 | 5 | | | |
| | | | 动作姿态遵守服务礼仪规范 | 5 | | | |
| | | | 服务礼貌语言运用流程、应答准确 | 5 | | | |
| | | | 与乘客进行良好沟通，安抚乘客情绪 | 5 | | | |
| | | 专业技能（40%） | *能礼貌接待乘客寻人寻物求助 | 10 | | | |
| | | | *能规范执行寻人寻物工作流程 | 10 | | | |
| | | | *能为乘客提供求助解决方案 | 10 | | | |
| | | | 灵活分析情况，迅速准确地采取行动 | 10 | | | |
| 3 | 工作成果（20%） | 学习方法 | 按时、准确地填写工作任务书 | 5 | | | |
| | | 参与程度 | 团队熟练配合完成工作任务 | 5 | | | |
| | | 思维状态 | 能够主动发现问题、分析问题、解决问题 | 5 | | | |
| | | 能力延展 | 服务工作体现创新之处 | 5 | | | |
| 小　计 | | | | 100 | | | |
| 综合评价 | | 学生自评（20%） | 组间互评（30%） | 教师评分（50%） | 综合得分 | | |
| | | | | | | | |

## 相关知识点

### 知识点 1：协助寻人服务工作流程及礼仪要点

遇到乘客求助寻人时，客运服务人员要快速行动，根据寻人服务流程了解走失乘客情况，并记录、上报、协助寻找，尽力帮乘客找回走失或走散的家人或朋友。

#### 1. 协助寻人服务工作流程（图 6-1-1）

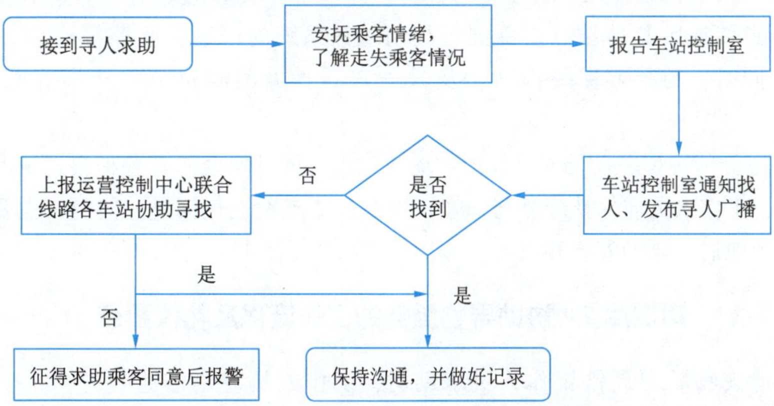


图 6-1-1　协助寻人服务工作流程图

（1）及时报告与记录。一旦发现乘客走失，地铁工作人员应立即报告车控室，详细询问并记录走失乘客的相关信息，如姓名、年龄、性别、衣着特征、携带物品、原定目的地等。同时，应准确记录走失乘客最后出现的时间和地点，以及可能的行走路线，为后续寻找工作提供线索。

（2）迅速组织寻找。根据走失乘客的基本信息和最后出现的位置，地铁工作人员应迅速在地铁站内进行寻找。在可能的区域进行实地搜寻，以及通过查看监控录像了解走失乘客的行动轨迹，从而缩小寻找范围。

（3）利用广播寻找。地铁工作人员可以通过站内广播系统播放寻人启事。如未找到，可上报运营控制中心（OCC）在全线各车站进行广播寻找。寻人广播要用普通话、方言、英语进行广播。

（4）找到走失乘客。如果走失乘客听到广播主动找到了工作人员，或是工作人员发现了走失乘客，则立即报告车控室。值班站长接待走失乘客，联系求助乘客接人；或回复原求助乘客所在车站。

（5）未找到走失乘客。如果在地铁站内长时间寻找无果，地铁工作人员应建议求助乘客报警，请求公安部门协助寻人。同时，应尽快联系走失乘客的家人或亲属，告知他们情况，并请求他们协助寻找。

（6）保持沟通并做好记录。在整个寻找过程中，地铁工作人员应保持与警方、家属以及站内其他相关人员的密切联系，及时沟通寻找进展。无论寻找结果如何，都应做好详细的记录，包括寻找过程、参与人员、寻找结果以及任何有助于后续事件处理的信息。

2. 协助寻人的服务礼仪要点

（1）保持专业与礼貌。地铁工作人员在协助寻人时，应始终保持专业和礼貌的态度。对待乘客的求助，要迅速响应、安抚情绪，用关切的语言回应，展现对乘客问题的重视和关心。

（2）主动提供帮助。在接到乘客的寻人求助后，地铁工作人员应主动提供帮助，礼貌询问寻人信息，如走失人员的体貌特征、穿着打扮、最后出现的地点等，并尽快将这些信息通报给车控室，以便迅速展开寻找工作。

（3）高效沟通与协作。地铁工作人员之间应保持高效的沟通与协作。在寻人过程中，及时将寻人信息传递给其他站点或部门，利用地铁系统的广播、监控等资源，共同协助寻找走失人员。同时，与乘客保持沟通，及时告知寻找方案与进展，让乘客感到被关注和重视。

（4）保持冷静与理智。在寻人过程中，地铁工作人员可能会遇到各种突发情况或乘客的焦急情绪。此时，工作人员应保持冷静与理智，以专业的态度处理问题。同时，也要善于安抚乘客的情绪，给予他们必要的安慰和支持。

## 知识点2：协助寻物服务的工作流程及礼仪要点

当乘客因遗失物品向地铁工作人员求助时，工作人员应当迅速响应，并按照以下流程处理。

## 1. 协助寻找服务的工作流程（图 6-1-2）

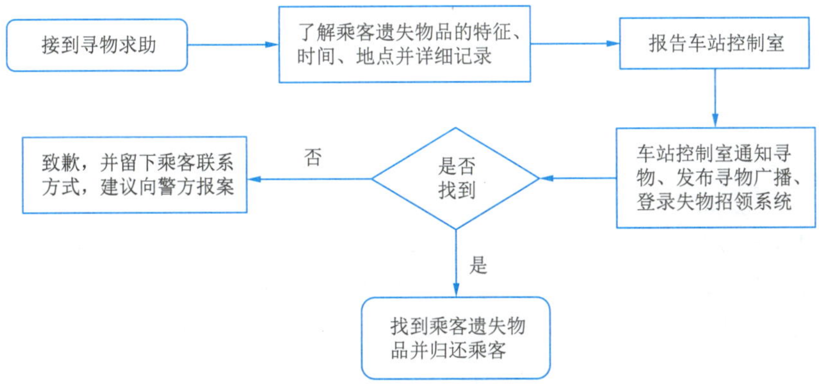


图 6-1-2　协助寻物服务工作流程图

（1）及时报告与记录。接到乘客列车或车站遗失物品的求助后，地铁工作人员应立即报告车控室，详细了解并记录遗失物品的详细信息，包括：遗失物品的名称、外观、特点、遗失时间、可能丢失的车厢位置或具体站点等信息。

（2）迅速组织寻找。如在本站遗失物品，地铁工作人员应迅速在地铁站内进行寻找。如在其他车站遗失，则通知遗失地点的车站开展寻找。如在列车车厢遗失，则通知列车行进方向沿线车站开展上车寻物。

（3）利用广播或查询系统寻找。地铁工作人员可以通过站内广播系统播放寻物启事。寻物广播要用普通话、方言、英语进行广播。还可以登录失物招领系统查询。

（4）找到遗失物品。如果遗失物品被找到，地铁工作人员应及时通知报失乘客，并安排领取事宜。工作人员应准确告知乘客前往指定站点或失物招领处领取遗失物品，并提醒乘客携带身份证前往领取遗失物品。

（5）未找到遗失物品。如果遗失物品未被找到，地铁工作人员应向乘客表示歉意，请乘客填写相关信息表格，留下联系方式，以便后续联系。必要时可以建议乘客向警方报案，寻求进一步的协助。

## 2. 协助寻物的服务礼仪要点

（1）安抚乘客情绪。地铁工作人员在接到乘客反映遗失物品时，首先应安抚乘客："请您别着急，我们马上帮您想办法"。这体现了对乘客情绪的关注和尊重，有助于缓解乘客的焦虑情绪。

（2）积极协助寻找。接到寻物求助后，工作人员应迅速响应，按照规范流程了解遗失物品相关信息，组织人员寻物，联络相关车站。这反映了地铁运营企业的服务主动性和专业性。

（3）礼貌询问与沟通。寻找遗失物品过程中，工作人员应与乘客礼貌沟通。询问遗失物品特征、了解遗失时间地点、核对乘客身份时使用规范服务用语，体现对乘客隐私的尊重。

（4）妥善处理特殊情况。若乘客对协助寻物的工作方式与结果不满，工作人员应立即向乘客致歉，耐心了解乘客诉求并向乘客提供解决方案，要体现对乘客负责的态度和专业的服务精神。

## 巩固与练习

### 一、填空题

1. 接到乘客求助寻人时，地铁工作人员应________________，礼貌询问寻人信息，迅速展开寻找工作。

2. 寻人过程中，地铁工作人员可能会遇到各种突发情况或乘客的焦急情绪，此时要善于________________，给予他们必要的安慰和支持。

3. 寻找遗失物品过程中，工作人员应与乘客礼貌沟通。询问遗失物品特征、了解遗失时间地点、核对乘客身份时使用________________，体现对乘客隐私的尊重。

4. 如果乘客对协助寻物的工作方式与结果不满，工作人员应立即向乘客________________，耐心了解乘客诉求并向提供解决方案。

### 二、案例分析题

某日，广州地铁大石地铁站A口安检员陈月红在安检机置物架捡到一个乘客过安检时漏拿的双肩包，在询问周边乘客无人认领后，立即将双肩包交到车控室保管。当班值班员与陈月红一起确认了包内物品，发现包内有一台平板电脑、现金34 000余元等贵重物品，车站立即播放寻人广播寻找失主，但没有乘客联系车站认领。

一个多小时后，一位男乘客到站联系工作人员求助，表示自己丢失了物品。经信息核对，车站将双肩包交还失主。领回遗落的双肩包后，男乘客对安检员拾金不昧的职业素养、主动寻找失主的服务精神连连致谢："希望这种正能量能够传递下去。"并当场写了一封感谢信对工作人员表示感谢。

请思考：

（1）上述乘客寻物案例中，客运服务人员展现了怎样的礼仪素养？

（2）地铁出行乘客较多时，车站可以采用哪些措施来减少此类事件的发生？

# 任务二　乘客纠纷处理训练

## 任务引入

8月12日晚上，一名醉酒男子在某地铁三号线列车上辱骂、追逐、殴打多名乘客，并在列车停靠时堵住列车门导致列车延误159 s。事后辩称自己什么也不记得了。之后，该男子因涉嫌寻衅滋事被地铁警方逮捕。

请思考：在工作中碰到上述事件，地铁客运工作人员第一时间应该如何处置，才能将不良影响减少到最低程度？

## 任务描述

在城市轨道交通场所，由于人员密集、客流拥挤，乘客之间有时难免会发生冲突甚至打架等事件。这些事件不仅危害公共安全，还会严重破坏公共秩序。因此，客运服务人员在面对此类事件时，必须迅速作出反应，采取有效措施进行妥善处理，以防止事件升级，确保公共安全和秩序。

乘客纠纷处理训练学习情境教学设计见表6-2-1。

表 6-2-1　乘客纠纷处理训练学习情境教学设计

| 序号 | 子任务情境 | 子任务描述 |
| --- | --- | --- |
| 1 | 乘客之间的纠纷处理 | 熟悉乘客之间纠纷事件处理的基本流程，掌握沟通基本技巧，在乘客纠纷处理工作中运用礼仪规范 |
| 2 | 乘客与工作人员的纠纷处理 | 熟悉乘客与工作人员的纠纷处理的方法与措施，掌握化解乘客与工作人员矛盾冲突的方法 |

通过任务训练，学生能够对乘客纠纷处理工作礼仪有一定的认识，并了解如何处理常见问题，达到城市轨道交通服务员国家职业技能标准中，城市轨道交通站务员（五级/四级/三级）、城市轨道交通值班员部分技能要求。

## 任务分组

乘客纠纷处理任务训练分组与分工安排见表 6-2-2。

表 6-2-2　学生任务分配表

| | | | | | |
| --- | --- | --- | --- | --- | --- |
| 班　级 | | 组　号 | | 指导老师 | |
| 组　长 | | 学　号 | | 小组人数 | |
| 组　员 | | | | | |
| 任务名称 | | | | | |
| 任务分工 | | | | | |
| 备注说明 | | | | | |

## 任务计划

1. 阅读工作任务书，填写任务分配表，进行乘客纠纷事务处理训练准备。

2. 收集《城市轨道交通运营管理规定》《城市轨道交通客运服务规范》《城市轨道交通客运组织与服务管理办法》《1+X 城市轨道交通站务职业技能标准》《城市轨道交通站务员职业技能鉴定标准》《城市轨道交通值班员职业技能鉴定标准》中有关乘客纠纷事务处理工作标准的知识。

3. 结合任务书分析乘客纠纷事务处理礼仪运用的难点和常见问题。

## 任务实施

### 一、乘客之间的纠纷处理训练

乘客之间的纠纷处理训练任务单见表 6-2-3。

表 6-2-3　乘客之间的纠纷处理训练任务单

| | | | | | |
| --- | --- | --- | --- | --- | --- |
| 任务编号 | 6-2-1 | 任务名称 | 乘客之间的纠纷处理训练 | | |
| 班　级 | | 组　号 | | 姓　名 | |
| 任务目标 | 素养目标 | 1. 树立尊重乘客的服务意识，提升优质服务水平。<br>2. 培养灵活运用礼仪的意识，丰富职业情感 | | | |
| | 知识目标 | 1. 熟悉乘客之间纠纷处理的工作流程。<br>2. 熟悉乘客之间纠纷处理的礼仪规范 | | | |
| | 技能目标 | 1. 具有良好的语言表达与沟通理解能力。<br>2. 运用礼仪原则处理乘客纠纷的常见问题 | | | |

**任务内容**

两名男子因在地铁站内候车排队发生争执，随后又动手引发肢体冲突。其中一名男子还冲撞到旁边候车的老人。

小组分配角色，模拟乘客之间发生纠纷事件的处理流程与内容，从服务礼仪应用的角度，分析事件处理中的服务禁忌与妥善的处置措施，并完成下面表格内容的填写。

| 纠纷处理的服务禁忌 | 妥善的处置措施 |
| --- | --- |
| | |

**引导问题 1**：若乘客的行为妨碍、扰乱城市轨道交通的正常秩序，如损毁公私财产，侵害他人人身安全等，客运服务人员应该如何处置？________________________________________________

________________________________________________

________________________________________________

**引导问题 2**：客运服务人员如果发现行为异常、醉酒等不宜乘车的乘客，应该如何处置？________________

________________________________________________

________________________________________________

**小案例**

**深圳地铁警方“敬告式”执法**

2025 年 3 月，深圳已有 18 条地铁线路开通运行，每天客流量近千万人次，日均客运强度 1.37 万人次/km，连续 15 个月居全国首位。在如此高强度的客流之下，乘客之间因各种矛盾引发的纠纷事件时有发生。

有的乘客因排队候车拥挤发生肢体冲突，有的乘客非主观故意导致其他乘客受伤，有些乘客醉酒进站后大声喧哗吵闹……对于这类没有造成严重人身伤害或财物损害，也没有在地铁站台内产生严重后果的纠纷事件，地铁民警会对当事人发放《法律风险敬告书》进行敬告提醒、普法宣传，帮助有改过意愿的当事人提高法律意识和文明乘车行为意识。

根据违法情节不同，深圳轨道公安的《法律风险敬告书》一共分为五类，由民警根据实际情况，对当事人进行当场宣读，现场普法。据统计，自 2024 年 1 月至 2025 年 3 月，99.7% 被采取“敬告式执法”的人员至今没有再违法犯罪的记录。在深圳地铁日均客流同比上升 14.7% 的情况下，深圳地铁内刑事治安、打架斗殴警情分别同比下降 30.5% 和 41%。

## 二、乘客与工作人员的纠纷处理训练

乘客与工作人员的纠纷处理训练任务单见表 6-2-4。

**表 6-2-4　乘客与工作人员的纠纷处理训练任务单**

<table>
<tr><td>任务编号</td><td>6-2-2</td><td>任务名称</td><td colspan="3">乘客与工作人员的纠纷处理训练</td></tr>
<tr><td>班　　级</td><td></td><td>组　　号</td><td></td><td>姓　　名</td><td></td></tr>
<tr><td rowspan="3">任务目标</td><td>素养目标</td><td colspan="4">1. 树立尊重乘客的服务意识，提升优质服务水平。<br>2. 培养灵活运用礼仪的意识，丰富职业情感</td></tr>
<tr><td>知识目标</td><td colspan="4">1. 熟悉化解乘客与工作人员矛盾的方法。<br>2. 掌握乘客与工作人员纠纷处理的措施</td></tr>
<tr><td>技能目标</td><td colspan="4">1. 具有良好的语言表达与沟通理解能力。<br>2. 掌握化解乘客与工作人员矛盾冲突的方法</td></tr>
</table>

**任务内容**

一天，郭某（女）乘地铁时，因其接打电话声音较大，对面乘客王某提醒其注意言行，随即两人发生口角，并引发轻微肢体冲突。其间，地铁公司保安员陈某到场制止双方冲突，并要求两人下车进行处理，郭某拒绝下车。因郭某持续大声吵闹，影响了地铁公共秩序，保安陈某某强行拖拉郭某下车，造成一定社会舆论。

小组讨论，该事件中女乘客的行为是否涉嫌扰乱公共场所秩序和交通秩序？地铁站保安员处置事件的行为是否得当？是否有更合适的处置措施？

| 纠纷处理的服务禁忌 | 妥善的处置措施 |
| --- | --- |
| | |

引导问题 1：地铁工作人员在处理乘客与工作人员的纠纷时，用换位思考的方法是否可以化解矛盾？具体如何应用？____________________

引导问题 2：哪些语言可以有效地化解乘客与工作人员之间的矛盾？____________________

## 任务评价

乘客纠纷事务处理训练任务完成后，需对每个小组的任务完成情况进行评价。任务评分表见表 6-2-5。

**表 6-2-5　乘客纠纷事务处理任务训练评分表**

| 序号 | 评价内容 | | 评价标准 | 分值 | 评分记录 | | |
| --- | --- | --- | --- | --- | --- | --- | --- |
| | | | | | 学生自评 | 组间互评 | 教师评分 |
| 1 | 工作态度（20%） | | 秉持安全第一、乘客至上的服务理念 | 10 | | | |
| | | | 体现以人为本、保障权益的职业意识 | 10 | | | |
| 2 | 工作过程（60%） | 礼仪素养（20%） | 着工作装、戴工作牌、淡妆上岗 | 5 | | | |
| | | | 动作姿态遵守服务礼仪规范 | 5 | | | |
| | | | 服务礼貌语言运用流畅、应答准确 | 5 | | | |
| | | | 与乘客进行良好沟通，安抚乘客情绪 | 5 | | | |
| | | 专业技能（40%） | *明确乘客纠纷处理的岗位职责 | 10 | | | |
| | | | *及时上报、配合处理 | 10 | | | |
| | | | *遵循乘客纠纷处理的流程与规范 | 10 | | | |
| | | | *掌握避免乘客矛盾纠纷的方法 | 10 | | | |
| 3 | 工作成果（20%） | 学习方法 | 按时、准确地填写工作任务书 | 5 | | | |
| | | 参与程度 | 团队熟练配合完成工作任务 | 5 | | | |
| | | 思维状态 | 能够主动发现问题、分析问题、解决问题 | 5 | | | |
| | | 能力延展 | 服务工作体现创新之处 | 5 | | | |
| 小　计 | | | | 100 | | | |

| 综合评价 | 学生自评（20%） | 组间互评（30%） | 教师评分（50%） | 综合得分 |
| --- | --- | --- | --- | --- |
| | | | | |

## 相关知识点

### 知识点 1：乘客纠纷事件处理的流程与规范

（1）到达现场与劝阻。工作人员发现乘客争吵或打架，应立即赶赴现场，并向值班站长及车站控制室报告。地铁工作人员在发现乘客纠纷时，应保持冷静，观察纠纷的性质和规模，避免盲目跟从或引起恐慌。如纠纷仅为口头争执，工作人员应尝试进行劝阻，平息双方情绪，防止事态升级。可以将争吵的乘客分开，带到人少的地方，劝说他们冷静下来，并告知继续争执可能产生的后果。

（2）协助处理。如果纠纷升级为肢体冲突或严重影响其他乘客，周围工作人员应协助处理，疏散周边乘客。车控室安排人员支援，报告轨道交通公安并反映情况。如果乘客在公安到场之前强烈要求离开，工作人员应留下相应证件资料及联系方式等。

（3）维护安全秩序。工作人员需要疏散周边的乘客，防止其他乘客受到伤害。对于围观群众，也应进行劝离，以维持车站的正常秩序。如果纠纷导致乘客受伤，工作人员应立即进行必要的现场急救，并配合120急救人员将伤者送往医院。

## 知识点2：避免乘客纠纷产生的方法

（1）加强法律法规宣传。让乘客明确知道在处理纠纷时应依照法律，避免采取过激行为。同时，强调法律对于维护公共秩序和乘客权益的重要作用，提高乘客的法律意识，从源头上减少纠纷的发生。

（2）提升乘客服务质量。轨道交通运营企业应提供清晰、准确的车次、站点信息，减少因信息不对称引发的纠纷。此外，加强对工作人员的培训，提高他们的服务意识和应对突发事件的能力，确保在纠纷发生时能够迅速、有效地进行干预和处理。

（3）建立有效的沟通机制。在车厢内设置明显的联系方式，如对讲装置或紧急联系电话，方便乘客在遇到问题时及时求助。同时，鼓励乘客之间友好沟通，对于轻微纠纷，可通过相互理解和协商来解决，避免事态升级。

（4）倡导文明乘车。通过宣传、教育等方式，倡导乘客文明乘车，遵守公共秩序，尊重他人权益。对于不遵守规定、引发纠纷的乘客，应依法进行处理，以儆效尤。同时，可以定期举办乘客互动活动，增强乘客间的理解和尊重，营造和谐的乘车氛围。

## 知识点3：遇行为异常乘客的服务要点

（1）工作人员巡视中及时发现行为异常乘客（如醉酒、精神异常），注意观察，从面色、衣着、神情、姿态、言谈等方面判断乘客是否有异常状况。如发现行为异常乘客，服务的首要原则是保障行为异常乘客及其他乘客的人身安全，防止行为异常乘客做出可能伤害自己或他人的行为。

（2）如果行为异常乘客有同行人员陪伴，工作人员可以告知其乘车安全注意事项，询问其目的地车站及是否需要协助进出站。并及时向目的地车站通报行为异常乘客相关信息，以便到达后能及时给予照顾和护送。

（3）如果醉酒乘客已神志不清、行动异常，工作人员应礼貌劝阻乘客及其同行人员购票进站，并做好解释工作。如果醉酒乘客不听劝阻、情绪激动或有过激行为，应立即报告轨道交通公安处理。

（4）如果在车站发现独自出行的精神异常乘客，工作人员应注意看护并立即报告轨道交通公安处理，必要时尽快联系当地的精神卫生机构或医疗机构，寻求专业的帮助和指导。在专业人员到达之前，车站工作人员应尽可能地稳定精神异常乘客的情绪，并与其保持一定的距离，以确保安全。专业人员到达后，车站工作人员应积极协助处理，包括提供必要的场地和设施等。

## 知识点 4：乘客与工作人员纠纷处理的措施

（1）保持冷静沟通协商。在纠纷发生时，地铁工作人员应避免情绪化，保持冷静和理智，避免矛盾升级。工作人员应主动与乘客进行沟通，了解乘客的需求和不满，向乘客耐心解释自己的工作职责，尝试寻求乘客的理解与配合。双方协商出共同认可的解决方案。

（2）寻求协助妥善处理。如果双方沟通无法达成一致，可以寻求运营企业管理部门的协助。如果纠纷升级为肢体冲突，工作人员受到乘客侮辱、恐吓或攻击时，员工要做好自我保护，并立即报警，等待公安处理。在处理乘客与工作人员之间的纠纷时，双方都应遵守法律法规，尊重他人权益。在处理纠纷过程中，应妥善保存相关证据，如监控视频、录音、照片等。

（3）维护安全秩序。应疏散围观乘客，防止其他乘客受到伤害。对于严重扰乱车站秩序或危及公共安全的行为，地铁工作人员有权采取必要的制止措施，并及时报警处理。在纠纷过程中如果发生人员受伤，应立即联系救护车，并对伤者进行简单的急救处理。

## 知识点 5：乘客与工作人员纠纷处理的礼仪要点

（1）保持冷静与尊重。在纠纷发生时，双方（乘客和地铁工作人员）都应保持冷静，避免情绪化的言语和行为。特别是地铁工作人员，应保持理智与克制，不能因自身言行激化矛盾。除自身安全受到威胁的情况下，工作人员应充分尊重乘客的权益，以礼相待，避免冲突升级。这是处理纠纷的基本要点。

（2）及时沟通与协商。双方应尝试进行及时、有效的沟通，了解彼此的立场和需求。地铁工作人员应主动倾听乘客的诉求，用礼貌的语言回应，并尽力提供合理的解决方案。

（3）注意场合与形象。在处理纠纷时，双方都应注意场合和形象，避免在公共场所大声喧哗或做出不雅举动。地铁工作人员应具备规范的礼仪素养与专业的处理能力，避免与乘客发生冲突，维护公共安全与秩序。

## 知识点 6：化解乘客与工作人员矛盾冲突的方法

（1）换位思考。工作人员应尝试从乘客的角度思考问题，理解他们的焦虑、不满或困惑，充分理解乘客的立场和需求。这有助于工作人员更加同情和耐心地对待乘客，避免过度反应或采取防御性态度。在理解乘客的立场和需求后，工作人员需要向乘客表达自己的同理心，减少对方的抵触情绪，并与乘客一起探讨可行的解决方案。

（2）耐心解释。当乘客对服务、规定或流程有疑问或不满时，工作人员应耐心、详细地解释相关情况。使用简单易懂的语言，避免行业术语或复杂的解释，确保乘客能够明白。在解释情况的同时，工作人员可以主动提供多种可能的解决方案，让乘客感受到被尊重和重视。这有助于乘客感受到工作人员的努力和诚意，从而缓解紧张情绪。

（3）包容理解。面对乘客的愤怒或不满，工作人员应保持冷静，避免被情绪左右。以包容和理解的态度对待乘客，即使他们的言辞可能过于激烈或不合理。在沟通过程中，工作人员应努力与乘客达成共识，寻找双方都能接受的解决方案。这可能需要一些妥协和折中，但关键是保持开放和理解的态度。

（4）得体表达。工作人员可以使用积极的语言来表达尊重，例如“我理解您现着急的心情，换成我也会是这样的感受”“让我们一起找到解决问题的办法”；避免使用负面或指责性的言语。在倾听乘客讲话时，可以通过点头、注视或简短的话语来反馈自己的理解和关注。解释企业规章、表达自己立场时要清晰准确，避免模糊不清或含糊其词，可以提供具体的信息、数据或事实，以增加说服力。交流中运用“可是”“但是”“虽然如此”等转折性用语发挥缓冲作用，防止气氛僵化，使对话得以持续。

在与乘客沟通时，工作人员通过运用积极尊重的语言、倾听与认同、清晰准确的表达、转折性言辞等技巧，提高有效沟通的效果，化解矛盾并达成共识。

## 巩固与练习

### 一、填空题

1. 工作人员发现乘客争吵或打架，或接到类似情况报告时，应立即赶赴现场处理。工作人员需要疏散周边乘客，防止其他乘客受到伤害。对于围观群众，应进行________________，以维持车站的正常秩序。

2. 当乘客与工作人员发生纠纷时，工作人员应避免情绪化，保持冷静和理智，避免________________。

3. 如果纠纷升级为肢体冲突或严重影响其他乘客，事发现场周围的工作人员应协助处理，疏散________________。

4. 在处理乘客与工作人员的纠纷时，地铁工作人员应主动________________，用礼貌的语言回应，并尽力提供合理的解决方案。

5. 化解乘客与工作人员矛盾冲突的方法主要有：________________。

### 二、案例分析题

某日，一段题为“地铁工作人员辱骂乘客”的视频在网上流传，视频中一名地铁站的女性工作人员与乘客对骂，言语中有地域性攻击。随后地铁公司对此事给出回应称，早高峰期间，地铁工作人员因与乘客发生纠纷，对乘客出言不逊、用词不当，向社会广大乘客诚恳道歉。目前已对该员工进行严肃处理，同时将以此事件为案例对全体员工加强教育，严格遵守服务规范，竭诚为乘客提供出行服务。

请思考：

（1）在与乘客发生纠纷时，客运服务人员应该采取哪些适当的措施？

（2）在面对此类乘客交流时，如何避免冲突进一步发生？

# 任务三　乘客受伤处理训练

## 任务引入

2024年11月11日，在南宁地铁3号线青秀山站，59岁的张女士在乘坐扶梯的过程中，由于拍照分心，未能保持稳定，不慎摔倒。这一意外情况导致了她的胳膊和腿上出现了多处划伤，伤势较为严重。事故发生后，地铁站工作人员和乘客迅速采取了应急措施，对张女士进行了及时的救助。

在工作中遇到上述事件，工作人员应该如何处置？有哪些法律法规可以遵循？

## 任务描述

随着城市轨道交通的客流量持续增长，使得车站和列车内的人流密度不断增大，从而增加了客伤事件发生的概率。客伤事件处理不当会严重影响城市轨道交通运营秩序和企业形象，并可能导致人员伤亡和财产损失。遇到客伤事件时，客运服务人员应当迅速、合规地处理，以最大程度降低乘客人身损害和财产损失，并维护城市轨道交通企业的形象。

乘客受伤处理工作礼仪学习情境教学设计见表 6-3-1。

表 6-3-1　乘客受伤处理训练学习情境教学设计

| 序号 | 子任务情境 | 子任务描述 |
| --- | --- | --- |
| 1 | 乘客接触设备受伤处理 | 熟悉客伤事件发生的原因与处理原则，掌握防控客伤事件发生的基本技能，体现乘客安全至上的服务意识 |
| 2 | 乘客自身行为受伤处理 | 熟悉乘客受伤处理的基本工作流程与内容，在乘客受伤处理工作中运用礼仪规范 |

通过任务训练，学生能够对乘客受伤处理工作礼仪有一定的认识，并了解如何处理常见问题，达到城市轨道交通服务员国家职业技能标准中，城市轨道交通站务员（五级/四级/三级）、城市轨道交通值班员部分技能要求。

## 任务分组

乘客受伤处理训练任务训练分组与分工安排见表 6-3-2。

表 6-3-2　学生任务分配表

| | | | | | |
| --- | --- | --- | --- | --- | --- |
| 班　　级 | | 组　　号 | | 指导老师 | |
| 组　　长 | | 学　　号 | | 小组人数 | |
| 组　　员 | | | | | |
| 任务名称 | | | | | |
| 任务分工 | | | | | |
| 备注说明 | | | | | |

## 任务计划

1. 阅读工作任务书，填写任务分配表，进行乘客受伤事务处理训练准备。

2. 收集《城市轨道交通运营管理规定》《城市轨道交通客运服务规范》《城市轨道交通客运组织与服务管理办法》《1+X 城市轨道交通站务职业技能标准》《城市轨道交通站务员职业技能鉴定标准》《城市轨道交通值班员职业技能鉴定标准》中有关乘客受伤事务处理工作标准的知识。

3. 结合任务书分析乘客受伤事务处理礼仪运用的难点和常见问题。

## 任务实施

### 一、乘客接触设备受伤处理训练

乘客接触设备受伤处理训练任务单见表 6-3-3。

表 6-3-3　乘客接触设备受伤处理训练任务单

<table>
<tr><td>任务编号</td><td>6-3-1</td><td>任务名称</td><td colspan="3">乘客接触设备受伤处理训练</td></tr>
<tr><td>班　级</td><td></td><td>组　号</td><td></td><td>姓　名</td><td></td></tr>
<tr><td rowspan="3">任务目标</td><td>素养目标</td><td colspan="4">1. 增强责任意识与安全意识，坚持规范执行作业标准。<br>2. 培养全局思维与分析判断能力</td></tr>
<tr><td>知识目标</td><td colspan="4">1. 了解客伤事件处理要求及原则。<br>2. 熟悉客伤事件处理流程及防控措施。<br>3. 掌握客伤事件处理的礼仪规范</td></tr>
<tr><td>技能目标</td><td colspan="4">1. 妥善处理客伤事件，减少影响。<br>2. 运用礼仪原则处理客伤事件中的常见问题</td></tr>
</table>

**任务内容**

某乘客郑某随身携带小行李拖车乘坐地铁，在地铁车门即将关闭、车厢内部黄灯闪烁并伴有提示音时，郑某强行进入，但小拖车仍有部分卡在门外，导致受伤骨折。

小组分配角色，模拟上述客伤事件发生后，地铁工作人员的处理流程与服务内容，并填写下面表格中服务礼仪的内容。

| 步　骤 | 客伤事件处理内容 | 礼仪要点与防控措施 |
|---|---|---|
| 1 | | |
| 2 | | |
| 3 | | |
| 4 | | |

引导问题 1：哪些乘客容易受伤？________________________________

________________________________________________

________________________________________________

引导问题 2：车站哪些区域、哪些设施设备容易发生客伤事件？________________________________

________________________________________________

________________________________________________

引导问题 3：有哪些措施可以减少客伤的发生？________________________________

________________________________________________

________________________________________________

**小提示**

（1）客运工作人员发现乘客受伤后，应立即按压相应紧停按钮并第一时间报告行车值班员；或是在接到行车值班员的通知后第一时间赶至乘客受伤现场。

（2）应携带必要的应急备品，如急救箱、担架等。

（3）检查现场人员受伤情况、设备故障情况，做好站台安全防护与乘客安抚，疏散围观乘客、维护现场秩序。

（4）通知驻站民警，视客伤情况拨打 120。

（5）按照《车站客伤现场处置方案》规范处理乘客受伤事务，积极采取妥善措施。

## 二、乘客自身行为受伤处理训练

乘客自身行为受伤处理训练任务单见表 6-3-4。

表 6-3-4　乘客自身行为受伤处理训练任务单

<table>
<tr><td>任务编号</td><td>6-3-2</td><td>任务名称</td><td colspan="3">乘客自身行为受伤处理训练</td></tr>
<tr><td>班　级</td><td></td><td>组　号</td><td></td><td>姓　名</td><td></td></tr>
<tr><td rowspan="3">任务目标</td><td>素养目标</td><td colspan="4">1. 培养训练有素的工作作风，展示良好职业风范。<br>2. 发扬生命至上、以人为本的职业精神</td></tr>
<tr><td>知识目标</td><td colspan="4">1. 了解客伤事件处理要求及原则。<br>2. 熟悉客伤事件处理流程及防控措施。<br>3. 掌握客伤事件处理的礼仪规范</td></tr>
<tr><td>技能目标</td><td colspan="4">1. 妥善处理客伤事件，减少影响。<br>2. 运用礼仪原则处理客伤事件中的常见问题</td></tr>
</table>

任务内容

“五一”假期乘车高峰时段，一名乘客拖着一只大号行李箱进入站台。眼看出行方向列车即将进台，该乘客在人群中加快了脚步。因为人多拥挤，行李箱的轮子挤破了乘客的脚，乘客疼痛呼喊求助。

小组分配角色，模拟上述客伤事件发生后，地铁工作人员的处理流程与服务内容，并填写下面表格中服务礼仪的内容。

| 步　骤 | 客伤事件处理内容 | 礼仪要点与防控措施 |
|---|---|---|
| 1 | | |
| 2 | | |
| 3 | | |
| 4 | | |

引导问题 1：车站需要准备哪些常用药品？______

______

______

小案例

**400 个出行便捷急救包覆盖至地铁线网车站**

2023 年 2 月 10 日，“救在身边 · 交通救护伴行”红十字出行便携急救包发放仪式在武汉地铁洪山广场站地铁文化角举行。武汉市红十字会向武汉地铁赠送 400 只便携急救包，投放至线网所有车站。

出行便携急救包内除了设有外科口罩、止血纱布、绷带、止血带、医用手套、碘伏消毒液等常规急救用品外，还配备了反光凝心、防割手套、高频口哨、车用破窗器等交通出行急救设备和护具。急救包配发至地铁全线网 291 座车站。

活动现场，武汉市红十字会应急救护志愿者，开展了心肺复苏、创伤救护等应急救护技能培训和出行便捷急救包使用指导，增强一线工作人员和乘客之间的救护能力，以营造更加安全的出行环境。

武汉地铁积极联合市红十字会、医院等单位，定期组织一线员工开展急救培训，提升急救技能水平、强化应急处置能力，截止 2023 年 2 月，共有超过 2 000 名员工接受应急救护培训，1 900 名员工取得红十字会救护员证书。

引导问题 2：轻微客伤如何救治？______________________________

______________________________

______________________________

引导问题 3：较重客伤如何救治？______________________________

______________________________

______________________________

小提示

（1）客运工作人员应在发现或接到通知的第一时间赶至乘客受伤现场。

（2）救助伤员是处理乘客受伤事务的第一要则。

（3）如果是一般客伤，安抚乘客并与乘客进行良好沟通，积极采取妥善措施。

（4）对伤势轻微的乘客，可以对其进行搀扶、伤口包扎等简单救助；如果伤者提出要求，应及时拨打 120 急救电话。

（5）对伤势严重的乘客，需要采取适当急救措施，并立即拨打 120 急救电话。

## 任务评价

乘客受伤处理训练任务完成后，需对每个小组的任务完成情况进行评价。任务评分表见表 6-3-5。

**表 6-3-5　乘客受伤处理任务训练评分表**

| 序号 | 评价内容 | | 评价标准 | 分值 | 评分记录 | | |
|---|---|---|---|---|---|---|---|
| | | | | | 学生自评 | 组间互评 | 教师评分 |
| 1 | 工作态度（20%） | | 秉持安全第一、乘客至上的服务理念 | 10 | | | |
| | | | 体现以人为本、保障权益的职业意识 | 10 | | | |
| 2 | 工作过程（60%） | 礼仪素养（20%） | 着工作装、戴工作牌、淡妆上岗 | 5 | | | |
| | | | 动作姿态遵守服务礼仪规范 | 5 | | | |
| | | | 服务礼貌语言运用流畅、应答准确 | 5 | | | |
| | | | 与乘客进行良好沟通，及时安抚乘客 | 5 | | | |
| | | 专业技能（40%） | *迅速准确地判断客伤原因并采取行动 | 10 | | | |
| | | | *能在扶梯客伤等紧急情况下迅速按压紧急停梯按钮并汇报情况 | 10 | | | |
| | | | *能规范处理客伤事件、汇报信息、寻找并挽留目击证人 | 10 | | | |
| | | | *遵循客伤处理的原则与程序 | 10 | | | |
| 3 | 工作成果（20%） | 学习方法 | 按时、准确地填写工作任务书 | 5 | | | |
| | | 参与程度 | 团队熟练配合完成工作任务 | 5 | | | |
| | | 思维状态 | 能够主动发现问题、分析问题、解决问题 | 5 | | | |
| | | 能力延展 | 服务工作体现创新之处 | 5 | | | |
| 小　计 | | | | 100 | | | |

| 综合评价 | 学生自评（20%） | 组间互评（30%） | 教师评分（50%） | 综合得分 |
|---|---|---|---|---|
| | | | | |

## 相关知识点

### 知识点 1：客伤事件处理流程

#### 1. 发现客伤，赶赴现场

客运服务人员发现客伤后，应立即赶赴现场并汇报当班值班站长或站长，同时根据需要关闭、停用相关设备，做好现场防护，疏散围观群众。值班站长到达后，按事故处理负责人的安排协助处理。

（1）客运服务人员迅速响应。

①立即赶赴现场。客运服务人员在发现客伤事件后，应迅速前往现场，以评估情况并提供初步援助。

②汇报当班值班站长或站长。根据应急预案和程序，客运服务人员需要立即向当班值班站长或站长报告客伤情况，以便上级能够迅速做出决策和响应。

（2）现场处理与防护。

①关闭、停用相关设备。根据现场情况，客运服务人员应判断是否需要关闭或停用相关设备，以防止事态进一步恶化或造成二次伤害。

②做好现场防护。客运服务人员应确保现场安全，设置警示标志或屏障，以隔离受伤乘客和围观群众，避免干扰急救工作和造成额外伤害。

③疏散围观群众。为了保持现场秩序和确保救援通道畅通，客运服务人员应迅速疏散围观群众，引导他们离开事故现场。

④受伤乘客的临时遮挡。使用“正在维修”屏风遮挡：在急救车到来之前，如果乘客伤势较重，客运服务人员可以使用“正在维修”等屏风或遮挡物，以保护受伤乘客的隐私和减少不必要的恐慌。

⑤现场污迹处理。与公安部门协商处理，如果现场有污迹，车站应与公安部门协商后及时处理，以确保现场清洁和卫生，避免对乘客和工作人员造成不良影响。

（3）值班站长的工作。

值班站长在到达现场后，应迅速了解事故情况，并根据事故处理负责人的安排，协助进行事故处理、乘客安抚、信息传递等工作。

#### 2. 救死扶伤，减少损失

（1）安抚乘客。客运服务人员赶到事发现场，迅速安抚受伤乘客的情绪，减轻其紧张和恐惧感。

（2）查看乘客伤势并进行现场救治。在安抚乘客的同时，仔细观察其伤势情况。

①对于轻微伤势，如擦伤、小伤口等，可进行简单的包扎处理。但在包扎、用药前，务必咨询伤者意见，确认其是否有药物过敏或其他特殊情况，以避免造成进一步伤害。

②对于伤势较重的乘客，如骨折、大量出血等，切勿随意搬动，以免加重伤势或造成二次受伤。应立即拨打 120 急救电话，并告知伤者的具体情况和位置，等待专业医护人员的到来。

（3）协助乘客就医。

①对于神志清醒的伤者，应详细询问其感受，了解其是否有特殊需求或要求，是否就医应征询乘客的意见。如伤者要求前往医院，客运服务人员可以提供必要的护送帮助和支持。

②对于神志不清的重伤者，客运服务人员应毫不犹豫地拨打 120 电话，并迅速将伤者送往

医院进行救治。在等待救护车到来的过程中，可进行简单的急救措施，如心肺复苏等（需具备相关急救知识和技能），以争取宝贵的救治时间。

（4）特殊乘客。遇到老人或儿童乘客受伤，客运服务人员应征询受伤乘客的同行人是否需要就医。如果受伤乘客无人陪同，则需立刻联系其家人并告知伤者情况。

### 3. 及时取证，调查分析

当客伤事件（含晕倒、猝死）发生后，城市轨道交通企业应立即成立事件调查小组，开展取证与全面调查分析。

（1）及时取证。及时、全面、准确地收集与事件相关的所有证据，包括但不限于现场监控录像、目击者证言、受伤乘客与同行人的陈述以及相关设备设施的运行记录等。

（2）调查分析。在收集证据的基础上，按照“四不放过”的原则对事件进行深入调查与分析。具体包括：事故原因未查清不放过，即必须彻底查明事件发生的直接和间接原因；责任人员未处理不放过，即对相关责任人员要依法依规进行处理；责任人和群众未受教育不放过，即要通过事件教育责任人和广大群众，提高安全意识；整改措施未落实不放过，即必须针对事件原因制定并落实有效的整改措施，防止类似事件再次发生。

在调查过程中，调查小组还将根据相关法律法规初步判断责任，并形成事件的初步处理意见。这一意见将作为后续处理工作的重要依据，确保事件的公正、合理解决。

### 4. 妥善处理减少影响

客伤事件发生后，城市轨道交通企业要组成综合善后小组，对当事人或家属进行安抚，制定善后处理方案，减少负面影响。在善后处理过程中要遵守以下原则：

（1）依法依规处理。企业必须严格按照国家有关的法律法规、地方性法规和规章来处理客伤事件。在善后处理的每一个环节，都要确保符合法律规定，不得有任何违法违规的行为。

（2）公平合理对待。在善后处理中，应当公平对待当事人，各方应合理承担责任。

（3）协商解决争议。企业应当本着解决问题、解决争议的目的尽量与当事人协调。通过积极的沟通协商，寻求双方都能接受的解决方案，以避免争议升级和扩大化。

（4）维护企业利益。在善后处理过程中，企业不仅要关注当事人的权益，也要尽可能维护自身的利益和企业形象。这要求企业在处理过程中保持冷静和理性，采取合理有效的措施来减少负面影响。

## 知识点2：客伤事件处理的礼仪要点

（1）及时安抚乘客情绪。在客伤事件发生后，应立即对受伤乘客及其家属进行情绪安抚，表达深切的关心和同情。这样做可以有效减轻他们的紧张和恐惧感，为后续处理打下良好的基础。

（2）保持专业与冷静的态度。工作人员在处理客伤事件时，必须展现出高度的专业素养和冷静的态度。面对乘客的抱怨和不满，应态度平和并礼貌回应，避免慌乱或情绪化，以确保整个处理过程的有序进行。

（3）尊重乘客隐私。在处理过程中，应严格尊重受伤乘客的隐私，避免在公开场合讨论其伤情或个人信息。这样做不仅保护了乘客的尊严，也体现了对乘客个人权益的尊重。

（4）及时沟通与协商。与受伤乘客及其家属保持及时沟通，了解他们的需要和诉求。工作人员应耐心倾听，并尽量通过协商的方式解决问题，展现出诚意和合作精神。

（5）礼貌对待目击者与相关人员。在目击者和其他相关人员提供协助时，工作人员应礼貌地询问并收集证据，同时对他们的配合与帮助表示感谢。在此过程中，也要确保他们的隐私得到妥善保护。

（6）维护现场秩序。在处理客伤事件时，工作人员应迅速控制现场，避免围观群众造成拥堵或二次伤害。同时，要积极配合公安等相关部门的工作，确保地铁运营的安全与通畅。

## 知识点 3：客伤事件防控措施

### 1. 加强预防措施

（1）增加监控设备。在地铁扶梯、车厢、站台等关键区域安装摄像头，进行实时监控，以便及时发现并处理潜在的安全隐患。

（2）提高标识清晰度。在扶梯旁边、车厢内外等显眼位置设置明确的标识牌，提醒乘客注意安全，遵守乘车规定，如不要走动、不要玩手机等。

（3）加强宣传教育。通过地铁广告、公告、宣传册等多种形式，向乘客普及地铁安全知识，提高乘客的安全意识。

### 2. 完善应急处置机制

（1）制定应急预案。地铁运营企业应制定详细的应急预案，明确应急响应原则、流程、措施等，确保在突发事件发生时能够迅速、有效地进行处置。

（2）加强员工培训。定期对地铁工作人员进行应急处理培训，提高员工的应急处置能力和反应速度，确保在紧急情况下能够迅速采取措施，保障乘客安全。

（3）储备应急物资。地铁运营企业应储备足够的应急物资，如急救箱、担架、灭火器等，确保在突发事件发生时能够及时使用，减少伤害。

### 3. 强化日常安全管理

（1）定期检查设备。对地铁扶梯、车厢、轨道等关键设备进行定期检查和维护，确保设备处于良好状态，减少因设备故障导致的客伤事件。

（2）加强站台管理。在高峰时段加强站台管理，引导乘客有序乘车，防止因拥挤、推搡等导致的客伤事件。

（3）关注特殊群体。对老人、孕妇、小孩、残疾人等特殊群体给予特别关注，提供必要的帮助和引导，确保他们的乘车安全。

### 4. 提升乘客自我防护意识

（1）提醒乘客注意安全。通过广播、公告等方式，提醒乘客在乘车过程中注意安全，遵守乘车规定，不要随意走动、嬉戏打闹等。

（2）教育乘客应对突发情况。向乘客普及应对突发情况的知识和方法，如遇到紧急情况时应如何报警、如何自救等。

## 巩固与练习

### 一、填空题

1. 突发客伤事件时，客运服务人员要快速反应，立即赶赴现场开展事件处理，并汇报当班值班站长或站长，同时根据需要________________。

2. 突发客伤事件时，如果乘客伤势较重，在急救车未到来前可用________________遮挡住受伤乘客。

3. 为了有效防范客伤事件，客运服务人员要针对________________，提高安全意识，安全操作设施设备，做好巡视工作，加强宣传提醒。

文本

项目六答案

## 二、案例分析题

乘客反映在地铁S7号线到中山湖站出站时其脚受伤，中山湖站王站长给乘客喷了药，将乘客背到出口，嘱咐其去医院检查，最后乘客确认是骨折。事后，乘客拨打地铁热线电话要求表扬帮助自己的工作人员。

上述案例中，车站工作人员有哪些服务亮点？

# 项目七

# 乘客投诉接待

## 知识结构

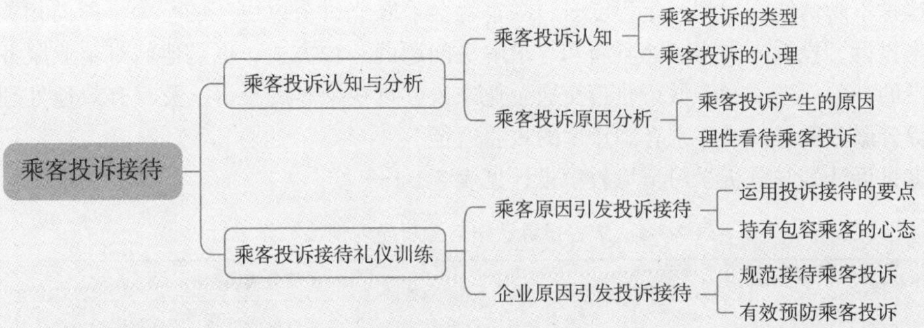


作为服务性企业及公共交通单位，城市轨道交通企业不可避免地会遇到乘客投诉。正确认识、妥善对待和处理投诉能够体现企业的管理水平，也能够树立良好的企业形象。为了不断改进服务工作，提高服务质量，切实维护城市轨道交通企业的形象，城市轨道交通企业必须妥善处理乘客投诉。

本项目主要介绍乘客投诉的相关知识和如何正确处理乘客投诉。由2个学习任务构成，包括：乘客投诉认知与分析、乘客投诉接待礼仪训练。学生通过本项目的学习，能够掌握乘客投诉处理的原则和技巧。

具体能够达到以下学习目标：

- 素养目标：坚持以人为本，尊重乘客，维护乘客的利益。坚持实事求是的原则，勇于承担责任。
- 知识目标：正确认识乘客投诉；熟悉乘客投诉的产生原因和乘客投诉心理；掌握乘客投诉接待的禁忌。
- 技能目标：掌握处理乘客投诉的原则和方法；能够正确处理不同类型的乘客投诉，并提出有效的整改措施。

# 任务一 乘客投诉认知与分析

## 任务引入

一天，乘客反映其家属是一名孕妇，要乘坐地铁去产检，8:30—9:00 在地铁站晕倒爬出了车厢，在地上坐了 20 min 左右，站台的站务员没有过来询问，也没有管理而是在和别人聊天，家属投诉同时希望相关部门加强对工作人员的管理。

## 任务描述

乘客在乘坐城市轨道交通工具时，通常会对出行本身和企业的服务抱有良好的愿望和较高的期盼。他们期望能够安全、准时、舒适地到达目的地，同时也希望享受到优质的服务和舒适的乘车环境。然而，如果这些要求和愿望在实际情况中得不到满足，乘客就会感到失望和不满，进而失去心理平衡。

当这种不满情绪积累到一定程度时，乘客就会采取“讨个说法”的行为，即向相关部门或企业提出投诉。投诉是乘客表达不满和寻求解决问题的一种方式，也是他们对企业服务质量和运营水平的一种反馈。对于城市轨道交通企业来说，重视乘客的投诉、及时有效地处理投诉问题，是提升服务质量、增强乘客满意度的重要途径。

乘客投诉认知与分析学习情境教学设计见表 7-1-1。

**表 7-1-1 乘客投诉认知与分析学习情境教学设计**

| 序号 | 子任务情境 | 子任务描述 |
|---|---|---|
| 1 | 乘客投诉认知 | 正确看待乘客投诉事件，熟悉乘客投诉的类型，明确乘客投诉产生的过程，树立以人为本的服务意识 |
| 2 | 乘客投诉原因分析 | 正确分析乘客投诉的原因与心理需求；掌握减少投诉发生的预防措施 |

通过任务训练，学生能够掌握乘客投诉的相关知识，了解乘客投诉产生的原因，熟悉乘客投诉的心理，以及正确看待乘客的投诉，达到城市轨道交通服务员国家职业技能标准中，城市轨道交通站务员（五级/四级/三级）、城市轨道交通值班员部分技能要求。

## 任务分组

乘客投诉认知与分析任务训练分组与分工安排见表 7-1-2。

**表 7-1-2 学生任务分配表**

| | | | | | |
|---|---|---|---|---|---|
| 班　级 | | 组　号 | | 指导老师 | |
| 组　长 | | 学　号 | | 小组人数 | |
| 组　员 | | | | | |
| 任务名称 | | | | | |
| 任务分工 | | | | | |
| 备注说明 | | | | | |

## 任务计划

1. 阅读工作任务书，填写任务分配表，进行乘客投诉接待礼仪工作准备。

2. 收集《城市轨道交通运营管理规定》《城市轨道交通客运服务规范》《城市轨道交通客运组织与服务管理办法》《1+X 城市轨道交通站务职业技能标准》《城市轨道交通站务员职业技能鉴定标准》《城市轨道交通值班员职业技能鉴定标准》中有关乘客投诉接待礼仪工作标准的知识。

3. 结合任务书分析乘客投诉接待礼仪运用的难点和常见问题。

## 任务实施

### 一、乘客投诉认知

乘客投诉认知任务单见表 7-1-3。

表 7-1-3　乘客投诉认知任务单

| 任务编号 | | 任务名称 | 乘客投诉认知 | | |
|---|---|---|---|---|---|
| 班　　级 | | 组　　号 | | 姓　　名 | |
| 任务目标 | 素养目标 | 1. 树立以人为本的服务意识。<br>2. 培养逻辑思维与分析判断能力 | | | |
| | 知识目标 | 1. 熟悉乘客投诉的类型。<br>2. 明确乘客投诉产生的过程 | | | |
| | 技能目标 | 1. 能够理性看待乘客投诉。<br>2. 乘客投诉接待中主动耐心对客服务 | | | |

**任务内容**

一名乘客因携带锤子乘坐地铁被安检员拦下。乘客表示自己是建筑工人，锤子是其工作中的必需品，但安检员拒绝其携带进站。乘客情绪激动，将锤子砸坏以示不满。随后乘客投诉，认为安检员对其携带的工具处理不当，且未给出合理的解决方案。

请扫描二维码，观看教学视频。

视　频

投诉认知与分析

小组讨论，案例中服务人员怎样做才不会被投诉？在类似的工作场景中有哪些服务语言规范和服务禁忌？

| 服务语言规范 | 服 务 禁 忌 |
|---|---|
| | |

引导问题 1：这位乘客对服务人员行为的投诉是否合理？________________________________________

引导问题 2：投诉的乘客希望得到什么？________________________________________

引导问题 3：乘客投诉对城市轨道交通企业有哪些方面的影响？________________________________________

### 二、乘客投诉原因分析

乘客投诉原因分析任务单见表 7-1-4。

表 7-1-4 乘客投诉原因分析任务单

| 任务编号 | | 任务名称 | 乘客投诉原因分析 | | |
|---|---|---|---|---|---|
| 班　级 | | 组　号 | | 姓　名 | |
| 任务目标 | 素养目标 | 1. 牢固树立尊重乘客的服务意识。<br>2. 培养逻辑思维与分析判断能力 | | | |
| | 知识目标 | 1. 熟悉乘客投诉产生的原因。<br>2. 了解乘客投诉的常见心理 | | | |
| | 技能目标 | 1. 准确分析乘客投诉的心理需求。<br>2. 掌握减少投诉发生的预防措施 | | | |

任务内容

一天，乘客反映在某站进站被拒。乘客是国家应急救援队消防员，未带证件，身穿制服要求免费乘车被拒。乘客质疑票务人员是否可以分辨证件真假，沟通过程中票务人员态度也不好。乘客和票务员发生争吵，乘客对此表示不满，引发投诉。

小组讨论，分析上述案例中工作人员怎样做才能避免被投诉？并在下表中填入在类似的工作场景中有哪些服务语言和服务禁忌。

| 服 务 语 言 | 服 务 禁 忌 |
|---|---|
| | |

引导问题 1：产生乘客投诉的原因有哪些？________________

小提示

乘客投诉的原因有很多，有些属于乘客自身原因，有些属于企业的原因，具体如下：

| 乘客自身原因 | 企业的原因 |
|---|---|
| （1）乘客不了解或不知道地铁企业规定。<br>（2）乘客个人原因导致的随身物品遗失。<br>（3）乘客对服务期望过高。<br>（4）乘客个人情绪或行为影响。 | （1）工作人员态度不佳或服务质量差。<br>（2）各类客运服务设施设备故障。<br>（3）列车运行过程中出现的问题，如列车延误、列车运行不平稳等。<br>（4）车站厕所、车站管辖范围内的卫生状况差，以及车厢内的卫生问题等。<br>（5）地铁车站和列车内的治安状况不佳，乘客感到不安全。 |

引导问题 2：依据投诉产生的原因，乘客投诉可以分为哪些类型？________________

小案例

**深圳地铁智能 AI 技术应用减少乘客投诉**

近年来，深圳地铁利用智能化科技手段，让地铁车站出现了许多新气象。

在深圳地铁 11 号线机场站站台立柱的电子显示屏上，乘客不仅可以看到所处车站、本次列车终点站、预计到站时间等信息，还可以提前了解每节车厢拥挤度。电子显示屏以不同颜色、数量的卡通小人提示不同的拥挤度，让乘客一目了然。针对乘客对车厢温度的不同需求，深圳地铁研发推出了“同车不同温”模式，在不同车厢张贴了“强冷”“弱冷”标识，便于乘客自行选择。

客流监测预警系统通过大数据和云计算，可对出入口、通道、站厅等公共区域高清摄像头上传的海量视频画面进行实时运算分析。当有人员在扶梯上发生逆行、摔倒等突发事件时，智能 AI 分析会第一时间自动报警。当轮椅乘客搭乘出入口垂梯时，系统会自动预警，提示工作人员前往协助。AI 监控视频分析发现地面环境异常时会自动触发保洁调度指令。

AI 技术的应用在满足乘客安全舒适便捷出行需求的同时，有效降低了服务不及时的风险，有助于从源头消除乘客投诉风险。

## 任务评价

乘客投诉认知与分析训练任务完成后，需对每个小组的任务完成情况进行评价。任务评分表见表 7-1-5。

**表 7-1-5　乘客投诉认知与分析任务训练评分表**

| 序号 | 评价内容 | | 评价标准 | 分值 | 评分记录 | | |
|---|---|---|---|---|---|---|---|
| | | | | | 学生自评 | 组间互评 | 教师评分 |
| 1 | 工作态度（20%） | | 秉持乘客至上、服务为本的服务理念 | 10 | | | |
| | | | 体现以理服人、得理让人的职业意识 | 10 | | | |
| 2 | 工作过程（60%） | 礼仪素养（20%） | 着工作装、戴工作牌、淡妆上岗 | 5 | | | |
| | | | 动作姿态遵守服务礼仪规范 | 5 | | | |
| | | | 服务礼貌语言运用流畅、准确 | 5 | | | |
| | | | 有关爱乘客、关注细节、礼貌待人的表现 | 5 | | | |
| | | 专业技能（40%） | * 正确判断乘客投诉的原因 | 10 | | | |
| | | | * 正确判定乘客投诉的类型 | 10 | | | |
| | | | * 准确分析乘客投诉的心理 | 10 | | | |
| | | | * 理性看待乘客投诉 | 10 | | | |
| 3 | 工作成果（20%） | 学习方法 | 按时、准确填写工作任务书 | 5 | | | |
| | | 参与程度 | 团队熟练配合完成工作任务 | 5 | | | |
| | | 思维状态 | 能够主动发现问题、分析问题、解决问题 | 5 | | | |
| | | 能力延展 | 服务工作体现创新之处 | 5 | | | |
| 小　计 | | | | 100 | | | |
| 综合评价 | 学生自评（20%） | 组间互评（30%） | 教师评分（50%） | 综合得分 | | | |
| | | | | | | | |

## 相关知识点

### 知识点 1：乘客投诉产生的过程及原因

#### 1. 投诉产生的过程

（1）服务体验差距。乘客在乘坐地铁时，会基于个人期望对服务质量有一个预设标准。当实际感知到的服务质量与这个标准存在差距时，乘客会感到不满或失望。

（2）不满情绪积累。这种不满情绪可能会随着乘车过程的进行而逐渐积累，特别是当问题得不到及时解决或乘客认为受到不公平对待时。

（3）投诉表达。当不满情绪达到一定程度时，乘客会选择通过口头或书面的方式向地铁公司或相关部门表达他们的不满和诉求，即产生投诉。

#### 2. 投诉产生的原因

（1）服务设备设施问题。客运服务设备设施的不完善或故障，如闸机失灵、自动售票机故障等，会影响乘客的乘车体验，从而引发投诉。

（2）服务态度与方式问题。客运服务人员的服务态度不友好、服务方式不当或缺乏服务技巧，如售票员不规范作业、对乘客的询问不耐烦等，也会引发乘客的不满和投诉。

（3）环境卫生问题。服务场所的环境卫生状况不佳，如车厢内、站台上的垃圾未及时清理，空气不流通等，会影响乘客的乘车舒适度，进而产生投诉。

（4）服务承诺未兑现。如果地铁公司或相关部门未能兑现其服务承诺，如乘车优惠未实施、乘车信息不准确等，也会引发乘客的投诉。

（5）乘客个人因素。乘客自身的情绪状态、对服务的期望值以及对问题的处理方式等也会影响投诉的产生。例如，乘客对服务质量的期望过高，或者对某一问题特别敏感，都可能更容易产生投诉。

## 知识点 2：乘客投诉心理

（1）求尊重心理。乘客在地铁出行过程中，如果感到自己未被尊重，很可能会进行投诉。这种不尊重可能来自乘务人员的服务态度、车厢或车站的卫生状况、设施的不完善等多个方面。

（2）求宣泄心理。当乘客在地铁服务中遇到不满，他们可能会利用投诉的机会把自己的不满发泄出来，以维持心理上的平衡。这种宣泄心理是乘客在遭遇不愉快体验后的一种自然反应。

（3）求公平心理。乘客在支付费用后，期望获得相应的服务。如果他们觉得物非所值，没有获得应有的服务，就会寻找机会来表达这种不公平感，投诉便成为一种满足这种心理需求的方式。

（4）求补偿心理。乘客通过投诉，往往还希望自己在精神上和物质上的损失能得到一定的补偿。这种补偿可能包括道歉、退款、改善服务等多种形式。

（5）安全感需求。地铁作为公共交通工具，乘客对其有基本的安全需求。如果乘客在地铁中感受到安全隐患，如车厢拥挤、发车时间不准时、地铁站安全问题等，都可能引发投诉。

此外，还有一些乘客可能出于正义感或感情用事而进行投诉。他们觉得某些服务或行为不符合社会公正标准，或者因为个人情绪的影响而对服务产生不满。

## 知识点 3：正确看待乘客投诉

（1）欢迎并重视乘客投诉。乘客投诉是地铁服务改进的重要信息来源，它反映了地铁服务中存在的问题和不足。通过积极面对投诉，地铁公司可以及时了解乘客的需求和期望，从而有针对性地提升服务质量。因此，地铁公司应树立正确的投诉观念，将乘客投诉视为提升服务质量的契机，而非麻烦或负担。

（2）及时回应乘客投诉。投诉的及时回应是乘客对地铁服务的基本要求之一。当地铁公司接到乘客投诉时，应尽快对投诉进行核实和处理，并向乘客反馈处理结果。这不仅可以解决乘客的实际问题，还能增加乘客对地铁服务的信任和满意度。及时回应也体现了地铁公司对乘客投诉的重视和负责任的态度。

（3）专业、冷静地处理乘客投诉。在处理投诉过程中，地铁公司应保持冷静和专业的态度，避免情绪化或偏激的回应。同时，地铁公司应充分了解地铁系统的运营方式和规定，并能够清晰地向乘客解释问题的原因和解决方案。这样不仅可以有效化解乘客的疑虑和不满，还能展现地铁公司的专业素养和服务水平。

（4）从投诉中吸取教训并持续改进。每一次乘客投诉都是一次宝贵的学习机会。地铁公司应对投诉进行深入分析，找出问题的根源和症结所在，并提出切实可行的改进措施。同时，地铁公司还应将投诉处理结果和改进措施及时反馈给乘客，让乘客感受到地铁公司的诚意和决心。这样不仅可以提升乘客的满意度和忠诚度，还能推动地铁服务的持续改进和提升。

## 巩固与练习

### 一、填空题

1. 乘客在投诉之前就已经产生了潜在性的抱怨，即因为________________，对列车运行或者服务存在一定的不满。

2. ________________往往是令乘客不满意，从而产生投诉的主要原因。

3. 投诉产生的原因常见有：服务设备设施问题、________________问题、环境卫生问题、服务承诺未兑现及乘客个人因素等。

4. 乘客因刷卡后不能正常进站而向工作人员求助，工作人员回答“我也不知道，你自己想办法”，引发乘客投诉。本次投诉中，乘客是出于________________的心理。

5. 地铁公司应树立正确的投诉观念，将乘客投诉视为________________的契机，而非麻烦或负担。

6. 在处理投诉过程中，地铁工作人员应保持冷静和专业的态度，避免________________的回应。

### 二、案例分析题

一天，乘客反映其父母七十多岁出门坐地铁，到了车站发现未带乘车卡，向车站工作人员询问到莫愁湖的票价，要求帮助他们买票。该名工作人员引导乘客看票价表并告知票价为四元，两位老人表示票价很贵。在与两位老人交谈过程中付费区有一名乘客需要处理事务，该员工随即处理付费区乘客事务，两名老人自行离开。回家后其子女微博投诉地铁工作人员拒绝帮助乘客买票。

上述案例中，工作人员的服务存在哪些不足？可以如何改进？

# 任务二 乘客投诉接待礼仪训练

## 任务引入

一天早晨8:08分左右正值出行早高峰时，某乘客在车站站台候车时低头看手机。站台工作人员从远处看到该名乘客正站在安全黄线外，便提醒乘客退后，但是乘客未听到。于是，工作人员走到乘客身旁让其退后，并提醒乘客在黄色安全线以内候车。乘客不予理睬，质问站务员道：“你什么态度？我要向你们领导投诉！”

遇到上述态度强硬、固执的乘客时，工作人员应该如何对待？

## 任务描述

当乘客在乘车过程中存在违反城市轨道交通企业规定的行为时，客运服务人员应给予乘客善意的提醒。这一过程中，切忌与乘客争辩。即使乘客的行为明显违规，也应保持冷静和礼貌，避免得理不让人，从而造成双方关系紧张，不利于问题的解决。

客运服务人员在日常工作中应时刻保持专业、规范的服务态度。一句不负责任的话、一个不规范的动作、一种生硬的态度都有可能引起乘客的不满，进而引发投诉。

当乘客投诉发生时，城市轨道交通企业应迅速、有效地进行处理。这包括及时响应乘客的投诉，认真倾听乘客的诉求，积极寻求解决方案，并尽快将处理结果反馈给乘客。通过有效的处理，可以将乘客投诉所造成的不良影响降至最低点，避免不良影响在社会公众间扩散，从而维护企业自身形象。

乘客投诉接待礼仪训练学习情境教学设计见表 7-2-1。

表 7-2-1　乘客投诉接待礼仪训练学习情境教学设计

| 序号 | 子任务情境 | 子任务描述 |
| --- | --- | --- |
| 1 | 乘客原因引发投诉接待 | 熟悉乘客原因引发投诉接待的基本要求，掌握沟通的基本技能，体现尊重乘客的服务意识 |
| 2 | 企业原因引发投诉接待 | 熟悉企业原因引发投诉接待的流程与技巧，在乘客投诉接待工作中运用礼仪规范 |

通过任务训练，学生能够熟悉投诉接待的原则，掌握投诉处理的工作流程与方法。达到城市轨道交通服务员国家职业技能标准中，城市轨道交通站务员（五级/四级/三级）、城市轨道交通值班员部分技能要求。

## 任务分组

乘客投诉接待礼仪训练分组与分工安排见表 7-2-2。

表 7-2-2　学生任务分配表

| | | | | | |
| --- | --- | --- | --- | --- | --- |
| 班　　级 | | 组　　号 | | 指导老师 | |
| 组　　长 | | 学　　号 | | 小组人数 | |
| 组　　员 | | | | | |
| 任务名称 | | | | | |
| 任务分工 | | | | | |
| 备注说明 | | | | | |

## 任务计划

1. 阅读工作任务书，填写任务分配表，进行乘客投诉接待礼仪训练准备。

2. 收集《城市轨道交通运营管理规定》《城市轨道交通客运服务规范》《城市轨道交通客运组织与服务管理办法》《1+X 城市轨道交通站务职业技能标准》《城市轨道交通站务员职业技能鉴定标准》《城市轨道交通值班员职业技能鉴定标准》中有关乘客投诉接待工作标准的知识。

3. 结合任务书分析乘客投诉接待礼仪运用的难点和常见问题。

## 任务实施

### 一、乘客原因引发投诉接待

乘客原因引发投诉接待礼仪任务单见表 7-2-3。

表 7-2-3　乘客原因引发投诉接待任务单

| 任务编号 | 7-2-1 | 任务名称 | 乘客原因引发投诉接待 | | |
|---|---|---|---|---|---|
| 班　　级 | | 组　　号 | | 姓　　名 | |
| 任务目标 | 素养目标 | 1. 有效缓解矛盾冲突，践行乘客至上服务理念。<br>2. 培养灵活运用礼仪的意识，丰富职业情感 | | | |
| | 知识目标 | 1. 理解乘客原因引发投诉接待的原则。<br>2. 熟悉乘客原因引发投诉接待的规范 | | | |
| | 技能目标 | 1. 有良好的语言和文字表达、理解能力。<br>2. 规范运用乘客投诉的处理方法 | | | |

任务内容

某日，客流高峰期，乘客非常多，车门即将关闭的提示音已经响起，一位乘客企图冲上车，被一位站务员挡住了。因为站务人员觉得很危险，拽了乘客一下，可能是弄痛了乘客。这位乘客非常气愤，直接就骂了句粗话，说道“你以为你是谁啊，你凭什么拉我，弄伤了你负责啊……”站务员态度也强硬起来：“你没看见车门关上了呀……”两个人争吵起来，随后引发乘客投诉。

视　频

投诉接待的技巧与禁忌

请扫描二维码，观看教学视频。

小组讨论，分析乘客有违规行为时工作人员应该如何处理？并在下表中填入在类似的工作场景中有哪些服务技巧和服务禁忌。

| 服 务 技 巧 | 服 务 禁 忌 |
|---|---|
| | |

引导问题 1：当乘客发泄不满情绪时，客运服务人员应该如何处理？

______________________________

______________________________

______________________________

引导问题 2：处理乘客投诉时，工作人员的哪些回答容易增加乘客的不满？

______________________________

______________________________

______________________________

## 二、企业原因引发投诉接待

企业原因引发投诉接待礼仪任务单见表 7-2-4。

表 7-2-4　企业原因引发投诉接待任务单

| 任务编号 | 7-2-2 | 任务名称 | 企业原因引发投诉接待 | | |
|---|---|---|---|---|---|
| 班　　级 | | 组　　号 | | 姓　　名 | |
| 任务目标 | 素养目标 | 1. 端正服务心态，培养坚强乐观的职业品格。<br>2. 提升服务质量，营造文明和谐的乘车环境 | | | |
| | 知识目标 | 1. 熟悉企业原因引发投诉接待的工作方法。<br>2. 熟悉企业原因引发投诉接待的礼仪规范 | | | |
| | 技能目标 | 1. 运用礼仪处理投诉接待中的常见问题。<br>2. 有效化解矛盾冲突，维护良好客我关系 | | | |

视频

规范接待乘客投诉

**任务内容**

12 月 3 日周五早上 8:30，正值工作日早高峰时段，地铁 13 号线列车在进站前突发信号故障，导致延误 10 分钟，后续 3 趟列车被迫降速运行，出现积压现象。东关门站站台候车乘客人数超过 2 000 人，客流超设计容量 3 倍。部分乘客滞留楼梯口，存在踩踏风险。一些乘客情绪激动，推挤闸机。还有上班族乘客因担心迟到尝试翻越护栏，与车站工作人员发生争执，事后向地铁公司提出投诉。

请扫描二维码，观看教学视频。

小组讨论，分析上述案例中工作人员被投诉的原因何在？在下表中填入在处理此类投诉事件时应特别注意哪些事项，并提出预防此类投诉事件的改进措施。

| 注意事项 | 预防措施 |
| --- | --- |
| | |

引导问题 1：对于企业服务不足或工作人员行为不当引起的投诉，在处理过程中要注意哪些礼仪规范？

引导问题 2：处理乘客投诉时，地铁企业的哪些做法有助于减轻乘客的不满？

**小案例**

**杭港地铁优质履行服务质量承诺**

为让广大乘客更好地享受“安全、快捷、舒适”的地铁出行体验，杭港地铁每年会公开向广大市民及社会各界人士做出服务承诺。2024 年，杭港地铁以优秀表现履行服务质量承诺。

2024 年度，1 号线、5 号线列车服务准点率、兑现率均达 99% 以上。两条线路自动售票机、扶手电梯、垂直电梯、乘客信息系统的可靠度均达 99% 以上。通过微信官方公众号、杭州地铁 App、杭州地铁服务热线等方式收集乘客意见及建议，不断提升服务水平。服务热线全年受理乘客来电 5 万余个，做到乘客投诉在 5 个工作日内必有回复，有效乘客投诉回复率达 100%。

# 任务评价

乘客投诉接待礼仪训练任务完成后，需对每个小组的任务完成情况进行评价。任务评分表见表 7-2-5。

**表 7-2-5　乘客投诉接待礼仪任务训练评分表**

| 序号 | 评价内容 | | 评价标准 | 分值 | 评分记录 | | |
| --- | --- | --- | --- | --- | --- | --- | --- |
| | | | | | 学生自评 | 组间互评 | 教师评分 |
| 1 | 工作态度（20%） | | 秉持乘客至上，服务为本的服务理念 | 10 | | | |
| | | | 体现以理服人，得理让人的职业意识 | 10 | | | |
| 2 | 工作过程（60%） | 礼仪素养（20%） | 着工作装、戴工作牌、化淡妆上岗 | 5 | | | |
| | | | 动作姿态遵守服务礼仪规范 | 5 | | | |
| | | | 服务礼貌语言运用流畅、准确 | 5 | | | |
| | | | 有关爱乘客、关注细节、礼貌待人的表现 | 5 | | | |
| | | 专业技能（40%） | * 乘客投诉接待的流程完整 | 10 | | | |
| | | | * 遵循乘客投诉接待的原则 | 10 | | | |
| | | | * 正确运用投诉处理的方法与技巧 | 10 | | | |
| | | | * 妥善化解与乘客的矛盾 | 10 | | | |

续上表

<table>
<tr><th rowspan="2">序号</th><th colspan="2" rowspan="2">评价内容</th><th rowspan="2">评价标准</th><th rowspan="2">分值</th><th colspan="3">评分记录</th></tr>
<tr><th>学生自评</th><th>组间互评</th><th>教师评分</th></tr>
<tr><td rowspan="4">3</td><td rowspan="4">工作成果（20%）</td><td>学习方法</td><td>按时、准确地填写工作任务书</td><td>5</td><td></td><td></td><td></td></tr>
<tr><td>参与程度</td><td>团队熟练配合完成工作任务</td><td>5</td><td></td><td></td><td></td></tr>
<tr><td>思维状态</td><td>能够主动发现问题、分析问题、解决问题</td><td>5</td><td></td><td></td><td></td></tr>
<tr><td>能力延展</td><td>服务工作体现创新之处</td><td>5</td><td></td><td></td><td></td></tr>
<tr><td colspan="4">小　　计</td><td>100</td><td></td><td></td><td></td></tr>
<tr><td colspan="2" rowspan="2">综合评价</td><td>学生自评（20%）</td><td>组间互评（30%）</td><td colspan="2">教师评分（50%）</td><td colspan="2">综合得分</td></tr>
<tr><td></td><td></td><td colspan="2"></td><td colspan="2"></td></tr>
</table>

## 相关知识点

### 知识点1：接待乘客投诉的原则

#### 1. 乘客至上原则

城市轨道交通客运服务应牢固树立“乘客至上，服务为本”的理念。接待乘客投诉的首要原则就是乘客需求至上，应准确了解乘客投诉的原因、诉求与心理。这既是企业责任担当的体现，也更有利于处理投诉的问题。

#### 2. 及时处理原则

投诉处理的时效性是影响乘客满意度的重要因素之一。轨道交通运营企业应设立快速响应机制，确保投诉信息第一时间传达并处理，避免拖延时间过长导致乘客不满。例如，一些地铁公司规定投诉回复时间不超过 24 h。

#### 3. 情感为先原则

接待投诉时要重点关注乘客的情感需求，给予情绪安抚和情感安慰。通过友善耐心的沟通交流，缓解乘客的不满情绪，让乘客能够冷静看待问题，更有利于接下来协商解决具体问题。

#### 4. 包容理解原则

乘客投诉的原因多种多样，投诉的心理需求也各不相同。工作人员能包容乘客的误解与失当、理解乘客的立场与心态、照顾乘客的感受与难处，努力为乘客提供满意的解决方案。

### 知识点2：乘客投诉处理的方法与技巧

#### 1. 用心倾听

首先，要保持耐心和同理心。在乘客投诉的过程中，工作人员切忌轻易打断乘客，要给予乘客充分的时间去表达他们的不满和问题。同时，应站在乘客的角度考虑问题，用心地感受乘客的心情，这有助于真正理解乘客的诉求。

其次，要适当回应。在倾听的过程中，工作人员应通过眼神、表情等非语言传播手段来表示自己在认真倾听。例如，以柔和的目光注视对方，并通过点头等方式及时对对方的谈话做出反应。这种积极的回应可以让乘客感受到被重视和尊重。

此外，要避免指责乘客的错误。在倾听时，工作人员应保持客观公正的态度，不要当场提出自己的批判性意见，更不要与乘客争论。即使乘客的投诉中存在误解或不合理之处，也应以平和的方式解释和说明，而不是直接指责。

### 2. 真诚致歉

首先，无论问题是否由企业原因导致，工作人员都应迅速且真诚地向乘客表达歉意。这是企业负责任态度的表现，道歉不是划分责任，而是表明寻求解决问题方法的积极意愿和态度。

其次，工作人员向乘客道歉时，必须注重道歉的表达方式。正确的道歉方式不仅包括礼貌得体的语言，还要运用亲切的语调和善意的表情。常用的致歉语有“非常抱歉给您的出行带来了不便”“遭遇这样的情况，影响到您的心情和情绪，我们感到很抱歉”，这样的道歉能够传递出企业的真诚与责任感。

此外，工作人员应避免使用不恰当的道歉方式。例如：口头上道歉但表情冷漠、道歉声音太小导致乘客听不清、肢体动作表现出不耐烦或不友好等。这样的道歉显得敷衍了事，不利于解决问题。

### 3. 解决问题

首先，要及时回应乘客的投诉。乘客投诉时，往往是对某种问题或不良体验的反映，他们希望得到及时且有效的回应。因此，地铁工作人员应尽快回应乘客的诉求，表达歉意和关心，这不仅可以缓解乘客的不满情绪，还为后续解决问题打下良好的基础。

其次，要详细了解投诉内容并核实情况。接到投诉后，工作人员应详细记录投诉内容，包括时间、地点、涉及人员或设备等，并通过现场工作人员的描述、监控录像或其他可靠方式核实情况。这样有助于准确了解问题的经过，为制定合理的解决方案提供依据。

接着，根据调查结果制定合理的解决方案。如果是人为原因导致的投诉，应对相关人员进行适当处理，如警告、罚款或解除职务等，并向乘客说明处理结果。如果是设备问题，应告知乘客预计恢复时间和临时措施，如提供替代服务等。同时，要确保解决方案的可行性和有效性，避免类似问题再次发生。

此外，要加强与乘客的沟通。在处理过程中，要保持与乘客的密切联系，及时将处理进展和结果反馈给乘客，并询问他们是否满意。如果乘客对处理结果有异议或不满，应耐心解释并寻求双方都能接受的解决方案。同时，要感谢乘客的理解和支持，体现对乘客的尊重和关怀。

### 4. 回访致谢

通过解决投诉问题，采取持续优化服务体验的措施，轨道交通运营企业可以进一步巩固与乘客之间的信任关系。要对处理过的投诉进行回访和总结，通过回访了解乘客的后续反馈和满意度情况。在回访中向乘客表达感谢，他们对企业工作的监督帮助企业提升了服务质量。通过致谢来增强乘客对地铁企业的信任和满意度。

## 知识点 3：乘客投诉处理的禁忌

服务人员在处理乘客投诉时，要避免以下情况。

### 1. 忽视或轻视投诉

地铁服务人员应认真对待每一位乘客的投诉，不应忽视或轻视。投诉是乘客对服务不满的反馈，也是服务人员改进工作的机会。如果忽视投诉，可能会加剧乘客的不满，甚至导致更严重的后果。

### 2. 推脱责任

在处理投诉时，服务人员应避免推脱责任。对于乘客的投诉，应勇于承担责任，积极寻求解决方案，而不是将问题归咎于其他因素或人员。推脱责任只会让乘客感到更加不满，影响服务质量和乘客满意度。

### 3. 不耐烦或抵触情绪

面对乘客的投诉，服务人员应保持冷静和耐心，不应表现出不耐烦或抵触情绪。投诉处理需要时间和耐心，服务人员应倾听乘客的诉求，理解他们的不满，并以积极的态度去解决问题。不耐烦或抵触情绪只会让乘客感到被忽视，加剧矛盾。

### 4. 不及时处理

投诉应及时处理，避免拖延。乘客的投诉往往与他们的即时体验相关，如果处理不及时，可能会让乘客感到被忽视，降低对服务的信任度。因此，服务人员应迅速响应投诉，及时采取措施解决问题。

### 5. 与乘客争辩

无论乘客的投诉是否合理，服务人员都不应与乘客争辩。争辩只会加剧矛盾，不利于问题的解决。应通过平和的方式与乘客沟通，寻求共识。

### 6. 不跟进或反馈处理情况

处理完投诉后，服务人员应及时跟进并反馈给乘客处理结果。这不仅可以增强乘客的信任感，还能体现服务人员的责任心和专业性。如果乘客对处理结果不满意，服务人员应进一步了解情况，并考虑采取其他措施解决问题。

## 巩固与练习

### 一、填空题

1. 处理乘客投诉的原则包括乘客至上、及时处理、________________和包容理解。

2. 服务人员在倾听乘客叙述时切忌________________，要给予乘客充分的时间去表达他们的不满和问题。

3. 工作人员向乘客道歉时，必须注重道歉的表达方式。正确的道歉方式不仅包括礼貌得体的语言，还要运用________________。

4. 对于乘客的投诉，应勇于承担责任，积极寻求________________，而不是将问题归咎于其他因素或人员。

5. 处理乘客投诉时，禁忌的做法有：忽视或轻视投诉、推脱责任、不耐烦或抵触情绪、不及时处理、________________、不跟进或反馈处理情况等。

### 二、案例分析题

某日，一名男性乘客拿着伤残军人证换福利票，经票务员辨认是伪造证件。票务员没有顾及乘客面子，大声指出该证件是伪造的，不同意为其换取福利票。乘客觉得没有面子，开口大骂并坚持自己的证件没有问题，与票务员吵了起来，影响了票务员对后面乘客的服务。一分钟之后，票务员请求值班站长协助处理，乘客边骂边离开了车站。

请思考：

1. 在该案例中，票务员哪些地方做得不合适呢？如果你是票务员，你会如何处理？

2. 引发乘客和票务员争吵的主要原因是什么？如何避免该乘客再次利用伪造证件？

文本

项目七答案

# 参考文献


［1］人力资源和社会保障部教材办公室等．城轨站务员（五级）［M］．北京：中国劳动社会保障出版社，2019.

［2］人力资源和社会保障部教材办公室等．城轨站务员（四级）［M］．北京：中国劳动社会保障出版社，2016.

［3］人力资源和社会保障部办公室等．城轨站务员（三级）［M］．北京：中国劳动社会保障出版社，2015.

［4］南京地下铁道有限责任公司．值班员［M］．北京：中国铁道出版社，2017.

［5］宁波市轨道交通集团有限公司运营分公司．站务员［M］．成都：西南交通大学出版社，2017.

［6］宁波市轨道交通集团有限公司运营分公司．值班员［M］．成都：西南交通大学出版社，2017.

［7］成都地铁运营有限公司．站务员［M］．成都：西南交通大学出版社，2017.

［8］成都地铁运营有限公司．值班员［M］．成都：西南交通大学出版社，2017.

［9］高蓉，王珂．城市轨道交通服务礼仪［M］．2版．北京：人民交通出版社，2017.

［10］王世伟．城市轨道交通站务员［M］．北京：人民交通出版社，2017.

［11］姜敏，贾建红，李泷．城市轨道交通服务礼仪［M］．上海：上海交通大学出版社，2017.

［12］田跃红．城市轨道交通车站服务与礼仪［M］．成都：西南交通大学出版社，2018.

［13］赵影，郝建萍．服务礼仪［M］．3版．北京：中国人民大学出版社，2019.

［14］徐新玉．城市轨道交通运营管理规章［M］．3版．北京：人民交通出版社，2020.

［15］郭燕芬．城市轨道交通乘客服务［M］．北京：中国劳动社会保障出版社，2020.

［16］张建如．城市轨道交通站务员［M］．西安：西安电子科技大学出版社，2020.

［17］李培锁．城市轨道交通服务礼仪［M］．2版．上海：上海交通大学出版社，2021.

［18］史歌．城市轨道交通服务礼仪［M］．北京：高等教育出版社，2021.

［19］梁晓芳，吕佳，郭郑宝．城市轨道交通服务礼仪［M］．2版．上海：上海交通大学出版社，2021.